国家自然科学基金委青年基金项目：
区域嵌入与互联网创业能力的动态耦合机理及实证研究（71503244）

国家高新区发展三维分析模型及综合评价

冯海红 / 著

科学出版社
北京

内 容 简 介

作为践行国家战略和引领区域发展的重要载体，国家高新区的功能作用和发展内涵日益丰富。本书从发展内涵、发展主体、发展要素三个维度构建了国家高新区发展三维分析模型，并尝试性地构建了引领国家高新区发展导向的综合性理论框架。基于上述理论框架，本书从创新发展、绿色发展、集约发展和智慧发展四个方面对国家高新区演化路径及其演化驱动因素进行深入剖析，构建起国家高新区综合发展评价指标体系，并运用定量数据对56家国家高新区进行评价研究。

本书主要为各级政府部门及高新区管理委员会制定发展战略、开展考核评价、实施政策措施提供借鉴，并为其他开发区管理机构及地方政府构建综合发展战略提供参考，也可供从事区域创新发展战略与政策等领域的研究人员参考。

图书在版编目(CIP)数据

国家高新区发展三维分析模型及综合评价 / 冯海红著.—北京：科学出版社，2018.4

ISBN 978-7-03-056884-7

Ⅰ. ①国…　Ⅱ. ①冯…　Ⅲ. ①高技术产业区－研究　Ⅳ. ①F127.9

中国版本图书馆 CIP 数据核字（2018）第048460号

责任编辑：孙　宇　邹　聪　孙　婷 / 责任校对：张小霞

责任印制：张欣秀 / 封面设计：有道文化

编辑部电话：010-64035853

E-mail：houjunlin@mail.sciencep.com

科学出版社出版

北京东黄城根北街 16 号

邮政编码：100717

http://www.sciencep.com

北京虎彩文化传播有限公司印刷

科学出版社发行　各地新华书店经销

*

2018 年 4 月第　一　版　　开本：B5（720×1000）

2019 年 1 月第二次印刷　　印张：13　1/8

字数：236 000

定价：75.00元

（如有印装质量问题，我社负责调换）

前　言

经过20多年的发展演变，国家高新区在科技创新、经济发展、产业培育、城市建设、体制创新等方面取得了显著成效，其发展空间和功能内涵也实现了大幅拓展，已经成为践行国家战略和引领区域发展的重要载体。考虑到国家高新区现实场景中较为丰富的功能作用和发展内涵，现有理论和政策研究显得缺乏系统性和全局观，迫切需要在统筹兼顾国家高新区优势特色、突出问题和战略响应的基础上，形成系统化的认知维度和分析视角，研究并提出能够引领国家高新区发展导向的综合性理论框架。

本书首先对区域发展相关理论进行了梳理总结，识别了区域发展所面临的新机遇和新挑战，进而创新性地勾勒出集创新发展、绿色发展、集约发展和智慧发展于一体的区域发展理论分析框架。其次，结合对国家高新区功能内涵和现实情景的理解认知，本书从发展内涵、发展主体、发展要素三维度构建了国家高新区发展三维分析模型（简称国家高新区IGIS发展模型），并剖析了各发展主体、各发展要素对发展内涵的影响，以期形成引导国家高新区总体发展方向的通用性战略指南。再次，基于国家高新区发展三维分析模型，本书研究梳理了国家高新区的设立背景、发展阶段及其典型特征，从创新发展、绿色发展、集约发展和智慧发展四个方面对国家高新区演化路径进行了深入剖析，并从国家宏观政策、地方政府行为、产业技术变革三个方面进行国家高新区演化驱动因素的识别分析。最后，基于国家高新区发展三维分析模型，本书在借鉴、参考国内外相关区域发展评价案例基础上，构建了国家高新区综合发展评价指标体系，并运用定量数据对56家国家高新区进行评价研究。

本书研究发现：①紧密结合区域发展面临的重大问题，形成新时期背景下区域发展研究的综合性认知视角，认为将创新驱动发展、土地承载与集约、资源环境约束及智慧化统筹纳入区域发展理论研究框架中尤为重要，区域发展应该是创新发展、绿色发展、集约发展和智慧发展协同状态下的综合发展。②国家高新区发展三维分析模型由发展内涵、发展主体、发展要素三个维度构成，是研究国家高新区发展的普适性分析框架。对不同发展内涵的具体分析，可以识别影响国家高新区发展的主体和要素约束，形成关于国家高新区特定内涵的分析框架，能够全面解释不同发展要素和发展主体在国家高新区不同发展内涵下相互作用的动态关系。③历史研究表明，国家高新区虽然在创新、绿色、集约、智慧方面实现了不同程度的发展，但仍存在缺乏综合性发展理念指导、发展程度不均衡的问题，从实践层面反映出构建国家高新区发展三维分析模型、指导国家高新区实现综合发展的重要性。④实证研究发现，深圳高新区、中关村科技园区、合肥高新区、上海张江高新区、杭州高新区、长沙高新区依次位居综合发展排名前6位，排名靠前的国家高新区普遍具有经济规模相对较大、内生增长动力较强、创新创业较活跃、管辖面积较适度等特征。

本书对丰富区域发展理论研究和国家高新区发展研究具有一定的理论贡献，并对指导国家高新区实现更综合、更协同的发展路径具有积极的实践指导作用。

冯海红

2018年2月18日

目　录

图 目 录

表目录

第一章

绪　论

1.1　研究背景

1. 适应经济新常态和树立新发展理念成为我国经济社会发展的核心主线

当前，我国经济发展进入以速度变化、结构优化、动力转换为基本特征的新常态，尽管经济长期向好的基本面没有改变，发展前景依然广阔，但是也正处在经济增速换挡、结构调整阵痛、动能转换困难相互交织的转型时期。尽管取得了经济体量升至全球第二、科技实力大幅提升等众多举世瞩目的发展成就，但我国经济社会发展仍面临着诸多问题与挑战，包括经济发展方式比较粗放、经济下行压力较大、自主创新能力总体不强、资源约束趋紧、生态环境恶化、土地资源利用效率不高、城镇化质量不高等问题。

针对我国现阶段面临的突出矛盾和主要问题，习近平同志在党的十八届五中全会上提出了“创新、协调、绿色、开放、共享”五大发展理念，为破解我国经济社会发展难题、增强经济发展动力和厚植长期发展优势，勾勒出了着力方向、行动指南和战略要点，对我国加快形成引领经济发展新常态的体制机制和发展方式极为重要。其中，“创新”被视为引领发展的第一动力，创新驱动发展作为国家的优先战略被摆在国家发展全局的核心位置，是加快转变经济发展方式、推动经济社会发展动力根本转换、提高我国综合国力和国际竞争力的必然要求和战略举措。“绿色”则是实现可持续发展、促进人与自然和谐共生的必然要求。

近年来，国家制定出台了一大批相关的指导意见、发展规划和专项行动，涉及创新驱动发展、“大众创业、万众创新”、战略性新兴产业、“中国制造 2025”、新型城镇化、生态文明建设、“互联网 +”、大数据及云计算等诸多领域，旨在推动产业转型升级、培育壮大经济发展新动能、改善生态环境、优化城市建设与治理等，这些政策措施与五大发展理念共同构成了新常态下我国新的发展理念和战略举措。例如，中共中央、国务院于 2016 年 5 月发布《国家创新驱动发展战略纲要》，提出了“2020 年进入创新型国家行列”和“2050 年建成世界科技创新强国”的战略目标。中共中央、国务院于 2015 年 4 月制定《中共中央国务院关于加快推进生态文明建设的意见》，提出要“坚持把绿色发展、循环发展、低碳发展作为基本途径”，把绿色化提升到与新型工业化、信息化、城镇化和农业现代化协同推进的战略高度，并提出到 2020 年实现“资源利用更加高效”“生态环境质量总体改善”等方面的具体目标。

经济新常态下国家层面提出并实施的一系列战略部署和政策措施，既对我国经济社会发展新阶段的主要特点进行了深入剖析，又为国家各部门、各领域和各级地方构建起了宏观战略方向和顶层总体方案，各级政府部门需要结合各自实际情况进行具体设计和贯彻落实。

2. 创新、可持续、集约、智慧成为国内外城市及区域发展的主要议题

创新被认为是促进城市经济发展和保持区域持续活力的关键因素，创新型城市或区域受到学术界的广泛关注和政府部门的大力推动。20 世纪以来，包括硅谷、北卡罗来纳研究三角园区在内的创新型城市或创新区域在高新技术产业发展和经济持续繁荣方面取得的突出表现，引起了政府部门和专家学者的广泛关注。一方面，研究者积极开展创新驱动经济发展理论研究，普遍认为知识基础、高素质创新人才、风险资本、发达的社会网络和非正式联系、创新文化氛围等是影响城市或区域创新发展绩效的重要因素；另一方面，政府机构研究制定相关政策措施，谋求城市或区域层面的创新驱动发展。例如，东亚区域内设立了新竹科技园区、大德研究开发特区、维壹科技园等科技园区，法国、日本和美国等国家实施了创新集群计

划等区域发展计划，我国也推动实施了建设科技创新中心、创新型城市、国家自主创新示范区和全面创新改革试验区等一系列重要举措。

绿色、可持续、紧凑也成为城市发展的重要方向，学术界和实践者提出了精明增长（smart growth）、紧凑城市（compact city）、城市增长边界（urban growth boundaries）、都市更新（urban renewal）等相关理念，并积极推动这些理念在城市规划建设中进行落实。欧洲共同体委员会（Commission of the European Community，CEC）在 1990 年将紧凑城市视为解决居住和环境问题的有效方式，使得紧凑城市得到了广泛关注，紧凑城市被认为是缓解城市蔓延和无序发展、节约用地和资源、提倡城市自然和生态环境保护，最终实现经济社会协调发展和可持续发展的理念，其主要特征就是城市高密度、功能混用和紧凑及密集化（方创琳和祁巍锋，2007）。另外，为应对城市无序蔓延，美国规划协会于 2000 年牵头组建了“美国精明增长联盟”，旨在推动“在提高土地利用效率的基础上控制城市扩张、保护生态环境、服务于经济发展、促进城乡协调发展和人们生活质量提高的发展模式”，奥斯汀、波特兰等城市制订实施了精明增长相关的专项计划。我国 2015 年 12 月召开的中央城市工作会议上，习近平同志指出，要坚持集约发展，推动城市发展由外延扩张式向内涵提升式转变。

建设智慧城市对优化城市运行管理、提升公共服务能力和实现城市可持续发展具有重要意义，众多国家和城市展开了对智慧城市建设的积极探索。IBM 公司于 2008 年 11 月最早提出智慧地球（smart planet）概念，随后又进一步涌现出智慧城市（smart city）、智能城市（intelligent city）和数字城市（digital city）等类似概念。国家层面的相关计划包括：新加坡推出“智慧国家 2025”计划，韩国启动以首尔为代表的“智慧城市”（U-city）建设计划，日本提出了“超智能社会 5.0 战略”，均旨在充分利用以物联网、云计算、移动互联网为代表的新一代信息技术构建更便捷、更智能的城市运行管理体系。另外，以智慧技术推动城市低碳化、生态化发展，是国外智慧城市建设的重要版块。

创新驱动发展、精明增长、紧凑城市、智慧城市是国内外城市及区域发展的前沿热点，从创新、可持续、集约、智慧等视角对区域发展进行综合性的理论建构，将对我国区域发展形成整体性的认知框架具有理论价值和实践指导意义。

3. 国家高新区研究需要更综合的分析视角和认知框架

经过 20 多年的发展演化，伴随着产业集群壮大、创新资源聚集、管辖面积拓展和城市功能完善，国家高新区已成为我国创新发展的战略高地、科技体制改革的试验基地、区域经济增长的强大引擎，以及新型城市化的重要平台。国家高新区实际管辖面积实现大幅拓展，很大程度上成为所在城市重要的经济增长极和城市功能版块。在 2015 年度纳入统计的 146 家国家高新区中，园区生产总值占所在城市生产总值比重达到 20% 以上的有 42 家（程凌华等，2016a），在 2009 年以前批复的 56 家国家高新区中，实际管辖面积超过 100 平方千米的达到 36 家。因此，我们不能再仅仅将国家高新区简单视为高新技术产业化基地或创新创业集聚区，而应该以城市新区或城市发展功能区的视角重新审视国家高新区的内涵特征及发展导向。

尽管国家高新区在高新技术产业发展、经济增长、创业孵化、科技创新、管理体制等方面取得了显著成就，也得到了广泛关注和深入研究，但是其在绿色发展、土地集约和智慧发展等方面的作用尚未被充分重视，尤其需要结合产业结构转型升级、城市空间规划，以及土地综合集约利用、生态宜居环境营造等诸多方面进行统筹考虑。当前，国家高新区仍存在不少突出问题，包括创新驱动发展的增长态势不强（科技部火炬高技术产业开发中心和中国高新区研究中心，2016），各园区之间发展水平不够均衡，绿色化、集约化管理制度和约束机制不够完善，智慧化、精细化的技术手段和治理模式有待加强。例如，2015 年国家高新区整体的万元增加值能耗为0.584吨标准煤，中关村科技园区2015年度万元增加值综合能耗达到0.08吨标准煤，但仍有国家高新区的综合能耗指标高于全国总体水平。另外，根据国土资源部开展的 2016 年度国家级开发区土地集约利用评价结果，虽然有 32 家国家高新区排名位居前 20%，但也有 10 家国家高新区排名处于最后 20%。

在我国当前所处经济发展阶段和国家高新区功能内涵已大为拓展、丰富的背景下，结合国家宏观发展战略导向、城市及区域发展的前沿方向，统筹兼顾地构建国家高新区综合发展的认识视角显得极为重要。

1.2 相关研究综述

1.2.1 国家高新区的功能定位及其演化研究

20 世纪 80 年代至 90 年代初，作为国家层面“发展高科技、实现产业化”的重要政策工具，中央政府首先在北京建立北京市新技术产业开发试验区，1991 年和 1992 年国务院又分两批批准设立 51 家国家高新区，构成了国家高新区的基本格局。

20 多年来，国家高新区的功能定位早已从科技成果产业化基地发展为现代科技新城，其内涵不断深化和拓展。针对高新区的功能定位和发展演化，国内学者开展了大量的总结研究。从世界范围来看，大量学者就国家高新区 / 科技园区对经济增长和区域发展的作用开展了相关研究，认为国家高新区 / 科技园区对发达国家和发展中国家都有着重要的影响。例如，部分学者认为，我国国家高新区取得了巨大的经济效益和社会效益（徐顽强，2005），对国家层面及区域层面的经济增长和创新能力都起到坚实的支撑作用（王胜光等，2012）。然而，也有学者认为，国家高新区 / 科技园区对经济增长的作用非常有限（Ratinho and Henriques, 2010）。

在国家高新区设立初期，结合其功能作用，中国科学院“高技术开发区研究”课题组将高新区分为孵化器、科技工业园、高技术地带、科学城和科技城五种类型；魏心镇和王缉慈（1993）将世界范围内的高新区分为科技城、科学园和高技术加工区，这些分类是国内学者对高新区不同类型和功能特征的最初研判。当前，高新区的功能作用及其发展演化是高新区研究领域的重要内容，国内外学者及政府机构均给予了持续关注和广泛研究（刘海燕等，2008），这主要集中在促进企业创新合作及创新绩效、带动区域或城市经济增长、产城融合、土地集约利用等方面。

总体来讲，高新区的功能内涵经历了从科技成果转移转化基地到综合性新型城市功能区的演化进程，成为营造企业发展环境、集聚高新技术产业、促进区域经济繁荣和推动新型城市发展的重要载体和示范平台，并在构建创新创业社区、引领产业变革趋势和重塑社会结构关系方面发挥着举足轻重的先行作用。

研究认为，设立科技园区或者高新区是各国政府培育高新技术产业、实现区域经济发展的有效政策工具（Westhead，1997；Storey and Tether，1998）。Castells 和 Hall（1994）认为，政府设立科技园区主要有三种动机：促进国家或地区的再工业化、促进国家或地区的区域发展、科技园区所带来的创新汇聚效应（synergy creation）。Löfsten 和 Lindelöf（2002）认为，政府投资发展科技园区是发展高科技产业和促进创新活动的政策工具。例如，澳大利亚 1982 年创办了第一家高科技园区，其总目标就是加速科技成果商品化进程、创造新的经济增长。我国于 1988 年设立的首个国家高新区——北京市新技术产业开发试验区，其主要政策目标是促进科学技术和生产直接结合、科学技术和其他生产要素优化组合、推动技术和经济的发展，并且在高新技术企业、孵化器等方面配套实施相关优惠政策，以推进高新区发展。Bigliardi 等（2006）认为，欧洲科技园区的功能使命也从 20 世纪 60 年代的带动产业创新发展，逐步演变为 90 年代的推动区域创新发展。王胜光等（2012）认为，尽管我国高新区的内涵在发展过程中有些偏离了最初的政策设计，但是初期积累的产业基础和经济实力成为园区创新发展的坚实支撑。综合几十年来的发展进程来看，高新区或科技园区始终以促进企业创新和带动经济增长为政策诉求，并结合发展程度及宏观背景的演化不断调整和丰富其功能内涵。

此外，众多学者普遍认为，高新区或科技园区在营造企业发展环境和促进企业创新发展方面发挥着重要作用，是促进大学和产业相互合作的有效工具（Link and Scott，2003；Bakouros et al.，2002；Radosevic and Myrzakhmet，2009；Basile，2011；Vásquez-Urriago et al.，2016）。国家高新区能够有效促进技术转移和聚集创新型产业集群（Tan，2006），并存在显著的知识溢出效应（Filatotchev et al.，2011），使得小型企业可以在科技园区中获得更多的创新收益（Huang et al.，2012），同时促进创业和知识型企业的成长（Zeng et al.，2010）。

伴随着国家高新区的发展演化，国内学者从更为宽泛的视角对高新区的功能定位进行了研究剖析，丰富和拓展了对国家高新区功能内涵的理解认识。例如，李廉水（1999）将高新区的功能划分为长远战略定位型、新城建设联动型、产业选择聚焦型和支撑区域发展型等四类。陈家祥（2006）认为，产业开发、综合改革、社区建设、创业孵化、产业集聚、扩散辐射、示范引领是国家高新区的主要预设功能。然而，国家高新区的现实功能与预设规划功能之间出现了一定的差距，包括房地产开发现象严重、研发孵化功能弱化、综合改革功能淡化等。唐燚（2008）将高新区的功能作用解构为增长极、示范区、扩散源三个维度；陈家祥（2009）发现，南京高新区功能演化过程由单一功能的产业区逐步走向综合化的城市功能区；赵建军和李福华（2013）认为，高新区必由增长极向技术极（techno-pole）、由产业集群向创新集群（innovative cluster）、由产业园区向研究园区（research park）、由“贸－工－技”向“技－工－贸”方向转型。李佐军（2014）提出，国家高新区要以特色发展为导向，以产业发展为核心，以空间优化发展为承载，以创新发展、绿色发展、和谐发展、协作发展为功能内涵。

近年来，越来越多的学者意识到国家高新区作为城市新区的功能内涵，国家高新区的产城融合和土地集约利用问题也成为研究热点。在这一维度上，国家高新区的功能与城市的功能相互影响，产城融合成为其中的研究重点。产城融合是国家高新区发展战略中的重要环节，既强调高新区内部城市功能的完善，又强调与所在社区、所在城市的地域融合（吴珂和王霞，2012），并突出网络创新的第三代科学园发展模式（李小芬等，2010）。与此同时，国家高新区也极大地影响了城市空间的拓展速度和城市用地的结构变化（张晓平和刘卫东，2003；何丹等，2008）。有学者认为，开发区发展初期存在重产业集聚、轻城市配套功能的现象，形成了一定的孤岛经济效应，越来越制约开发区的发展，以及开发区与周围城镇之间的相互融合（王慧，2003），而产城融合是针对产城分离问题的园区发展思路，要求产业与城市功能融合、空间整合，“以产促城、以城兴产、产城融合”（李文彬和陈浩，2012）。关于产城融合的模式和路径研究，林利剑和滕堂伟（2014）通过对硅谷和新竹科技园区的比较研究，系统揭示了两个园区在产城融合的动力机制、融合模式，以及发展动态方面的共性和特殊性，刘瑾等（2012）以济南高新区东区为例，探讨了产城融合型高新区发展的内涵、特点及规划要求，具体解析了以市场机制为主导的高新区动力机制，这些研究为我国高新区深入实施产城融合战略提供了研究支撑。

与产城融合密切相关，学者逐渐开始关注高新区的集约发展和土地集约利用，将集约发展作为国家高新区的重要内涵，开展了国家高新区土地集约利用的相关评价工作（李翔和靳相木，2009；杨大兵，2010），并关注影响高新区土地集约利用水平的主要原因（陈逸等，2008）。此外，中华人民共和国科学技术部（简称科技部）目前执行中的国家高新区评价指标体系中也有多个指标强调高新区的集约发展议题。

1.2.2 国家高新区发展的影响因素研究

高新区发展或增长的影响因素及其驱动机制，是学术界研究的重要方面。总体而言，大量学者的研究表明，国家高新区的发展是众多因素共同作用的结果，也是因不同园区而异的。

在理论研究方面，主要围绕资源禀赋、人力资源、产业集群、科技创新、区域文化、园区与城市的相互作用等，学者开展了大量的研究分析。罗晖（2006）认为，资本、人力资源、技术进步、制度是高新区增长的影响因素。张明喜（2010）发现，高新区内资本投入、研发投入与经济增长呈显著正相关关系，劳动投入与经济增长呈负相关关系。胡钢（2010）在综述国外科技园区研究的基础上，认为研发基础、产业基础、技术工人、创新创业文化和中介服务机构是科技园区取得成功的重要因素。张新明（2013）认为，高新区的发展动力机制是个复杂的系统工程，其发展主要由市场、企业、风险投资、孵化器、政府、大学科研机构六个要素决定。解佳龙等（2016）认为，高新区的发展演化受园区功能、产业集聚、边界形成、价值体系等相关因素阶段性的交互影响，在此基础上将高新区发展划分为要素群集（萌芽期）、产业主导（形成期）、创新突破（成长期）、辐射联动（成熟期）和衰退 / 再创（转化期）五个阶段。

实证方面，学者以硅谷、剑桥科技园、新竹科技园区、中关村科技园区、张江高科技园区等园区为对象进行了实证研究。例如，Saxenian（1994）对硅谷和 128 公路的驱动因素进行了对比研究，发现竞争合作文化、丰富多元的社会网络是硅谷具备引领优势的重要因素。盖文启和王缉慈（1999）认为，众多高技术人才与密集的大学利于创新的特殊社会文化环境、风险投资、区域内的产业发展与集聚优势、区域内衍生小企业的能力强、特有的区域创新网络系统是硅谷成功的主要因素。Koh 等（2005）提出了科技园区发展演化的影响因素框架，包括增长机制、技术水平和连接全球市场三方面，并对新加坡维壹科技园进行了实证分析。Hsien 和 Joseph 基于迈克尔·波特（Michacl E. Porter）“钻石模型”对比分析了张江高科技园区和新竹科技园区的创新能力，发现政府政策、法律制度、市场等条件的差异是导致两者不同的重要因素，人力资源、基础研发设施、本地市场、创新激励政策方面张江高科技园区优于新竹科技园区。Smeets 总结出“剑桥现象”获得成功的十大因素，包括好的大学、技术顾问、较长的发展时间、丰富的社会网络、社区精神、强有力的品牌、资金等。范硕（2010）以“剑桥现象”为例，研究了“创新集群是如何形成的”问题，认为创业型经济模式是“剑桥现象”形成的宏观机制，社会资本的作用是其微观机制。辜胜阻等（2006）对比分析了区域经济文化对硅谷和温州创新模式的影响和作用机理，包括影响企业家的生成与决策、企业产权制度安排、经济发展的软环境和集群生成等方面。

值得指出的是，随着国家高新区发展内涵的不断拓展，科技创新、产业集群、产城融合都是现阶段研究高新区发展影响因素的重要方面。就科技创新而言，有学者认为，国家高新区的科技创新显著地促进了园区经济增长（方亮和徐维祥，2015），知识的创新、溢出及转化对高新区的经济增长起到积极的推动作用（徐婕，2009），高新区全要素生产率（TFP）的增长主要是由技术进步贡献的（程郁和陈雪，2013）。姜彩楼等（2012）研究了我国 52 个国家级高新区 1996 ～ 2009 年的绩效演进情况，发现高新区 TFP 指数呈上升趋势，其中，“增长效应”在发展初期对高新区绩效的贡献较为突出，而后期则是“追赶效应”的贡献更加显著。程郁和陈雪（2013）通过对全要素生产率增长的测算和分解发现，高新区的全要素生产率增长率明显高于其所在省份水平，且全要素生产率的增长主要是由技术进步贡献的，技术进步对高新区经济增长的贡献率为 26.81%。姜彩楼等（2014）测算出 1997 ～ 2012 年我国高新区全要素生产率的变化趋势，2005 年之后，不同区域高新区的全要素生产率出现了明显的上升趋势，并且出现东、中、西部高新区发展趋同的现象。

也有学者认为，资本的高投入仍然是高新区内经济增长的主要动力，提高研发投入的产出效率非常迫切（张明喜，2010）。还有学者在认可科技创新对园区发展具有积极作用的基础上，研究关注高新区自主创新能力的动因机理及其培育模式（王峰，2010）。夏亚民（2007）构建了国家高新区自主创新系统模型，提出了高新区自主创新系统的运行模式与机理。

从产业集群视角出发，代瑞红（2009）提出了基于产业集群的高新区发展模式，分析了产业集群的演进过程，以及不同发展阶段的外部特征和内在规律，从产业集群的培育、创新和升级三个方面对高新区内集群发展的影响因素进行系统探讨。张克俊（2010）对产业集群（C）、创新系统（I）和高新区（H）的关联性进行分析，构建了 C-I-H 耦合互动框架，并提出了我国高新区自主创新能力建设的实现路径。马海斌（2015）研究了中国高新区产业集聚的形成与发展、社会资源对高新区产业集聚的作用，并为中国高新区产业集聚社会资源配置提出了研究建议。

从产城融合视角出发，学术界普遍认为国家高新区与其所在城市是相互促进的协同关系。例如，Hu（2007）发现，科技园区生产效率与其所在城市外商直接投资（FDI）呈正相关关系。温震（2011）分析了高新区对城市经济增长、空间结构、管理模式和社会发展等方面的影响，构建高新区规模效应实证模型和高新区对城市发展的要素贡献率模型。杨畅等（2013）利用 SBM-VRS 模型测算了我国国家高新区经营绩效与创新绩效，发现城市的贸易开放水平显著推动了高新区经营绩效的增长，这种效应在具有开放型导向政策的高新区中变得更为明显。刘瑞明和赵仁杰采用 1994 ～ 2012 年中国 283 个地级市的面板数据，利用双重差分法研究了高新区对地区经济发展的影响，发现国家高新区的建设显著地促进了地区生产总值和人均生产总值的增长，并且相较于较高等级的城市，较低等级的城市从国家高新区的建设中获得了更快发展。此外，统计数据也支持了国家高新区与所在城市融合发展这一判断，2014 年，115 家国家高新区中，园区生产总值占所在城市生产总值的 20% 以上的有 33 家之多（程凌华等，2015），园区已成为城市经济发展的重要支撑。

1.2.3 国家高新区评价研究

在系统梳理国内外相关文献资料的基础上，我们发现，高新区评价研究主要集中在园区综合功能、创新能力、竞争力、产城融合及土地集约等方面，不仅仅是学术界，行政管理部门及园区管理服务机构也在实践过程中开展并不断完善关于国家高新区的评价研究。在早期，罗杰斯等首先开展了科技园区评价的相关研究，运用定性分析方法对美国硅谷的起步和成长过程进行系统考察，揭示了硅谷形成凝聚经济效应的条件。Phillimore（1999）开展了西澳大利亚科技园的评估分析，Macdonald 和 Deng（2004）第一次将较为成熟的硅谷创新评价模型引入对我国高科技园区的评价。当前，关于国家高新区的评价研究，主要包括对国家高新区的综合评价、创新评价、竞争力评价和产城融合评价四大类（朱少鹏和曾刚，2008；于慧萍，2014）。

基于高新区综合功能构建评价指标体系，学术界主要从产业集群、经济质量、科技创新、创业孵化、城市功能、国际竞争、辐射带动等方面开展了综合评价。例如，李梦玲和赵希男（1995）从集聚、孵化、辐射、开放、示范五个方面构建了高新区系统评价指标体系。陈益升等（1996）以经济、科技、环境等三大方面作为高新区考评指标的初始分类标准，最终选择将资金筹措、经济效益、产业发展、传统产业改造、创新功能、政策及管理、社区环境建设、改革、国际化等作为国家高新区考评的九个一级指标。黄鲁成等（2007）提出了高新区系统健康概念，建立了国家高新区健康评价的概念模型，并构建了包括基本功能（如活力 / 功能、组织 / 结构、恢复力）、供给功能（如服务性、企业衍生等）、相邻关系功能（如对邻近系统的破坏性、外部输入特性等）三大方面的评价指标体系。邵学清（2007）在总结我国以往高新区整体评价指标体系的基础上，提出了一套由产业发展水平、技术创新能力、创新创业环境和国际化水平等一级指标构成的高新区评价指标体系。沈伟国和陈艺春（2007）将我国高新区“二次创业”能力解构为自主创新、经济发展、国际竞争、产业升级四个方面，构建了衡量国家高新区“二次创业”能力的三级评价指标体系。唐燚（2008）在界定高新区增长极、示范区和扩散源三大功能的基础上构建了高新区功能评价指标体系，并从内涵与目标取向、框架设计、路径选择、支撑体系等方面提出了高新区功能优化的理论方法体系。郝云宏等（2008）建立了高新区经济效益综合评价指标体系，提出了一种基于改进 BP 算法（采用自适应学习率、动量因子等）的经济效益综合评价模型。陈家祥（2009）构建了创新型（内生型）高新区的评价指标体系，提出偏离系数的概念和计算方法，定量分析了 53 个国家高新区在其发展过程中功能实现与创新型国家高新区的目标差异。牟仁艳等（2011）从自主创新力、效益贡献力、国际竞争力三个维度设定了国家高新区评价指标体系，构建了国家高新区发展非均衡评价模型。解佳龙和胡树华（2013）从载体支撑力、自主创新力、国际竞争力和集聚辐射力四个维度，设计了国家自主创新示范区"四力"甄选指标体系。曹贤忠和曾刚（2014）认为，应当注重开发区的全面发展评价，包括土地、经济增长贡献度各个方面。李佐军（2014）构建了包括特色发展、产业发展、空间优化、创新管理、绿色低碳、和谐发展及开放协作 7 个二级指标和 30 个三级指标的中国园区转型发展指标体系。

关于国家高新区创新能力评价及创新效率评价也是学术界的研究热点。例如，Zeng 等（2010）从创新组织子系统、创新支持子系统、创新环境子系统三方面，构建了科技园区创新能力评价系统。范柏乃（2003）从技术创新投入、技术创新活动过程和技术创新产出三个层面构造了包含 16 个指标的高新区技术创新能力评价体系，并对我国 52 个高新区的技术创新能力进行综合评价。Chen 等（2006）着眼于技术效率变化、规模效率变化、全要素生产率变化等指标，运用 DEA 方法评估新竹科技园区六个高技术产业的相对表现。闫国庆等（2008）从创新投入、创新服务、创新环境和创新绩效四个方面构建了国家高新区创新水平测度指标体系。刘鹤（2009）从劳动效率、资本效率、土地效率和研发效率四个方面，建立了我国高新区运行效率评价指标体系，评价结果表明，有些综合实力较强的园区运行效率却不高，高投入并没有带来高产出。方玉梅（2010）基于高新区创新能力演进路径，将高新区创新能力分解成环境支撑能力、创新潜在能力、创新投入能力、组织运行能力和创新产出能力等五大要素。谢子远（2011）利用 DEA 方法对我国 53 个国家高新区的技术创新效率进行了测度，发现科技活动支出强度、技术产品进出口公司密度、孵化器密度、专业技术服务公司密度、创业资金及担保资金投入强度、基础设施建设均对提高技术创新效率具有显著正向作用，产业集群度、高新区规模等五个变量对技术创新效率产生了显著负面影响。方玉梅和刘凤朝（2014）提出，以组织运行能力为核心的高新区创新能力四维理论模型，构建了高新区创新能力评价指标体系，并发现国家高新区创新能力总体较弱且存在巨大差异。刘志春和陈向东（2015）将国家高新区的创新产出归纳为科技产出、经济产出及社会产出三类，相对科技投入而言大多数园区科技产出效率较低。张瑞（2013）以内蒙古高新区为研究对象，构建了创新能力评价指标体系。

关于国家高新区竞争力评价研究，部分学者也开展了相关研究，包括朱少鹏和曾刚（2008）、王育新等（2009）、解佳龙等（2011）。其中，王育新等将高新区竞争力解构为技术创新、产业集群、可持续发展、创业环境四个方面，从产业集群的视角构建了高新区竞争力评价指标体系。

随着高新区城区功能重要性的凸显以及土地集约利用问题的广受关注，部分学者逐渐开始从产城融合、土地集约利用的视角构建国家高新区的评价指标体系。例如，陈逸等（2008）以苏州高新区为例，研究了城市化进程中的开发区土地集约利用问题，从土地投入产出状况、土地承载状况、土地利用生态效应三方面构建了苏州高新区土地集约利用评价指标体系。刘海燕等（2008）从园区开发综合效益的视角构建海淀科技园土地集约利用综合评价指标体系，包括经济总量、经济增长、经济结构、经济效益、土地利用效益、土地利用强度、用地潜力、知识创新能力、知识流动能力、企业创新能力、人口素质、社会保障能力、生态环境 13 个指数集和 53 个具体指标。袁宇和李福华（2013）从产业生态化、创新网络化、功能社会化和环境生态化四个方面建立了高新区向科技新城发展的测度指标体系，旨在引导高新区向可持续发展模式、内生创新型发展模式转型。王霞等（2013）构建了三个层次测度指标体系，并从工业化发展指标、城镇化发展、产城融合分离系数等方面对产城融合进行测度，研究结果表明，武汉、西安、成都、北京、上海、重庆等地高新区的产城融合水平处于全国高新区前列。刘双和胡动刚（2014）构建了国家高新区土地利用经济效益评价指标体系，建立了包含土地总投资强度、产值、利税、投入产出比、工业用地比较效益五个非线性的经济指标，评价武汉东湖高新区土地利用经济效益。

在工作层面，政府部门和专业机构持续开展了高新区 / 科技园区的评价研究工作，其中硅谷指数（Silicon Valley index）、国家高新区评价指标体系、国家高新区创新能力评价体系、中关村指数等是典型代表。例如，硅谷指数由硅谷联合投资（Joint Venture Silicon Valley）于 1995 年首次发布，每年初发布，从人口、经济、社会、空间和地方行政五方面刻画硅谷发展动态。作为国家高新区的主管部门，我国科技部分别于 1993 年、1999 年、2003 年、2008 年和 2013 年先后五次制定或修订国家高新区评价指标体系，以此来考核评价各高新区的发展绩效和排名顺序。目前正在执行中的国家高新区评价指标体系，由 4 个一级指标和 40 个二级指标构成，其中一级指标包括知识创造和技术创新能力、产业升级和结构优化能力、国际化和参与全球竞争能力、高新区可持续发展能力四个方面，这是基于现有火炬计划统计数据库和火炬系统调查总结资料的政策评估体系（冯海红等，2012）。同时，作为国家创新调查与监测制度的组成部分，科技部火炬高技术产业开发中心（简称科技部火炬中心）主导研究发布了国家高新区创新能力评价指标及年度报告，指标体系由创新活动绩效、创新资源要素、创新创业环境、创新的国际化、创新驱动发展五方面指标构成。中关村指数已经进行了约 10 年的探索完善，旨在通过指数形式来描述中关村最新发展态势，其指标体系也在不断完善发展，2015 年 10 月 21 日发布的“中关村指数 2015”报告包括创新环境、创新能力、产业发展、企业成长、辐射带动、国际化六个维度的指标体系。

1.2.4 区域评价指标体系研究

国内外关于区域创新能力及创新经济形成了一批具有较强社会影响力的评价研究报告（表 1.1），虽然相关案例对区域创新进行了不尽相同的维度构建，但仍具有较高程度的相似性和一致性，主要涉及创新投入、创新人才、创新产出、经济规模及质量、高技术产业、支撑创新的基础设施等方面。例如，《中国区域创新能力评价报告 2015》构建了包括知识创造、知识获取、企业创新、创新环境和创新绩效五个一级指标的指标体系，并从实力、效率和潜力三方面构建了分析框架。《国家高新区创新能力评价报告 2014》以创新资源—创新活动—创新驱动发展为主线，并结合创新创业环境和创新的国际化两方面，构建了国家高新区创新评价指标体系。另外，美国竞争力委员会为测度区域创新构建了创新型区域经济发展模型，该模型包括输入和输出两个方面，其中，输入方面是指包含资产、网络、文化在内的区域创新环境，而输出方面包括创新、生产力和繁荣三方面。同时，相关案例中对数字经济和创新国际化的突出，具有重要借鉴意义。美国信息技术与创新基金会发布的《2014 美国各州新经济指数》使用数字经济（digital economy）、知识型工作（knowledge jobs）、全球化（globalization）、经济动力（economic dynamism）、创新能力（innovation capacity）五个方面来反映以信息技术和互联网技术为核心的新经济发展情况，这虽然与其研究机构的信息技术背景有关，但是在互联网经济、数字经济日益成为经济发展新动能的形势下，对本书具有重要参考价值。《硅谷指数 2016》《2014 美国各州新经济指数》《国家高新区创新能力评价报告 2016》《中关村指数

2016》中均将创新的国际化作为重要的方面，分别从国际化人才、全球化创新网络、全球化创新资源整合等方面进行了重点关注和评估。在具体指标选择上，以上案例中将创新机构的数量及层次、新创企业和高成长型科技企业作为反映区域创新能力的重要指标，也具有一定的借鉴价值。

表1.1 国内外区域或园区创新评价相关案例

报告名称	体系架构	发布机构
《区域创新记分牌 2014》	创新推动（enablers）、企业活动（firm activities）、创新产出（outputs）3 大类、8 个维度、25 个具体指标	European Union
《硅谷指数2016》	人口（people）、经济（economy）、社会（society）、空间（place）、地方行政（governance）5 个方面	Joint Venture Silicon Valley
《北卡罗来纳创新指数 2013》	经济福利（economic well-being）、研究与开发（R&D）、商业化（commercialization）、创新机构（innovation organizations）、教育及劳动力（education & workforce）5 个方面	North Carolina Board of Science and Technology、North Carolina Department of Commerce
《麻省创新经济指数 2015/2016》	经济表现（economic impact）、研究（research）、技术开发（technology development）、商业发展（business development）、资本（capital）、人才（talent）6 个方面	Innovation Institue at Massachusetts Technology Collaborative
《2014 美国各州新经济指数》	知识型工作（knowledge jobs）、全球化（globalization）、经济动力（economic dynamism）、数字经济（the digital economy）、创新能力（innovation capacity）	The Information Technology and Innovation Foundation
《2009 中国创新发展报告》	区域创新能力指标体系由创新实力、创新效率两个版块构成，各版块又分别从创新投入、创新产出、创新条件和创新影响 4 个维度进行解构	中国科学院创新发展研究中心
《中国区域创新能力评价报告 2015》	知识创造、知识获取、企业创新、创新环境、创新绩效 5 个方面	中国科技发展战略研究小组、中国科学院大学中国创新创业管理研究中心
《国家高新区创新能力评价报告 2014》	创新资源、创新活动、创新驱动发展、创新创业环境、创新的国际化 5 个方面	科技部火炬中心、中国高新区研究中心

续表

报告名称	体系架构	发布机构
《中关村指数2016》	创新创业环境、创新能力、产业发展、企业成长、辐射带动、国际化6个方面	北京方迪经济发展研究院、中关村创新发展研究院

资料来源：笔者收集整理

关于土地集约利用评价指标，主要集中在两个方面：一是关注单位土地面积的投入量；二是主张用单位面积土地的产出指标来衡量。国内学者则大都从土地利用投入水平、土地利用程度、土地利用效率、土地利用环境质量或生态效益质量等4个层面构建了更为完整的指标体系（翟文侠等，2006；郑新奇等，2010）。另外，Fonseca和Rory（1981）就曾提出一套评价土地开发效率的指标体系，包括密度（density）、容积率（plot ratio）、建筑密度（site cover）、建筑高度（build height）等。我国香港在工业区规划中使用的土地控制指标主要有：工人与楼面总面积的平均比率、工人密度（每公顷用地面积的工人数）、地积比率［又称容积率；总建筑面积（地上规模）除以建设用地面积］等。贠小苏等（2009）认为，国际上关于土地集约利用的评价指标仅局限于土地使用强度方面，缺乏土地投入和产出方面的指标。Galster等（2001）用8个指标来反映城市蔓延和土地集约问题，包括密度、建设用地集中度（concentration）、建设用地集群度（clustering）、用地功能混用性（mixed uses）等。

我国土地集约评价工作在国家层面初步形成了评价规范和指标体系。国土资源部于2008年制定了国土管理行业标准《建设用地节约集约利用评价规程》（TD/T 1018—2008），从利用强度指数、增长耗地指数、用地弹性指数、贡献比较指数和管理绩效指数5个方面构建了区域用地状况评价指数和指标，并将综合容积率、单位用地固定资产投资总额、单位用地工业总产值等列入城市工业功能区评价指标体系。另外，国土资源部2014年4月制定实施了《开发区土地集约利用评价指标体系（试行）》，对国家级开发区进行了专项的土地集约利用评价。该评价根据工业用地比例不同，将国家级开发区划分为工业主导型和产城融合型两大类，指标体系总体上由土地利用状况（土地利用程度、用地结构状况、土地利用强度）、用地效应（产业用地投入产出效益）、管理绩效（土地利用监管绩效）3个一级指标构成，但是该指标体系主要还是从土地供应、用地结构、建筑密度、土地管理等角度进行评估，而不是从土地空间的集约发展程度及效率角度。

国内外相关机构从绿色、生态、可持续视角对区域绿色发展进行评价研究，主要集中在绿色的经济增长方式和产业结构、绿色的人居生态环境、绿色的社会运行及管理方式等方面（表1.2）。其中，经济合作与发展组织（Organization for Economic Cooperation and Development，OECD）于2011年强调从经济角度来解决环境退化和气候变化等问题，构建了一套完整的涵盖经济、环境和人类福祉等方面的绿色增长指标体系，以经济活动中的环境与资源生产率、自然资产基础、生活质量的环境因素、经济机遇与政策响应为一级指标。美国加州绿色创新测度体系（2012）以低碳经济为核心，并十分重视科技创新在促进绿色发展中的作用，但并未将社会、结构、制度等因素纳入绿色经济测度体系内。中国绿色发展指数（2015）（北京师范大学经济与资源管理研究院等，2015）从经济、环境、政府支持三方面构建了指标体系，并且针对省际、城市分别制定了略有区别的具体指标，但是在经济增长绿化度方面从三次产业结构进行解构，其必要性和合理性均不充分。

表1.2 国内外区域绿色发展评价相关案例

指标体系	体系架构	发布机构
绿色增长指标体系	环境与资源生产率、自然资产基础、生活质量的环境因素、经济机遇与政策响应4个一级指标，14个二级指标和23个三级指标	OECD
绿色经济测度指标体系	经济转型、资源效率、社会进步及人类福祉3个方面	联合国环境规划署（United Nations Environment Programme，UNEP）
2015中国绿色发展指数	经济增长绿化度、资源环境承载潜力、政府政策支持度3个方面	北京师范大学经济与资源管理研究院等
2015中国可持续发展指标体系	涵盖生存、发展、环境、社会、智力5个支撑系统共计430个基础指标	中国科学院可持续发展战略研究组
美国加州绿色创新测度体系（2012）	低碳经济、能源效率、绿色科技创新、可再生能源、交通运输体系5个一级指标	NEXT10

资料来源：笔者收集整理

国内外众多学者及机构也开展了一系列的智慧城市评价体系研究（表1.3），总体上涵盖智慧的基础设施、智慧的城市运行及公共服务、智慧的产业结构等方面。例如，Giffinger 等（2007）从 6 个方面设计了欧洲智慧城市评价体系，分别是智慧的产业、智慧的生态环境、智慧的城市居民、智慧的政府治理、智慧的生活方式、智慧的移动方式，此指标体系的优点是涵盖指标较多，共计 74 个具体指标，评价视角较为多元化。Chourabi 等（2012）提出了理解智慧城市的综合框架，其中包括 8 个主要因素，分别是管理和组织、技术、治理、政策、居民和社区、经济、基础设施、自然环境。近年来，我国住房和城乡建设部、工业和信息化部、国家发展和改革委员会、中央网络安全和信息化领导小组办公室和国家标准化管理委员会等部门也纷纷制定智慧城市或新型智慧城市的评价体系，但是这些指标均处于试行或前期征求意见阶段，也存在着评价指标不够准确、数据难以采集、需要与时俱进等突出问题。

表1.3 国内外智慧城市评价相关案例

指标体系	体系架构	发布机构
国家智慧城市（区、镇）试点指标体系（试行）	保障体系与基础设施、智慧建设与宜居、智慧管理与服务、智慧产业与经济 4 个一级指标、11 个二级指标、57 个三级指标	住房和城乡建设部（2012 年）
智慧城市评估指标体系（征求意见稿）	智慧准备（网络环境、技术准备、保障条件）、智慧管理（城市运行管理、建设过程控制、运营管理模式）、智慧服务（智慧服务覆盖度、获取便捷性、处理效率）3 个一级指标、9 个二级指标	工业和信息化部（2013 年）
智慧城市评价指标体系总体框架（试行稿）	信息资源、网络安全、创新能力、机制保障、基础设施、公共服务、社会管理、生态宜居、产业体系 9 个一级指标	国家标准化管理委员会、中央网络安全和信息化领导小组办公室、国家发展和改革委员会（2015 年）
新型智慧城市评价指标（2016 年）	惠民服务、精准治理、生态宜居、智能设施、信息资源、网络安全、改革创新、市民体验 8 项一级指标、21 项二级指标、54 项三级指标	国家发展和改革委员会、中央网络安全和信息化领导小组办公室、国家标准化管理委员会

资料来源：笔者搜集整理

1.2.5 研究评述

综上所述，高新区作为国家宏观发展战略的政策工具和功能载体，从酝酿设立之初至今已有 20 多年的发展历程，在创新管理、区域经济、制度经济、公共政策及空间规划等研究领域受到了众多学者的广泛关注，在高新区功能作用及其演化、高新区发展绩效及其影响因素、高新区评价等方面涌现出一大批理论成果，在战略使命、功能作用、创新能力、发展绩效、驱动因素及演变历程等层面形成了一系列的研究认识，这是本书研究国家高新区发展的重要理论和实证基础。

尽管国内外学者开展了大量研究工作，但国家高新区作为国家宏观战略的政策工具和区域经济发展的重要版块，其发展理论需要结合宏观形势的发展变化，以及自身发展的逐步演变进行动态调整和积极拓展，当前仍然对国家高新区发展的系统性研究还存在以下不足。

（1）现有文献对国家高新区内涵的研究还不全面，缺乏结合未来发展形势和发展要求对国家高新区发展内涵的整体研究。现有研究对国家高新区的认识，还主要停留在培育高技术产业、科技成果转化、带动区域经济增长等方面，主要考虑的是国家高新区的创新发展及其对所在城市的正向作用，在新的国内外发展形势下，缺乏对高新区低碳绿色循环、资源能源集约、产城融合、生产生活智能化等方面的研究探讨。

（2）缺乏从内涵、主体、要素等多个维度刻画国家高新区发展的系统性模型。国家高新区的发展是一个复杂和动态的系统自组织过程，不同主体、不同要素、不同类型活动的动态耦合，共同发展演化为时空变量下多主体、多因素、多功能、自组织的动态复杂系统。传统视角难以揭示国家高新区内部复杂、随机、动态的发展演化过程，需要我们重构研究视角，从发展主体、发展要素、发展内涵三个维度系统阐述国家高新区发展模型。

（3）现有评价体系缺乏对国家高新区发展的整体考量。现阶段，关于国家高新区的评价研究，主要从创新评价、竞争力评价和产城融合评价等角度展开（朱少鹏和曾刚，2008；于慧萍，2014），评价体系构建的理论基础相对较弱，缺乏基于国家高新区发展过程和发展内涵动态变化的系统性评价。只有在多维度、系统化研究国家高新区发展的基础上，从创新发展、绿色发展、集约发展、智慧发展等方面，充分考虑政府、企业、高校和科研机构、投融资机构、中介服务机构等主体，以及区位、基础设施、先进技术、资本、资源能源、人力资本、制度与政策等要素，才能构建符合未来一段时期国家高新区发展要求、体现发展重点与发展特色、系统全面的评价体系。

1.3 研究问题与研究价值

1.3.1 研究问题

本书具体研究问题可概括为以下四个方面。

（1）结合当前的新场景和新形势，研究我国区域发展面临的重要挑战是什么？区域发展研究需要突出哪些方面的整体性分析框架？

（2）如何构建国家高新区的综合性发展模型？如何将其作为引导国家高新区更好实现综合发展、协调发展的通用性战略指南？在模型中，从哪些方面建立国家高新区的发展导向？涉及哪些发展主体和发展要素？

（3）实践中，国家高新区是如何发展演化的？关键驱动因素是什么？

（4）如何构建国家高新区综合发展评价体系？各国家高新区发展现状如何？需要进行哪些有针对性的改进和提升？

当然，构建一个成熟的国家高新区发展分析框架非常困难。但是，本书试图通过构建国家高新区发展模型，对拓展区域发展理论和实践研究开展有益尝试。

1.3.2 研究价值

本书在把握当前现实场景和借鉴相关理论文献的基础上，拓展了区域发展研究的认知维度，提出了旨在引领国家高新区发展导向的一般性战略框架，构建了国家高新区综合发展评价指标体系，并通过实证研究剖析了国家高新区的发展现状，具有一定的学术价值和应用价值。

1. 学术价值

本书强化了区域发展理论与当前经济社会现实场景相融合，突破了区域发展研究中驱动视角与约束视角相分离的桎梏，将区域发展的驱动因素和约束因素有机融合在一起，丰富了区域发展理论认知维度和研究视角，勾勒出集创新发展、集约发展、绿色发展和智慧发展于一体的区域发展理论分析框架，赋予了区域发展理论新的时代特征。在此基础上，本书提出了能够系统引领国家高新区总体发展方向的通用性战略指南，深入剖析了国家高新区的发展演化路径及驱动因素，构建了国家高新区综合发展评价指标体系，丰富了国家高新区发展研究内容。

2. 应用价值

本书建立起的区域发展理论分析框架和国家高新区三维分析模型对国家高新区形成系统、全面的战略导向具有一定的实践指导意义，在此基础上形成国家高新区综合发展评价体系和评价结果，有助于国家宏观部门深化对国家高新区发展态势和总体格局的理解认识，支撑相关战略研究和工作部署；同时为各国家高新区认识自身发展的优势和短板，审视发展战略和重点工作，强化薄弱环节提供参考。

1.4 研究方法与篇章安排

1.4.1 研究方法

本书涉及的相关理论和实践基础较为丰富，并且将定性研究和定量研究相结合，采取的研究方法主要有文献分析、实地调研、专家访谈和定量分析。

1. 文献分析

本书在研究撰写过程中，研读和参考借鉴了包括理论著作、学术论文、研究报告、政府文件、媒体资料、相关工作总结等在内的大量文献资料，在此基础上开展了深入的文献分析，奠定了坚固而充实的文献理论基础。首先，笔者对国家高新区、科技园区、区域发展评价的相关文献资料进行了梳理和评述，研究发现，现有研究对国家高新区理解认知存在的不完善和不准确之处，在结合国家高新区所处发展环境的基础上，确定本书的研究问题和研究目的；其次，对区域发展相关理论进行了扎实的研究总结，形成了本书的理论基础，进而在文献研究和现实剖析的基础上，识别出区域发展中面临的重大问题，提出区域发展理论分析框架；最后，在开展国家高新区发展演化研究中，综合运用了包括学术论文、总结报告、媒体资料在内的多种文献资料。

2. 实地调研

笔者通过多种形式实地调研了30余家国家高新区，对国家高新区管委会职能部门、龙头企业、中介服务机构、科研机构等诸多单位进行调研访谈，并参与了20余家国家高新区的研究课题或咨询项目，形成了对国家高新区发展态势的深刻理解和素材积累，对增强本书的实践支撑基础具有重要作用。

3. 专家访谈

本书在研究撰写过程中，通过多种方式对科技部火炬中心、中国城市和小城镇改革发展中心、山东省科技厅、合肥高新区管委会、中国科学院科技战略咨询研究院、中国地质大学（北京）等单位的专家和领导进行了全面性或专题性的深入访谈，为本书提供了鲜活而丰富的支撑材料。

4. 定量分析

本书在研究分析过程中，使用了国家高新区年度统计数据和年度发展报告中的大量数据，特别是以2015年度国家高新区统计数据和中国城市统计年鉴数据为主要数据支撑，开展了国家高新区综合发展评价的实证分析，进一步提升了本书的客观性和科学性。

1.4.2 篇章安排

本书共撰写了七章内容，结构如图1.1所示，全书按照“绪论—区域发展理论研究—国家高新区发展三维分析模型研究—国家高新区发展演化研究—国家高新区综合发展评价体系—实证研究—主要结论与研究展望”顺序依次安排章节。

第一章：绪论。该章内容包括本书的选题背景、相关研究综述、研究问题与研究价值、研究方法与篇章安排。

第二章：区域发展理论研究。该章首先对区域发展的基本理论进行了研究梳理，包括区位理论、增长极理论、产业区理论、产业集群理论、内生增长理论、区域创新系统、可持续发展理论、土地集约利用理论等，夯实了本书的文献研究基础；其次，研究分析了区域发展面临的新挑战和新场景，涉及创新驱动发展、自然环境约束、土地资源承载及信息通信技术牵引等方面；最后，集成性、创新性地提出了区域发展理论分析框架。

第三章：国家高新区发展三维分析模型研究。该章在剖析国家高新区功能内涵的基础上，从发展内涵、发展主体、发展要素三个维度构建了国家高新区三维分析模型。其中，创新性地提出从动力机制与约束机制两个视角来解构国家高新区的发展内涵，并将其解构为创新发展、绿色发展、集约发展和智慧发展四个维度进行系统阐述，同时，将发展主体解构为政府部门、企业、高等院校和科研机构、投融资机构和中介服务机构进行阐述，将发展要素识别为区位、基础设施、先进技术、资本投入、资源能源、人力资源、制度与政策进行阐述。

第四章：国家高新区发展演化研究。该章在梳理国家高新区发展历程基础上，从创新发展、绿色发展、集约发展和智慧发展四个方面对国家高新区的演化路径进行了深入剖析，并对影响发展演化的驱动因素进行了识别分析。

第五章：国家高新区综合发展评价体系。基于本书提出的国家高新区三维分析模型，该章提出了国家高新区综合发展评价的价值取向和基本原则，构建了由 4 个一级指标、12 个二级指标和 30 个具体指标组成的指标体系，并研究确定了数据获取、原始数据标准化和指标权重，形成了完整的评价体系。

第六章：实证研究。基于前文研究提出的评价体系，该章选取了 56 家国家高新区进行实证研究，从综合发展、创新发展、绿色发展、集约发展和智慧发展五个方面对实证对象进行了评价分析。

第七章：主要结论与研究展望。总结全书的主要研究结论和观点，提出了研究存在的一些不足之处。

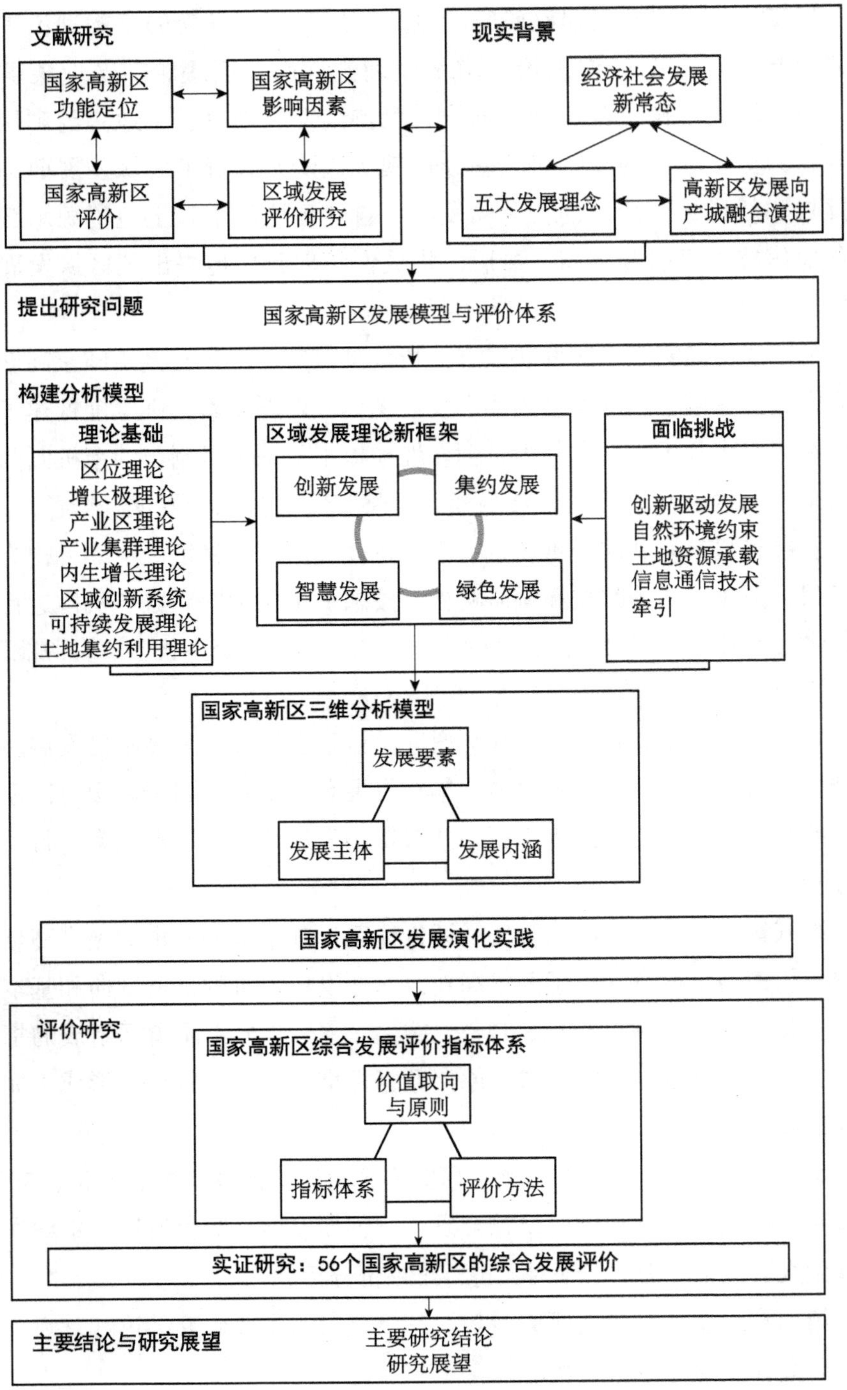
文献研究
国家高新区功能定位
国家高新区影响因素
国家高新区评价
区域发展评价研究
现实背景
经济社会发展新常态
五大发展理念
高新区发展向产城融合演进
提出研究问题
国家高新区发展模型与评价体系
构建分析模型
理论基础
区位理论
增长极理论
产业区理论
产业集群理论
内生增长理论
区域创新系统
可持续发展理论
土地集约利用理论
区域发展理论新框架
创新发展
集约发展
智慧发展
绿色发展
面临挑战
创新驱动发展
自然环境约束
土地资源承载
信息通信技术牵引
国家高新区三维分析模型
发展要素
发展主体
发展内涵
国家高新区发展演化实践
评价研究
国家高新区综合发展评价指标体系
价值取向与原则
指标体系
评价方法
实证研究：56个国家高新区的综合发展评价
主要结论与研究展望
主要研究结论
研究展望

图 1.1 本书结构图

第二章 区域发展理论研究

2.1 区域发展的基本理论

2.1.1 区位理论

区位理论是区域经济和经济地理的重要基础理论，主要代表人物有德国经济学家杜能（Thünen）、德国经济学家韦伯（Weber）、瑞典经济学家俄林（Ohlin）、德国经济学家勒施（Lösch）、德国经济学家克里斯塔勒（Christaller）等，主要涉及农业区位理论、工业区位理论、一般区位理论、市场区位理论、中心地理论等基础理论。

杜能在其农业区位理论专著《孤立国同农业和国民经济的关系》中，试图运用区位理论解释空间经济活动规律，创立了以成本探讨农业配置区域差异的农业区位理论，提出了农地使用（agricultural land use）、位置租金（location rent）等关键概念，以及著名的位置、地租和土地利用三者关系的理论命题，该书被称为世界上第一部区位理论著作。他根据当时德国农业和市场的关系，分析研究了如何在城市外围均质土地上种植农作物的问题，摸索出因地价不同而引起的农业分布现象，其实是系统考虑了农业生产的区位选择问题，发现了城市周围的农业土地利用方式呈同心圆圈层结构（即著名的“杜能圈”）。但是，“杜能圈”是一种完全均质条件下的理论模式，现实环境中不可能存在完全相同的农业条件。

韦伯于1909年出版的《工业区位论》一书创立了工业区位理论。其核心观点是，经济因素或成本最低是影响企业选择区位的核心因素，工业企业选址需要对运输、劳动力及集聚因素相互作用进行综合测算分析，生产成本最低点则是理想区位，即费用最小点就是最佳区位点。在其他条件相同或者没有其他因素的影响下，韦伯认为，工业企业应该选择在原材料和最终产品两者总运费最低的地点，因此，韦伯的工业区位理论也被称为“最小运输成本理论”。并且，韦伯基于运输成本和劳动成本与工业区位的关系，提出了“原料指数”概念，基于劳动成本与工业区位的关系分析，提出了“劳工系数”概念，相关概念和研究思路是工业区位理论的重要内容，为以后区位理论的发展奠定了坚实基础。

诺贝尔经济学奖获得者俄林将贸易理论、价格理论与产业区位结合起来，尝试构建“一般区位理论”，其主要特点是运用一般均衡理论分析产业区位的决定问题，对韦伯的工业区位理论的静态性和局限性进行了突破和拓展。一方面，与韦伯观点相似，俄林也认为在资本和劳动力自由流动条件下，运输成本是决定产业区位的关键因素，将消费市场纳入影响运输成本和区位选择的因素，强调原料地、产业区位和消费市场三者之间的相关影响关系，并提出了运输边界程度的差异问题；另一方面，利率和工资水平的区域差异是影响工业区位的重要因素，利率的变动和工资水平差异的变化均会导致原均衡关系的破坏和新均衡关系的形成，这将影响企业对产业区位的选择变化。也就是说，产业区位变动是生产要素在各区域之间重新配置的结果。

德国经济学家勒施1939年出版了《经济的空间秩序》一书，创造性地将市场需求作为空间变量来研究区位理论，构建了市场区位理论，并将空间均衡的思想引入区位分析，研究了市场规模和市场需求结构对区位选择和产业配置的影响。勒施认为，运输成本和工资水平对企业区位选择并不起决定作用，利润才是决定性因素，所以企业选择区位的关键是成本、市场及收入之间的均衡，或者是企业会选择综合利润最大的地点。可见，勒施突破了韦伯最小成本观点，在区位理论研究中发展了“最大收益区位理论”或“最大需求理论”。

中心地理论（central place theory）被认为是由德国经济学家克里斯塔勒在其著作《德国南部的中心地原理》中提出的，他提出了用以说明为什么会形成提供差异化服务的村庄和城市的等级制度、城市等级制度为什么因地而不同的一般理论。克里斯塔勒提出了空间界限、商品的销售范围、中心地函数、中心性、地区等级系统、空间需求曲线等概念，相关的概念和观点也成为城市经济学的重要理论源头。在人口均质分布、统一的交通系统、厂商和消费者均是经济人、货物可以完全自由流动四个假设条件下，克里斯塔勒推导了城镇在理想地表上的聚落分布模式，即市场等级体系呈现六边形网络（或六边形市场区）。克里斯塔勒把区位理论的研究对象从农业、工业扩大到城市，初步建立起系统的城市区位理论。

上述理论也被称为古典区位理论或新古典区位理论，其基本假设是完全竞争、完全信息和完全理性，但这些假设也存在一定的局限性。20 世纪 40 年代以后，区位理论的发展演化受到新古典经济学和凯恩斯经济学的较大影响，在此期间政府行为学派的研究显著增强（魏伟忠和张旭昆，2005）。金相郁（2004）更是将 20 世纪 60 ～ 90 年代划分为四个发展阶段：①以行为经济学为主的发展阶段（60 年代），主要是以有限理性、非完全竞争和非完全信息为基础的微观区位理论；②以结构主义为主的发展阶段（70 年代），主要是关注经济结构与地理空间之间关系的宏观区位理论；③以生产方式为主的发展阶段（80 年代），主要以柔性生产和全球产业网络为认知基础；④以非完全竞争市场结构为主的发展阶段（90 年代），以克鲁格曼（Krugman）、藤田为代表的新经济地理学学派兴起。但是，陈文福（2004）认为，以艾萨德（Isard）的《区位与空间经济》（1956 年）和贝克曼（Beckmann）《区位论》（1968 年）的出版为标志，新古典区位论已经形成。本书认为，新古典区位理论之后的所谓区位理论，是建立在传统区位理论基础上，结合现实经济发展和阶段性的经济管理理论前沿，从不同研究视角开展的区域发展理论研究，并不能简单地将各种相关研究都纳入区位理论范畴。

2.1.2 增长极理论

“增长极”（growth pole）概念由法国经济学家佩鲁（F. Perroux）于 1950 年在《经济空间：理论与应用》一书中首次提出，并于 1955 年在《略论增长极概念》一书中进一步阐释，认为“增长并非同时出现在所有的地方，它以不同的强度首先出现在一些点或增长极上，然后通过不同的渠道向外扩散，并对整个经济产生不同的终极影响”。受到当时熊彼特的创新理论和发展经济学理论的综合影响，佩鲁认为，经济发展的主要动力是技术进步和创新，但是创新总倾向于集中在一些特殊的企业，从经济活动之间的内在联系和相互影响上讲，这些活跃产业（active unit）对其他产业具有很强的连锁效应和推动效应，佩鲁称之为推进型产业（propulsive unit）、增长诱导产业（growth-inducing unit）。在此基础上，佩鲁将经济结构及其内在联系抽象为经济空间（economic space），如同由若干“磁场极”组成的受力场，其中具有支配性、驱动性的“磁场极”或“驱动源”就是增长极，也是由极化空间的概念延伸出来的。佩鲁强调利用增长极的推动效应和产业之间的连锁效应来带动全局的发展，是发展理论（安虎森，1997）、经济增长理论（王仲智和王富喜，2005），是以“不平等动力学”或“支配学”为基础的不平衡增长理论。总体上，佩鲁的增长极理论主要研究三个核心问题，即占支配地位的企业的支配效应；支配型企业与其他企业（或周围地区）之间存在的连锁效应，这种连锁效应产生乘数效应；占支配地位的企业通过这种乘数效应带动其他企业（或外围区）的发展，最终实现分配的均衡，即分配效应（安虎森，1997）。

“增长极”概念被提出以后，布代维尔（Boudeville，1966）、缪尔达尔（Myrdal，1957）、赫希曼、弗里德曼（Friedmann，1966）等将其从经济增长领域移植到经济地理领域，在“区域增长极”基础上进一步提出了极化效应（polarization effect）、涓滴效应（trickling-down effect）、回流效应（backwash effect）、扩散效应（spread effect）、核心－边缘理论、非均衡增长理论等概念和理论，这些概念和理论成为区域经济研究的重要内容和制定区域发展战略及政策的指导理论。

佩鲁的弟子、法国经济学家布代维尔在《区域经济规划问题》（1966年）中将“经济空间”聚焦在区域层面进行了拓展性阐释，并将佩鲁的经济学领域的增长极概念应用到地理空间，从而使得增长极理论演变为经济地理领域的重要理论。基于佩鲁增长极的抽象概念，布代维尔结合现实经济场景进行了具体化解读，从两个角度理解“经济空间”，一是经济变量之间的结构关系，二是涵盖经济现象的地域结构或区位关系，也就是说，增长极既可以是部门的也可以是区域的，“区域增长极”概念被正式提出。区域增长极是配置在城市的一组扩张性产业，能通过其影响范围而引导经济活动的进一步发展（Boudeville，1966）。区域增长极的基本观点是，主要的经济发展虽然往往始于推进型产业或增长诱导单元，但以上下游经济链接关系聚集而形成产业综合体，这些产业综合体所处的中心城市也就是区域发展的经济增长极。布代维尔提出了推动型产业对区域经济增长产生的两种效应，即乘数效应和极化效应，对其他学者的研究具有较大的启发作用。另外，布代维尔还将经济区域划分为三类，分别是均质区域、极化区域（区域内部不同部分通过发挥“磁极”作用的增长极相互关联、相互依存）、计划区域（政府的计划和政策的实施区域），这一分类引起了地方政府的极大兴趣，也使得区域增长极理论在区域经济政策和经济发展战略方面得到了广泛应用。但是，安虎森（1997）认为增长极理论指导区域经济发展，主要适用于经济发展步入成长阶段或成熟阶段的区域，而不能用来指导贫困落后地区的经济开发。

1957 年，瑞典经济学家缪尔达尔出版的《经济理论和不发达地区》一书提出了“地理上的二元经济结构”理论，从正反两个方面论述了区域增长极对外围地区的带动作用和不利影响，并提出了“扩散效应”和“回流效应”的概念，迄今仍然是区域经济领域的重要研究内容。缪尔达尔提出，若中心城市增长的同时带动了外围地区的增长，就是增长极对外围地区产生“扩散效应”；如果中心城市吸引了外围地区的资本和高素质人才等稀缺资源，从而抑制了外围地区的经济增长，则增长极对外围地区产生了“回流效应”。一旦某些地区由于资源禀赋等初始优势取得超前的经济发展，其将获得先发优势并逐步拉大与其他后发地区的经济差距，由于“循环累积因果关系”（circular cumulative causation），出现“发达地区发展更快，落后地区发展更慢”的区域不平衡现象，形成发达地区和落后地区并存的二元经济结构，而发达地区与落后地区的关系主要是“扩散效应”和“回流效应”。市场力量自发作用的结果主要是“回流效应”，为实现区域平衡发展的目标，政府需要实施必要的干预措施，才能缓和或弥合两极分化现象。

美国经济学家赫希曼 1958 年出版的《经济发展战略》一书提出了与缪尔达尔相似的观点和概念，缪尔达尔和赫希曼也被学术界认为共同创建了非均衡增长理论，而增长极模型也可被视为非均衡增长中的一例。赫希曼提出的“极化效应”和“涓滴效应”认为，发达地区对落后地区的不利影响为“极化效应”，有利影响则为“涓滴效应”，这与缪尔达尔提出的“回流效应”和“扩散效应”极为相似。赫希曼指出，尽管这两种效应会同时起作用，在市场机制自发作用下，“极化效应”占支配地位，但是长期来看，“涓滴效应”将超过“极化效应”，这一点与缪尔达尔认定的“回流效应”

大于“扩散效应”而导致“循环累积因果关系”明显不同。针对两人对两种效应孰强孰弱或强弱转换的不同认知，韩纪江和郭熙保（2014）提出了“缪尔达尔转折点”概念，用以描述“扩散效应”和“回流效应”相等时的均衡点，超越缪尔达尔转折点后，则地区差距逐步缩小，空间发展趋于平衡。

众多学者围绕这两种效应进行了一系列研究（Casetti et al.，1971；Richardson，1976；Benson et al.，1980；Amos，1990；Barkley et al.，1996；Plane，2003；柯善咨，2009；Ke and Feser，2010；Chen and Partridge，2013），其结论可以总结为四个方面（韩纪江和郭熙保，2014）。首先，两种效应的对应关系上，因时间维度、空间维度、增长极特质的不同而不同。“回流效应”和“扩散效应”发挥主导作用的阶段分别在增长极的形成初期和后期（Richardson，1976；Olfert and Partridge，2010），“扩散效应”和“回流效应”显著表现于城市通道之中，即发生于大都市和非都市区之间、由主干公路相连的通勤范围内（Taaffe et al.，1992）。中心城市的类型和规模对扩散－回流效应具有不同的影响（Ke and Feser，2010），例如，柯善咨（2009）发现省会和地级中心城市的经济增长对下级市县有显著的“回流效应”，而下级市县的经济增长对位于市场中心的上级城市有明显的市场区增长作用，同级市县经济增长有互相促进作用。其次，“回流效应”在发展初期具有主导性（Barkley et al.，1996；韩纪江和郭熙保，2014）。Gaile在1980年梳理分析了当时20余项最新研究后发现，增长极的“扩散效应”非常微小，且小于“回流效应”。再次，“扩散效应”在发展中后期逐渐增强（韩纪江和郭熙保，2014），其最终结果是区域经济一体化，多中心化和区域经济平衡发展是很多国家的战略目标。最后，计量化成为扩散－回流效应研究的主流研究方法，特别是Krugman（1991）、Fujita等（2001）构建了空间经济计量模型。

美国城市经济学家弗里德曼（Friedmann，1966）出版了《区域发展政策：委内瑞拉案例研究》一书，该书结合委内瑞拉区域发展演变特征，特别是根据缪尔达尔和赫希曼关于区域经济增长及区域间经济相互关系的理论思想，系统提出了核心－边缘理论（core-periphery theory），用于研究分析区域经济结构变化过程中核心地区与边缘地区的发展关系问题。其主要观点是，任何国家或区域都是由核心地区和外围地区组成的，经济增长过程中核心与边缘之间存在着不平等的发展关系，总体上是核心地区拥有统治地位，边缘地区依赖于核心地区。随着区域经济的发展，区域经济的空间结构由互不关联、孤立的结构逐渐演化为紧密联系的、协同发展的系统结构，区域间的经济差距不断缩小，区域经济格局趋于一体化和均衡化，在这一进程中，区域增长极及其与外围地区的影响效应发挥着重要作用。弗里德曼在此基础上提出了区域四个发展阶段理论，包括地方中心比较独立、没有等级体系的均衡分布结构阶段，大核心出现极化作用加强的核心－边缘结构阶段，强有力的外围副中心出现经济腹地再分配的多核心结构阶段，以及城镇体系形成的等级体系结构阶段。核心－边缘理论成功地解释了区域经济空间结构和形态的演进过程，并且符合大多数国家区域经济发展实际。随后，众多学者基于该理论开展了深入研究（Puga，1999；李小建和樊新生，2006；赵作权，2012），在城市与乡村的关系、国内发达地区与落后地区的关系、发达国家与发展中国家的关系等方面具有广泛的应用。

2.1.3　产业区理论

“产业区”（industrial districts）概念是由新古典经济学创始人、英国剑桥大学教授马歇尔（Marshall）在1890年出版的《经济学原理》一书中首先提出的。当时，英国还处于工业化过程之中，马歇尔基于对Sheffield刀具工业区和西约克郡（West Yorkshire）毛纺织工业区的观察分析，发现工业生产呈现出地理集聚现象，于是创造性地提出了“产业区”概念。马歇尔将产业区定义为一种由历史与自然共同限定的区域，其中的中小企业积极地相互作用，企业群与社会趋向融合，是与大企业相对应的另一种产业组织模式。关于产业区，马歇尔主要关注两个方面：一是产业区带来地方化的外部规模经济（被称为地方化经济，localization economies），包括降低运输成本和交易成本、易于获得专业化生产要素和专业化技术、促进专业化分工、形成企业发展与区域生产系统及企业家精神的协同机制等；二是强调产业与地方社会的不可分割性和相互塑造性，区域内的交流合作增强了经济主体之间的共有知识和相互信任，也加快隐性知识和技能的形成与转移，形成地方特定的“产业氛围”（industrial atmosphere）。另外，马歇尔认为，地方性工业的利益、祖传的技能、辅助行业的发展、高度专门机械的使用、专门技能在本地有市场等是工业集中于特定区域的重要原因。在这一意义上，马歇尔所定义和关注的“产业区”，一开始就具有社会与地域有机整合的特征，空间接近和文化的同质性构成了产业区形成的两个重要条件（苗长虹，2004）。但是，在其概念和研究提出之后的半个多世纪，大型企业主导的纵向一体化大批量生产成为国际上产业组织的主导模式，产业区在20世纪70年代以前并未得到学术界的广泛关注。

马歇尔产业区理论的复兴，最先源于20世纪70年代意大利一些社会学家和经济学家对意大利工业发展与区域差异的研究（苗长虹，2004）。其中，意大利社会学家Bagnasco基于意大利工业化进程和意大利东北部至中部地带的经济崛起模式提出了“第三意大利”（third Italy）的概念，用于描述这一地区经济发展的特征，即中小企业的地理集中及部门专业化，“第三意大利”是与“第一意大利”（意大利南部落后地区）、“第二意大利”（经济较为繁荣但20世纪70年代以后面临重重危机的西北地区）形成鲜明对比的区域经济模式。之后，意大利著名经济学家贝卡蒂尼（Becattini）认为，这一区域的工业发展与马歇尔产业区模式极为相似，倡导运用产业区的理论观点和分析视角进行深入研究，这被理论界认为是拉开了马歇尔产业区理论复兴的序幕，并迅速引起了欧美学术界对“产业区”的高度重视，在此基础上提出新产业空间（Scott and Storper，1992）等相关理论。

产业区理论复兴以来，学术界关于产业区的研究主要集中在基本内涵、类型划分、形成与演化、驱动因素等方面。关于产业区基本内涵的诠释的主要观点是，产业区是以本地中小企业为主的地理区域相对集中的专业化产业组织模式，拥有本地化的产业分工合作网络、共同的社会认知和本地文化认同，专业化知识技能和劳动力较为集中等。贝卡蒂尼（Becattini，1990）也认为，产业区是“社会地域整体”（socio-territorial entity），同时具有经济结构特征和社会结构特征，他既注意到企业地理临近带来的经济效应，也注意到本地化的价值认同、社区化的归属感、共识化的制度环境是产业区的依存条件，社区和企业有机融合并相互依存。其中有学者认为，产业区成为伴随着互联网技术革命、适应小批量定制产品生产方式的柔性生产综合体（Scott and Storper，1992；王缉慈，1998），本地网络和根植性是产业区的主要识别标志（李小建，1997；王缉慈，1998）。Markusen（1996）、Park等（1995）开始倡导产业区概念一般化与类型多样化，并划分了Marshall式、轮轴式、卫星平台式、国家力量依赖型等产业区类型，成为被广泛认可的产业区类型划分研究。关于产业区形成的一般特征，李小建（1997）在总结有关研究文献的基础上将其归纳为四个并存：弹性生产系统与大宗生产系统并存、地方性网络与全球性网络并存、当地根植性与非当地根植性并存、小企业与大企业并存。关于产业区的形成与发展，Markusen（1996）认为，产业区是多种力量催生的复杂产物，包括公司的战略、产业的结构、盈利的周期、国家的重点、地方和国家的政治等，金祥荣和朱希伟（2002）认为，产业特定性知识、技术工匠和特质劳动力、产业氛围是产业区兴起与演化的特定性要素，分工、报酬递增和外部性是产业区发展壮大的主要动力，苗长虹（2004）则强调了非正式建构的学习及其制度文化环境，以及由于弹性专业化而产生的适应能力的知识。

同时，产业区经典理论的局限性、产业区理论视角转变与重构成为产业区研究的新兴热点（Whitford，2001；Wei et al.，2007；吴加伟等，2015）。有关企业管理战略、全球与地方生产网络互动、城市社会与空间管治、社会文化与制度演化的讨论成为产业区研究热点，产业区理论视角也逐渐呈现多元化趋势。企业的异质性、战略合作意识、企业家精神、利用“共享资源”的能力，以及企业关系网络构建被视为产业区重构与升级的关键。吴加伟等（2015）在扎实研究综述的基础上，提出了产业区理论研究视角所呈现的四方面重构趋势：一是从产业区系统到企业战略分析，企业经济实力、自适应能力、网络连通性、组织战略等特性受到关注，企业及其战略行为开始成为产业区研究的基本要素；二是从本地根植到全球网络，将产业区视为全球网络节点，放在全球网络、网络协同演化等视角进行研究；三是从自发增长到多元化管治，从多层级、全方位的治理政策与制度保障方面研究产业区多元治理议题；四是突破对产业区生命周期理论的路径依赖，从多元化、动态性、演化论等视角开展产业区发展路径和驱动机制的研究。

2.1.4　产业集群理论

产业集群（industry clusters）的概念是由哈佛大学商学院教授迈克尔·波特 1990 年在《国家竞争优势》一书中提出的，并迅速成为区域经济和战略管理等领域的研究热点，也成为地方政府促进经济繁荣和区域活力的重要抓手。波特在对加拿大、德国、意大利、日本、美国等 10 个国家的产业集群观察研究基础上，认为有竞争力的产业集群对国家竞争优势至关重要，并将产业集群描述为某一特定领域内互相联系的、地理位置上集中的公司和机构的集合，既涵盖上下游产业链上的企业，又包括专业化培训、教育、信息研究和技术支持的政府和其他机构。在《集群与新竞争经济学》（1998 年）一文中，波特进一步界定了产业集群的内涵，认为产业集群是“在某特定领域中，一群在地理上毗邻、并相互关联的企业和相关法人机构，它们以彼此的共通性和互补性相互联结”。随后，大量学者从产业集群发展动力机制、集群升级、超越地理空间的产业集群发展等方面，开展了大量的理论研究。

首先是关于产业集群发展的动力因素和发展机制，学者普遍认为，比较稳定的技术创新、非正规学习、合作与竞争、知识溢出、社会资本、区域品牌等是产业集群形成和提升竞争优势的关键因素（Saxenian，1994；Storper，1997）。Swann 等采用实例分析方法分别研究和比较了多个产业集群的发展情况，将产业集群发展机制描绘成包括产业优势、新企业进入、企业孵化增长，以及气候、基础设施、文化资本等共同作用的正反馈系统（positive feedback system）。

其次是产业集群升级的相关研究。波特为产业集群能级跃升制定了路线图，将产业集群发展划分为四阶段——要素集聚、产业集群、创新集群、财富集群，这为每个集群评价其所处的阶段，以及其要达到高一阶集群所应具备的要素提供了更强有力的指导。联合国贸易和发展会议（简称贸发会议）2001 年的相关报告就曾提出，融入全球价值链并不断向上攀升或升级是地方集群参与全球竞争的基本策略。此外，我国学者从增强集群内部的协作机制和网络效应、本地网络和全球网络内外互动、产业价值链升级等角度，开展了大量的实证研究，包括沿海外向型集群（王缉慈，2001；朱华友和王缉慈，2014）、中小企业集群（朱小斌和林庆，2008）、温州柳市低压电器（魏江和申军，2003；蔡彬清和陈国宏，2012）、高新技术产业集群（任寿根，2004）等。

最后是超越地理空间的集群研究。从集群区域集聚优势、集群内部演进升级角度等研究集群发展，与国际产业竞争、创新全球化等角度结合起来，超越集群研究集群的产业竞争逐步成为研究热点，并重点关注发展中国家产业集群升级问题。2003 年，英国学者马丁和雷森（Martin and Sunley，1998）以“解构集群：混乱的概念还是政策万能药？”为题发表了抨击波特的文章。接着，关于超越集群的呼声越来越高。瑞典学者梅尔伯格（A. Malmberg）以“超越集群：地方环境和全球联系”为题撰文，分析了加强全球联系对区域发展和技术创新的意义。

2.1.5 内生增长理论

20世纪90年代初期，以Segerstrom、Romer（1980）、Grossman和Helpman（1991）为代表的学者，突破了新古典增长理论的技术进步外生性的假设，强调研发和创新是经济增长的决定因素和源泉，这与熊彼特的创新带动经济增长思想高度吻合，因此相关研究又被称为熊彼特增长理论，是世界主要国家创新驱动发展相关战略的理论基础。

众多经济学家在构建内生增长模型方面做了大量研究，既提出了知识积累、知识溢出效应、人力资本积累等理论概念，又通过理论推导和实证分析探讨了创新、人口等与经济增长的关系，推动了理论模型的不断完善和修正，比较典型的包括早期内生增长模型、半内生增长模型、完全内生增长模型等。这些理论模型和理论框架引领着内生增长理论在五个方面的广泛应用，包括资本积累、创新与经济增长，财政政策对经济的影响，创新、模仿与知识产权保护，经济周期与经济发展差异，不平等与经济增长（严成樑和龚六堂，2009）。其中，研发投入与经济发展和全要素生产率的关系研究是基本命题，并且已经取得较为一致的研究结论，这是各国发展创新型经济、实施创新驱动发展战略的基础理论支撑。

关于研发投入与经济发展的关系，众多学者运用多种多样的数据样本进行了实证研究，其研究结果主要集中在两方面，一是研发投入与经济增长总体呈正相关关系，二是根据收入水平和发展程度不同，研发投入与经济增长可能负相关或不相关。其中，Hagedoorn（2003）分析了专利数量、发明数量、新产品增加、新产品产值等创新内容与经济产出之间呈正相关关系。Wang等选取1991～2006年23个OECD国家和我国台湾地区的数据进行分析，发现人均收入水平作为中介变量，能够影响高技术部门中研发投入对经济增长的作用。大量国内学者也运用国内相关数据进行了实证研究（陈柳和刘志彪，2006；黄鲁成和李晓英，2006；黄苹，2008；严成樑等，2010），还探索性地将FDI、金融创新、区域异质性等纳入研究模型，丰富和拓展了研究视角和理论框架。

关于研发投入与生产率或全要素生产率的关系，国内外学者运用不同时间段、不同区域的统计数据进行了大量的实证研究，普遍认为研发投入与生产率或全要素生产率呈正相关关系。因此，创新投入也被认为是推动经济质量提升和产业转型升级的重要驱动力。美国哈佛大学的格里利谢斯（Griliches）从1980年以来发表了一系列有关研发投资和知识资本与生产率的论文，是知识资本与企业生产率研究领域中最具有国际影响力的代表人物。其中，格里利谢斯对美国1000家大型制造业企业在1957～1977年的R&D投资与生产率进行分析，发现R&D资本对美国大型制造业企业生产率持续增长具有重要作用，私人研发投资对企业提高生产率效应比政府投资效应更明显。Coe和Helpman关于R&D投资对全要素生产率效应的研究发现，国内R&D资本存量和贸易伙伴国R&D资本存量都对全要素生产率有明显影响。另外，也有大量学者分别从企业、产业、区域层面进行了实证研究，发现知识资本、科技投入对生产率、全要素生产率总体上具有正向作用。

与内生增长理论相对应，国内学者就创新发展、创新驱动发展、创新驱动经济等进行了概念界定和内涵解构。穆荣平（2014）强调，创新是一个复杂多元的价值创造过程，包括科学价值、技术价值、经济价值、社会价值和文化价值创造，涉及科学发现、技术开发、工程化、商业化、规模市场化和技术扩散，以及社会推广应用活动。洪银兴（2009）认为，创新驱动经济是一种内生发展模式，以新知识、新技术对生产要素进行改造和重新组合，能够突破传统发展模式下的资源和要素约束，实现高效、集约、绿色的经济可持续发展，并成为赢得竞争力的关键。赵志耘（2014）认为，人力资本、企业创新活力、制度创新是创新驱动的三大发动机。贺德方（2014）认为，创新驱动发展主要靠提高要素生产率而不是投入生产要素来推动经济增长。陈强和余伟（2015）认为，创新驱动是一种新的经济增长方式，不只是解决效率问题，更为重要的是通过对知识、技术、机制和管理模式等要素的创新，实现对有形资本、劳动力、物质资源等要素的重新组合，以创新的知识和技术，形成新的生产力。卢海峰（2015）提出，创新发展是一国或地区通过依靠技术创新、制度创新、理论创新、文化创新等创新因素，实现质量型、内涵型的发展模式，实现经济社会等多维度全面高级化发展，进入国家发展的新形态和新阶段的过程。另外，科技部原副部长张来武（2013）认为，创新驱动发展具有“以人为本”、打造“先发优势”、企业家驱动三个主要特征。洪银兴（2013）认为，科技进步对经济增长的贡献率、创新要素的高度集聚是衡量创新驱动发展方式的重要指标，并从加大创新投入、制度创新、创新环境建设三方面提出转向创新驱动发展模式的路径。施筱勇（2015）研究提出创新驱动经济体的三大特征，包括高比例的知识资本投资、活跃的创业，以及较高的劳动生产率和全要素生产率。综合来看，国内学者从国家、区域、企业等多个层面对创新发展或创新驱动发展进行了探索性的界定和解构，主要强调科技创新对促进经济增长和转型升级的重要作用，并提出了一些创新发展的测度指标。

2.1.6　区域创新系统

在国家创新系统（national innovation systems）概念被提出和引起广泛关注以后（Freeman，1987；Lundvall，1992；Nelson，1993；OECD，1996），作为理解区域经济创新过程的分析框架，区域创新系统（regional innovation systems）也受到学者和政策制定者的高度关注（Cooke，1992；Autio，1998；Cooke et al.，2000；Doloreux，2002；Doloreux and Parto，2005）。区域创新系统的兴起与后福特时代区域集群和产业区的成功有着密不可分的内在关联，这一概念及框架能够帮助理解制度、组织和环境对促进基于创新的区域增长的重要作用。

区域创新系统、产业集群、区域创新网络、区域创新环境等相关理论具有较深的演化关联性和研究连贯性，区域创新系统也与“新区域主义”区域发展理论的研究内容具有高度的相通性。区域创新系统将新区域科学中的制度、文化、组织等因素与熊彼特主义的创新研究有机结合起来，构建了研究分析区域范围内系统化创新结构、动力、环境及其效率的基本框架。Doloreux 和 Parto（2005）认为，区域创新系统是建立在创新系统和区域科学两个领域基础上的。一方面，创新与许多主体和因素相互影响（Dosi，1988），是经济技术演化的社会过程（Edquist，2004），这一社会过程除了涉及产业链上下游，还与知识、资本、教育培育等相关机构产生合作关系（Cooke et al.，2010）；另一方面，创新也是具有本地性和区域嵌入性的。

关于区域创新系统概念和内涵的解构和阐述，国外学者中主要以Cooke（1992）、Autio（1998）、Asheim 和 Isaksen（2002）的观点为代表，国内学者则以胡志坚和苏靖（1999）、黄鲁成（2000）、柳卸林（2003）为代表。Cooke（1992）将区域创新系统定义为，在以根植性为特征的制度环境系统中，企业及相关机构从事交互学习。胡志坚和苏靖（1999）认为，区域创新系统是企业的“群”，这些区域由通过合作和竞争规则的企业网构成，并且已经形成全球的竞争力。黄鲁成（2000）从系统特征角度定义了区域创新系统，是在特定的经济区域内，各种与创新相联系的主体要素（创新的机构和组织）、非主体要素（创新所需要的物质条件），以及协调各要素之间关系的制度和政策网络。柳卸林（2003）对区域创新体系的定义是，地区内由各类创新主体形成的制度、机构网络，其目的是促进新兴技术的产生、使用。同时，不同区域制约创新的主要因素不尽相同，包括价值观念、产业专有因素、制度框架等，这些差异化的因素是区域创新体系的内核，也是地区经济获得核心竞争力的关键。尽管关于区域创新系统的概念内涵没有绝对统一的概念，但是，一定的地理区域内、不同类型且相互关联的行为主体、合作网络、较高的产业聚集、较好的知识溢出效应等被认为是区域创新系统的主要内涵特征（魏江，2003）。

关于区域创新系统的研究重点，黄鲁成（2000）、Doloreux 和 Parto（2005）、吴海燕等（2011）、王松等（2013）分别对区域创新系统的理论溯源、理论框架和当前热点进行过梳理总结。Doloreux 和 Parto（2005）认为，创新过程中不同主体间的互动、机构的作用是区域创新系统研究的热点领域。王松等（2013）发现，区域创新系统的构成要素、影响因素、评价体系、实证研究等是区域创新系统领域的四个研究热点。此外，在关注本地化学习机制的基础上，区域创新系统的相关研究关注发挥地理临近优势和构建全球创新合作网络，区域创新系统与区域外部链接合作也成为研究热点。例如，Cooke（2002）认为，区域外部的创新互动对区域创新系统很重要，全球化知识供应和市场对生物技术产业区域创新系统非常重要；Belussi 等（2010）提出要构建超越区域范畴的开放性区域创新体系。

关于区域创新体系的影响因素，众多学者主要围绕着地理位置、经济结构、要素间的交互作用、知识资本、人力资源和基础设施等方面开展研究（王松等，2013），并十分注重区域政策（Takeda et al.，2008）、区域社会体制和文化环境（Trippl and Tödtling，2007）等因素。例如，Cooke 和 Morgan（1994）将动态多元的企业合作网络、完善的职业教育体系、公私部门对研发和创新的投资视为区域创新系统和区域经济增长的三个重要因素。柳卸林（2003）也结合中国实际情况提出了建设区域创新系统的五个关键因素，包括以企业为主体的创新体系、开放性的知识获取体系、独具特色的产业创新体系、面向创新管理的政府工作方式和有利于创新的环境和基础设施。

区域创新系统的实证研究一直就是重要的研究类型，实证研究对象十分广泛，包括发达国家和欠发达国家的相关区域，也包括高技术产业区域和中低技术产业区域，如德国巴登－符腾堡州（Cooke and Morgan，1994；）、挪威造船、机床和电子产业（Asheim and Isaksen，2002）、生命科学和生物技术产业（Cooke，2002；Belussi et al.，2010）等。国内学者的实证研究主要集中在区域创新系统评价方面，关注对区域创新能力和创新效率的评价，主要指标大都涉及创新投入、产出、经济效益和科技成果等方面。

2.1.7 可持续发展理论

可持续发展理论主要研究经济社会发展的健康路径，如何科学、理智、长远地推动经济、社会和人类文明发展，走资源节约和环境友好型发展路径。从内涵与实质出发，牛文元（2007）认为可持续发展理论主要分为四个方向，包括可持续发展的经济学方向、可持续发展的社会学方向、可持续发展的生态学方向和可持续发展的系统学方向。其中，可持续发展的经济学方向主要强调科技进步在促进可持续发展中的重要作用，基本与内生增长理论相关内容一致。此外，可持续发展研究还涉及人类社会发展、自然环境变化、资源能源消耗等问题，强调人类社会与自然的和谐相处、发展的功能与结构、发展的效率与公平、当前发展与长远发展等。

从社会学方向来看，可持续发展的核心内涵是社会发展、人类文明、社会公平、资源分配等，强调“效率与公平”之间的协调发展与平衡。例如，联合国提出的 2030 年可持续发展目标（sustainable development goals）是，在千年发展目标基础上，增加了社会公平正义的相关指标，强调通过共同的行动计划，来消除全球贫困，保护地球，推动人类文明发展，推动全人类享有和平与繁荣。具体而言，可持续发展目标包括无贫穷、零饥饿、良好健康与福祉、优质教育、性别平等、清洁饮水和卫生设施、经济适用的清洁能源、体面工作和经济增长、产业、创新和基础设施、减少不平等、可持续城市和社区、消费和生产、气候行动、水下生物、陆地生物、和平正义与强大机构、促进目标实现的伙伴关系等，更为强调社会的包容性发展，一方面是发展水平的提高，另一方面是发展在平均意义上的公平，兼顾效率和公平。

从生态学方向来看，可持续发展强调环境保护、生态良好、人类与自然协调发展、资源能源的永续利用等，强调经济发展与资源生态的平衡，强调人与自然和谐相处，把“生态文明与经济发展之间合理的平衡”作为可持续发展的基本原则和目标（Pearce et al.，1990）。基于生态文明的可持续发展理论认为，自然条件和生态环境对人类社会的发展进程起着至关重要的作用，自然环境和生态系统的生产和更新能力，是决定可持续发展的关键。可持续发展，是生物多样性、生态连续性和生产力持续性的有机统一（罗慧等，2004），是在自然环境带来机遇和约束下的协调、绿色、永续的发展。

系统学方向是近年来可持续发展的主流，从复杂巨系统论的角度出发，将可持续发展视为“自然－经济－社会”的复杂系统，以发展性、公平性、持续性、协调性为基本原则，从代际公平、人际公平和区际公平角度出发，探索“人口－资源－环境－生态－经济－社会”六位一体的发展演化规律。牛文元（2007）认为，可持续发展复杂巨系统包括五大子系统：①生存支持子系统，是实施可持续发展的临界基础；②发展支持子系统，是实施可持续发展的动力牵引；③环境支持子系统，是实施可持续发展的约束限制；④社会支持子系统，是实施可持续发展的公平表达；⑤智力支持子系统，是实施可持续发展的持续能力。一个国家可持续发展能力的形成，取决于这五大支持子系统的协同发展，任何一个子系统发生问题都会导致整个可持续发展系统的崩溃。

可持续发展复杂巨系统强调三个维度的发展（牛文元，2006，2012），如图 2.1 所示。一是发展度，即发展是否健康，是否能够在确保质量和生存空间的前提下实现持续性的发展。二是协调度，即同一尺度下能否维持环境与发展之间的平衡、效率与公平之间的平衡、市场与政府之间的平衡、当代和后代之间的平衡。三是持续度，即发展的长期合理性和科学性，是否建立了充分长时间维度上的调控机制，以推动发展度和协调度的有机统一。作为复杂巨系统，可持续发展系统的理论框架必须充分考虑发展过程与行为轨迹的数量维（发展度）、质量维（协调度）和时间维（持续度），考虑经济响应、生态响应、社会响应三者的协同作用。只有三者有机统一发展，才能真正构成可持续发展的本质和内涵。

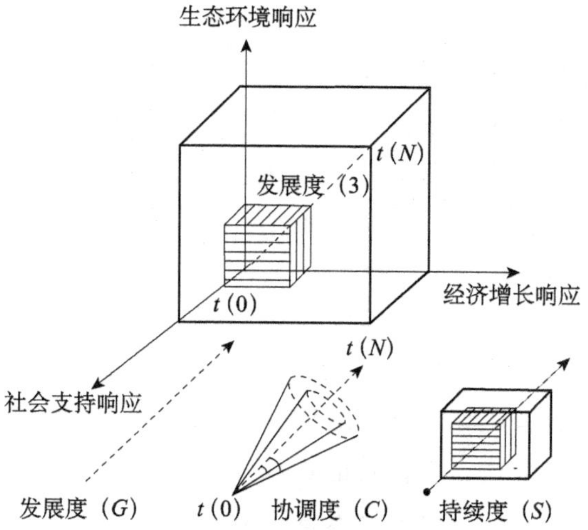

图 2.1 可持续发展理论的三维解释

2.1.8 土地集约利用理论

土地的集约发展主要从土地经济学出发，研究土地的集约利用问题。从土地的经济特性来看，与一般自然资源不同，土地能够始终被利用，其使用价值一直存在，对土地的每一个连续投资都能够带来持续的收益，并且新的投资收益不会影响之前的投资收益。土地的这一自然属性决定其具有四大经济特性（王霞和尤建新，2004），这些经济特性共同决定了必须对土地集约利用。

首先，作为特殊的自然资源，土地具有较强的稀缺性特征。一方面是土地的绝对稀缺性，主要表现为土地的供给总量与人类日益增长的土地需求总量存在差距（罗静和曾菊新，2004），由于土地供应总量是一定的，随着人口数量的不断增长，以及人类经济社会活动的不断丰富，人类对土地供应量的需求呈指数增长态势，土地的绝对稀缺性随之产生，并呈现日益增强的趋势。另一方面，考虑到空间区位，这里还存在土地的相对稀缺性因素，主要是由于土地位置具有固定性和品质差异性（赵小汎，2013）。例如，位于商业、政治、文化中心和人口密集地区土地与偏远地区土地的位置差异，以及政府的土地规划造成工业用地、商业用地、农业用地之间的差异性。作为不可再生资源，土地的绝对稀缺和相对稀缺都是长期普遍存在的，因此，土地的集约利用成为现阶段充分发挥土地使用价值和潜在价值的关键。

其次，土地具有区位经济性。土地是人类生产生活的空间载体，不同位置上的土地，其质量、用途、产出效率都显著不同，并且不同的土地有着不同的自然特征、环境容量、生态阈值、资源供给和承载能力。此外，土地的使用价值还具有排他性及用途变更的困难性，增加某种用途的土地使用必然导致其他用途的土地数量减少（宁晓明和李法义，1991）。从某种程度上说，区位对土地的价值具有最为直接的决定作用。区位经济性要求，使得优势区位的土地供给十分稀缺，必须提高其集约利用效率。

再次，土地具有边际产出递减性。土地的这一经济特性，就是经济学中的边际收益递减规律，指在其他要素投入不变的情况下，当土地的投入量超过一定的阈值，随着土地投入量的继续增加，每增加一单位投入带来的收益增加呈递减趋势。尤其对土地而言，当其使用强度超过一定的限度，土地的单位产出开始下降，过度开发不仅导致土地产出的不经济性，也会给资源环境和生态带来严重破坏。但是，边际收益递减规律的前提是一定的技术和经济条件，如果不断推动技术改进，合理提升土地最佳的投资结构和利用模式，就能提高土地利用效率和经济效益，实现土地的集约利用。

最后，土地具有社会性。考虑到土地的承载功能和不可分割特征，在土地的开发利用过程中，涉及各种各样的生产和生活关系。土地利用不仅对土地空间上的资源环境、动物植物、人文生活产生重要的影响，也对临近区域的生态环境和生产生活产生巨大影响。例如，一块土地上如果既有合适的商业和休闲场所布局，又有设计合理的绿地和公园，不仅能够充分发挥该块土地的经济效益和社会效益，也能给临近区域带来社会收益；反之，如果一块土地上工业布局不合理，生态破坏和环境污染严重，就会对周边地区的生态环境造成不利影响。

考虑到土地的不同经济特性，作为生产和生活的承载空间，自然、资源、资本、要素的统一体，土地集约利用（landuse）可以看作自然要素（nature）、经济要素（economy）、社会要素（society）、时间要素（time）和空间要素（space）的函数，即 landuse=F（nature，economy，society，time，space）（黄金贤和张安录，2008）。

2.2　区域发展面临的重大问题

区域发展是不断变化的动态过程，面临的外部环境和内部驱动因素都处于不断发展变化中，区域发展的理论分析框架自然也不会一成不变。因此，系统研究区域发展问题，需要考虑当前和未来一段时间区域发展面临的新机遇和新挑战，构建更具时代特征和现实价值的区域发展理论分析框架。本书认为，我国区域发展面临的重大问题主要表现在以下四个方面。

2.2.1　创新驱动发展

创新驱动发展已经上升为国家战略，区域经济和社会发展要以创新作为根本动力。2016 年 3 月，《国民经济和社会发展第十三个五年规划纲要》强调打造区域创新高地，打造一批带动力强的创新型省份、城市和区域创新中心。同年 5 月，中共中央、国务院印发了《国家创新驱动发展战略纲要》，提出把创新驱动发展作为国家优先战略，强调将科技创新和体制机制创新作为推动区域经济社会发展的根本动力，优化区域创新布局，构建各具特色的区域创新发展格局，打造区域创新示范引领高地，推动区域创新能力和竞争力整体提升。

但是，我国区域发展还主要依靠劳动、资源、资金等要素投入驱动，创新在驱动经济社会发展中的贡献明显不足，仍然没有成为引领区域发展的第一动力。有研究表明，中国区域发展进程中，仍然以物质资本投入推动经济增长为主要模式，科技和创新没有成为经济发展的主要驱动力。例如，1998 ～ 2007 年，中国科技进步贡献率为 35.67%，其中，只有北京和上海的科技进步贡献率超过物质资本、劳动和人力资本等要素贡献率，大部分省份的科技进步贡献率不足 40%，而物质资本的贡献率超过 60%，经济发展呈现典型的粗放式增长态势（表 2.1）。

表2.1　我国31个省份各要素对总产出增长的贡献率（1998～2007年）

地区		科技进步贡献率	要素贡献率		
			物质资本	劳动	人力资本
一类	北京	0.496	0.472	0.051	−0.018
	上海	0.545	0.431	0.049	−0.024
二类	天津	0.394	0.561	0.052	−0.006
	河北	0.328	0.617	0.055	0.000
	辽宁	0.337	0.610	0.053	0.001
	江苏	0.350	0.579	0.065	0.005
	浙江	0.359	0.585	0.057	−0.002
	福建	0.350	0.578	0.066	0.006
	山东	0.348	0.584	0.064	0.004
	广东	0.351	0.578	0.066	0.006
三类	山西	0.310	0.655	0.037	−0.002
	内蒙古	0.310	0.656	0.036	−0.002
	吉林	0.312	0.653	0.037	−0.002
	黑龙江	0.315	0.647	0.039	−0.002
	江西	0.311	0.644	0.046	−0.002
	湖北	0.307	0.661	0.034	−0.002
	海南	0.308	0.658	0.035	−0.002
	新疆	0.320	0.641	0.042	−0.002
四类	安徽	0.295	0.650	0.058	−0.004
	河南	0.309	0.636	0.057	−0.003
	湖南	0.303	0.643	0.057	−0.003
	广西	0.295	0.650	0.058	−0.004
	重庆	0.301	0.645	0.058	−0.003
	四川	0.294	0.651	0.059	−0.004
	贵州	0.306	0.641	0.056	−0.003
	云南	0.296	0.649	0.058	−0.004
	西藏	0.311	0.638	0.053	−0.003
	陕西	0.299	0.648	0.056	−0.003
	甘肃	0.304	0.645	0.055	−0.003
	青海	0.309	0.643	0.051	−0.003
	宁夏	0.302	0.646	0.056	−0.003

资料来源：李兰兰等，2011

随着中国经济发展步入新常态，区域经济增速适度放缓，下行压力增大，由物质资本和劳动投入带来的传统增长动力日益减弱。以东北地区为例，受宏观经济形势影响，2013年以来，东北地区经济增速明显放缓，尤其是，2014年辽宁、吉林、黑龙江三省地区生产总值分别增长5.8%、6.5%和5.5%，经济数据已经跌出了经济发展的合理区间。经济新常态要求区域经济发展必须从粗放式增长向质量效率型增长转变，提升区域经济增长的质量和效率。区域经济发展重点必须转向创新驱动，依靠创新加快推动传统产业优化升级，依靠创新加快培育壮大战略性新兴产业，依靠创新形成新的、更具竞争力的区域经济增长极，推动区域实现创新驱动发展。

此外，跨越"中等收入陷阱"、培育壮大经济发展新动能，必须依靠创新驱动。"中等收入陷阱"指在经济发展初期，在某一段时间内低收入国家通过较快的经济增长进入中等收入国家行列，之后失去经济增长动力，被长期锁定在中等收入区间而无法跨入高收入国家行列的现象。从历史长周期来看，在不同的经济发展阶段，其动力机制是不同的，在边际报酬递减规律作用下，低收入阶段能够有效推动经济发展的动力因素如物质资本投资、劳动力等，很可能伴随区域经济规模的进一步发展而失效。因此，能否适时转换经济发展动力，是区域能否避开"中等收入陷阱"的关键。在这一形势下，必须依靠创新，实现区域发展由"要素驱动"增长模式向"效率驱动"和"创新驱动"模式升级，才能防止资本边际收益递减导致的经济放缓。

2.2.2 自然环境约束

传统上，区域发展导向更多的是考虑经济的直接效益，较少考虑其社会效益和环境效益。随着区域发展内涵的逐渐多元化，除了考虑区域发展的直接经济效益和间接经济效益，还须考虑气候、环境风险、空气质量、资源能源、废弃物等影响区域发展的环境效益。一方面，经过多年的粗放式发展，资源、能源、生态、环境约束日益趋紧，当前中国区域发展已经到了必须充分考虑自然环境约束的历史时刻；另一方面，低碳绿色已经成为国际区域发展的新方向，如何在推动区域经济快速增长的同时实现区域的绿色发展，已经成为国际上区域发展的重要议题。

首先，改革开放以来的粗放式增长方式，导致大部分区域资源约束趋紧、环境脆弱、生态系统退化，资源环境问题十分严峻。这一形势下，中央政府于2007年将生态文明建设作为全面建设小康社会的重要目标，2009

年又将环境文明建设上升到与经济建设、政治建设、文化建设、社会建设并列的战略高度，2010 年更是提出要建设“资源节约型、环境友好型”社会。2016 年，《国民经济和社会发展第十三个五年规划纲要》将绿色发展作为未来指导经济社会发展的五大理念之一，并提出要建立资源环境可承载的区域协调发展新格局，强调重点解决生态环境领域的突出问题，加大生态环境保护力度，提高资源利用效率，建设美丽中国。

在经济社会建设中，资源、能源仍然是制约发展的重要因素。以北京市为例，2001 年以来，北京市水资源总量呈震荡上升态势，从 2001 年的 19.2 亿立方米增加到 2010 年的 23.1 亿立方米。然而，由于北京市人口的快速增长，北京市人均水资源从 2001 年的 139.7 立方米快速下降到 2010 年的 124.3 立方米，而 2011 年 5 月，北京市人均水资源量已降至 100 立方米以下，不足国际公认的缺水警戒线人均 1000 立方米的 1/10。因此，“单位地区生产总值水耗降低 15%”的指标已经成为“十三五”时期北京市经济社会发展的约束性指标。此外，粗放式发展带来严重的环境污染，污染治理投资不断上升，区域经济增长成本巨大。例如，2014 年，中国环境污染治理投资总额为 9575.5 亿元，占当年 GDP 的 1.5%，有 12 个省份的环境污染治理投资总额占地区生产总值比重超过 1.5%，新疆、内蒙古、北京、宁夏则分别高达 4.24%、3.16%、2.93%、2.86%，治污成本巨大（图 2.2）。

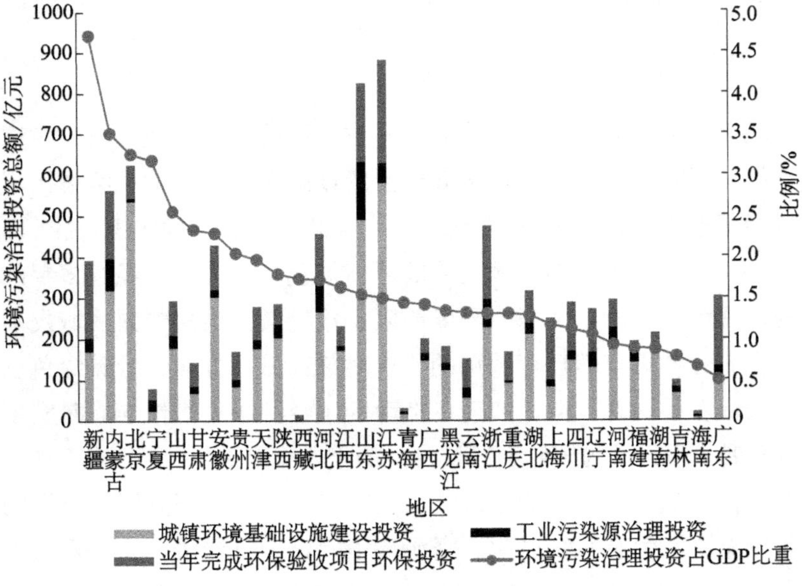

图 2.2　2014 年 31 个省份环境污染治理投资情况

其次，环境保护问题已经成为国际上区域发展的重要议题。西方国家在享受工业化快速发展所带来的财富快速扩张和生活水平极大改善的同时，逐渐意识到自然和生态环境与经济发展的巨大差距，经历了从被动应对到主动改善的改变过程。1972年，在斯德哥尔摩召开的联合国人类环境会议上，113个国家参与并通过了《人类环境宣言》，从此国际上有了保护全球环境的行动计划。1992年在里约热内卢召开联合国环境与发展大会，通过了《关于环境与发展的里约热内卢宣言》和《21世纪议程》等文件，从可持续发展战略、社会可持续发展、经济可持续发展、资源的合理利用与环境保护等方面为绿色发展提供了一个全球性框架。在这一形势下，如何在推动区域经济快速发展的同时，解决经济与自然生态的不协调、不可持续、不和谐和非包容性问题，实现区域的绿色发展、循环发展和低碳发展，成为区域发展的主要议题。阿姆斯特丹、伦敦、首尔等城市均通过合理的绿色城市规划、高效的废弃物处理系统、完善的法律法规体系和良好的共同治理结构等措施，实现了城市经济与自然生态的协调发展。

综合考虑国内外发展形势，我国在区域发展过程中，必须破解经济发展与能源资源环境约束的深层次矛盾，依靠新技术应用和精益管理手段，大幅降低能源、资源消耗强度，大力发展区域绿色经济和循环经济，推动在区域内部形成生产、流通和消费的减量化、再利用、资源化，打造绿色、低碳、循环发展的生产和生活方式，走出一条与西方发达国家不同的新型工业化和现代化道路，形成人与自然和谐发展的新格局。

2.2.3　土地资源承载

作为重要的自然资源，土地是区域发展中不可或缺的基础条件和生产资料，是区域发展各项活动的空间载体。与一般自然资源不同，土地资源由于供给面积的有限性和位置的不可移动性，加上开发过程中日益增长的人口和不断的土地损毁，供应总量不断下降。此外，我国人多地少，土地资源相对稀缺，当前又处于新型工业化、信息化、城镇化和农业现代化同步发展的关键阶段，必须充分考虑土地资源的承载能力，这些都要求我国大力推进节约集约用地。

中央政府已经认识到当前经济增长与土地资源承载的矛盾，相继出台文件强调对土地资源的节约集约利用。2008年，国务院出台《关于促进节约集约用地的通知》（国发〔2008〕3号），提出经济社会发展要充分利用现有建设用地，大力提高利用效率，尤其要推动国家级开发区“布局集中、产业集聚、用地集约”。2014 年，国土资源部出台《关于推进土地节约集约利用的指导意见》，提出逐步减少新增建设用地计划和供应，重点盘活存量建设用地空间，提高存量建设用地在土地供应总量中的比重。《国民经济和社会发展第十三个五年规划纲要》提出，要强化土地节约集约利用，有效管控新城区和开发区的无序扩张，并要求“十三五”时期单位国内生产总值建设用地使用面积下降 20%。

但是，在我国区域发展实践中，土地粗放利用的现实状况没有根本改变，建设用地空闲、废弃、闲置和低效利用问题仍十分突出，土地节约集约利用仍有较大提升空间。例如，2016 年国土资源部针对国家级开发区开展的土地集约利用评价显示，在 472 个国家级开发区中，61 个开发区综合容积率低于 0.50，50 个开发区建筑密度低于 20%，100 个开发区工业用地地均收入在 3000 万元 / 公顷以下，22 个开发区工业用地地均固定资产投资低于 1000 万元 / 公顷。此外，少数开发区仍存在较为严重的土地闲置问题，10 个开发区土地闲置率超过 1%，8 个开发区闲置土地面积超过 10 公顷。

考虑到我国日益趋紧的土地资源制约，区域经济社会各项建设活动中必须将土地资源承载作为重要的约束条件，强调区域发展高密度、单中心的集聚结构向高密度、高强度、多中心的紧凑模式发展，彻底解决土地粗放利用和浪费问题，推动土地资源的有序、良性开发，提高综合用地效益，以土地利用方式转变促进区域经济发展方式转变，走出一条“建设占地少、利用效率高”的土地节约集约发展新路子。

2.2.4 信息通信技术牵引

信息通信技术代表未来发展趋势，对推动区域经济社会发展具有“加法”和“乘法”的重要作用。信息技术的兴起与繁荣会带来区域发展范式的深刻变革，一般意义上传统的区域发展理念和研究方法已不适用，需要探索新的研究范式和研究方法。

互联网技术革命带来了传统经济范式和经济规律的深度变革，越来越多的学者意识到必须研究和适应新的技术范式和经济规律（Kelly，1998）。同时，“互联网经济”（webonomics）一词也应运而生（Schwartz，1996），互联网经济泛指以信息网络为基础或平台的、以信息技术与信息资源的应用为特征的、信息与知识起重大作用的经济活动，强调的是信息及其技术与经济的网络化特征和效应（乌家培，2001a）。

互联网技术变革引发新的技术范式的形成，摩尔定律（Moore's law）、梅特卡夫法则（Metcalfe's law）和达维多定律（Davidow's law）等新的技术规律不断涌现。摩尔定律反映了信息技术带来的相关产品的功能价格比，功能每18个月翻一番，而价格以减半数下降。梅特卡夫法则反映了网络技术的发展规律，网络的价值等于网络节点数的平方，网络的价值与互联网的用户数的平方成正比，这意味着，网络的有用性（价值）随着用户数量的平方数增加而增加。这两个定律揭示了互联网经济快速增长的发动机和持续变革的根源（乌家培，2001b）。达维多定律反映了信息技术与企业竞争优势的关系，一家企业如果要在市场上占据主导地位，就必须第一个开发出新一代产品，这意味着在互联网经济下，任何企业在本产业中必须不断更新自己的产品。

新的技术范式重塑了经济发展规则，越来越多的学者提出了互联网时代的新经济规律（Schement and Curtis，1995；Shy，2001），甚至有学者断言互联网创造了一种新资本主义，即“信息资本主义”。互联网背景下的新经济规律与传统经济学规律有着显著差别，主要表现在边际成本递减规律、报酬递增规律和长尾原则上，与传统经济学的边际成本递增规律、报酬递减规律和帕累托法则完全相反：①边际成本递减规律，与传统经济学提出的边际成本递增规律不同，在信息生产和再生产过程中，原创产品极其昂贵，但复制和传播的成本极低，因此边际成本接近于零。②报酬递增规律，与传统经济学中的报酬递减/不变规律不同，一方面，技术对经济规律的改变，表现在规模经济与报酬递增的结合，即网络经济的价值来源于普及，网络用户越多，价值也越高；另一方面，技术对经济规律的改变同时也体现在范围经济与报酬递增的结合上，合并生产的产品数量越多，价值越高（Kelly，1998）。③长尾原则（long tail effect），与帕累托法则不同，在互联网经济中，传统的二八原则被打破，庞大的长尾利基商品量累积起来的总收益超过主流产品。

当前研究区域发展，必须考虑新技术范式和新经济发展规律对区域发展模式、发展动力、发展路径的重要影响，关注以信息通信技术和互联网经济为基础的智慧发展在推动区域创新、绿色、集约、智能、可持续发展中的重要作用，通过区域“规划管理信息化、基础设施智能化、公共服务便捷化、产业发展现代化、社会治理精细化”，提升区域发展价值和发展品质，在区域创新发展、绿色发展、集约发展的同时，实现区域智慧发展。

2.3 区域发展理论分析框架

2.3.1 分析框架

在借鉴区域发展研究成果和相关理论的基础上，结合当前和未来一段时期我国区域发展面临的新形势和新要求，本书从创新发展、绿色发展、集约发展和智慧发展四个维度，构建了区域发展理论分析框架（图 2.3），旨在为区域发展研究及政策制定勾勒出较为系统的指导性分析范式。本框架揭示了区域发展的重要内涵，认为区域发展不仅体现在经济增长方面，还体现为创新作为根本驱动力的发展，并且要考虑区域资源能源环境的综合承载能力和可持续发展能力，以及公共服务供给能力的提升和社会管理的智能化与精细化。

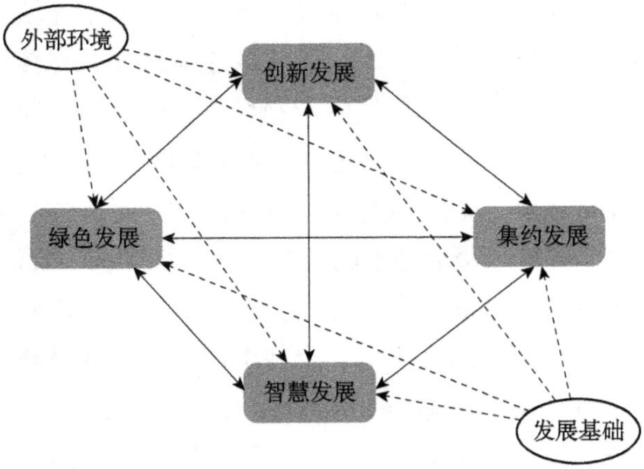

图 2.3 区域发展理论分析框架

具体而言，本框架从四个角度强调区域发展的基本内涵：一是创新发展角度，强调区域发展动力的根本性转变，创新驱动产业结构升级和优化，以及创新驱动区域发展规模和发展质量、效益效率的平衡；二是绿色发展角度，强调资源节约和环境保护，推动区域生产生活的低碳与循环，以及区域绿色产业的培育发展，从而实现区域发展的长远性和可持续性；三是集约发展角度，充分考虑到我国土地资源稀缺并存在结构性的供需矛盾，推动区域土地的节约集约利用和公共设施的功能混用；四是智慧发展角度，强调信息通信技术带来的生产生活方式的革命性变化，并大幅提升公共服务的供给能力和社会精细化、智能化管理能力。此外，区域自身发展基础与条件、区域外部发展环境是影响区域发展的重要因素，区域自身的科技、产业、社会、文化基础与优势构成了区域发展的内部影响因素，国家宏观政治经济社会环境、国际科技创新环境、国际贸易环境、国际产业竞争格局等构成了区域发展的外部影响因素。

区域发展是一个复杂、长周期的动态过程，创新发展、绿色发展、集约发展和智慧发展相互影响、相互作用、相互融合。其中，创新是区域发展的根本动力，是夯实区域发展基础，构筑区域发展优势，实现区域绿色发展、集约发展和智慧发展的关键所在。绿色、集约和智慧是区域发展的必然要求，体现了当今科技和创新的方向，既是创新的目标，又需要通过创新活动来实现。智慧发展也为促进创新发展、集约发展和绿色发展提供了重要的技术条件和实现方式。

值得说明的是，本书提出的区域发展理论分析框架和发展内涵，与《国民经济和社会发展第十三个五年规划纲要》提出的“创新、协调、绿色、开放、共享”五大发展理念本质上具有一致性。区域创新发展和绿色发展，是五大发展理念中创新发展和绿色发展在区域层面的直接体现；区域集约发展强调土地的节约集约利用，是五大发展理念中绿色发展的重要内容，但考虑到当前我国区域发展特别是新城新区规划建设中存在的盲目扩张、无序蔓延等严重问题，因此将集约发展单独作为区域未来发展导向的重要方面；区域智慧发展既强调以信息通信技术为支撑的新产业、新业态和经济发展的新动能，又强调通过信息通信技术实现公共服务供给能力和社会管理能力的大幅提升，实现区域协同和人民共享发展成果。因此，区域智慧发展既强调了五大发展理念中创新发展的新动力，又是五大发展理念中协调发展和共享发展内涵的具体体现。

2.3.2　区域创新发展

区域创新发展主要关注三个问题：一是创新作为区域经济发展的主要驱动力；二是依靠创新推动传统产业转型升级和新兴产业培育发展；三是

强调依靠创新实现区域发展规模与发展质量、发展效率之间的平衡。

首先，区域创新发展解决的是区域发展的动力问题，强调区域经济发展动力的根本性转变。创新作为复杂的价值创造过程，涉及科学技术价值、经济价值、社会价值和文化价值创造，是未来区域经济发展的决定性力量。区域发展必须改变传统的要素和投资驱动型增长方式，将创新作为区域价值创造和经济发展的根本动力，而不仅仅是将技术进步作为经济增长的内生因素来看待。同时，由于创新带有强烈的本地属性，创新活动中蕴含的只能在一定空间范围内传播的隐性知识，是决定该区域创新发展的关键因素。因此，区域创新发展还需要考虑创新在空间地理上的锁定效应。Schumpeter（1934）指出，创新的一个典型特征是随着时间和空间的变化而呈现出的多样性，创新的动态性及通过创新的竞争，是驱动区域经济发展的根本动力。Jaffe（1989）进一步在知识生产函数的基础上提出了地理创新生产函数，用以评估知识溢出的空间尺度和乘数效应。该函数的提出，一方面将创新推动经济增长的研究重心转变到地理空间维度；另一方面也表明创新的地理区位锁定效应。总体而言，区域创新发展，首先强调一定空间地理范围内，创新是驱动发展的根本动力。

其次，区域创新发展强调创新驱动的效果，区域产业结构的升级和优化是创新驱动发展的重要体现。区域产业结构的升级和优化包括传统产业转型升级和新兴产业培育发展。一方面，依靠创新解决传统产业在发展过程中面临的基础材料、基础技术、基础工艺和基础零件等瓶颈因素的制约，推动先进技术在传统产业中的应用渗透，带动传统产业转型升级；另一方面，结合区域技术和产业优势基础，牢牢把握当前新一轮科技革命和产业变革呈现多领域、跨学科、群体性突破新态势的战略机遇，培育发展以知识、技术、信息、数据为新生产要素的新产业、新业态和新模式，加快壮大区域经济发展新动能。

最后，区域创新发展强调规模、质量、效益的平衡。当前，区域创新发展就是要强调依靠创新实现提质增效，在兼顾经济发展总量增加的基础上，更为强调全员劳动生产率和科技进步贡献率的提高，单位能源、资源消耗的价值创造增加，以及区域综合实力和竞争力的提升。

2.3.3 区域绿色发展

区域绿色发展是经济社会和人类文明发展演化的必然走向，主要体现在三个方面：一是从资源能源利用效率出发，强调资源节约、环境保护和污染物减排；二是强调绿色低碳的生活方式；三是强调绿色产业的培育发展。

资源节约利用和生态环境保护是区域绿色发展的首要问题。从内涵来看，绿色发展是一种高效、清洁、包容性地使用自然资源的经济增长方式，清洁性体现在它最大限度地减少污染和对环境的影响，包容性体现在对自然灾害的责任，以及环境管理和自然资本在防止自然灾害中的角色。区域经济系统与资源环境系统的交互循环方式主要表现为物质流、能量流和废物流，绿色发展方式优化了经济发展过程中从自然资源系统提取能源资源、开采加工利用、废弃物排放等生产过程，在满足当代人资源能源消耗的同时，确保了未来资源能源消费能力和环境保护能力，实现了区域经济发展与环境发展的双赢。本质上，绿色发展是一个经济与资源环境的动态优化过程，是充分考虑资源能源生态环境承载力的经济发展动态最优路径。强调区域绿色发展，其关键在于区域发展的“转方式、调结构”，加快淘汰落后和低效产能，重点是资源能源消耗高、环境污染重的企业，大力推进节能减排，发展循环经济，避免走“先污染后治理”的老路，确保在推动经济增长和社会发展的同时，自然资产能够持续性地为人类幸福提供各种资源和环境服务。

其次，区域绿色发展意味着生活的绿色化。一方面，绿色发展强调区域发展建设规模要符合资源环境承载力，大幅提高风能、太阳能、天然气等清洁能源在人类生活的使用比例，推行节能、节地、节水、低排放、少污染、可循环的绿色建筑，建立安全、舒适、低能耗、低污染、可持续发展的区域交通体系，建设建筑垃圾、餐厨废弃物、废弃家电、废旧纺织品等的资源化利用和无害化处理体系，营造蓝天白云、山青水绿的美好环境。另一方面，要避免过度消费和浪费，推行生活垃圾分类回收和绿色公交出行，优先购买节能节水、低污染、低排放的绿色产品，形成低碳、节约的生活方式。

最后，区域绿色发展也表现在绿色产业的培育发展方面。科技含量高、资源能源消耗低、环境污染小的产业结构是区域绿色发展的重要体现，意味着区域必须大力发展绿色产业。一方面，要培育发展节能环保、新能源、新能源汽车等代表未来发展方向的绿色新兴产业，加快形成新的经济增长点，推动区域产业结构的优化升级。另一方面，要实现区域产业的清洁生产（cleaner production），包括采用清洁能源和可再生能源、节约能源、清洁生产过程和产品、减少对不可再生能源的消耗、延长产品使用周期等，最大限度地降低对资源能源环境的影响，实现产业链全过程的绿色化。

2.3.4 区域集约发展

区域集约发展主要强调土地的集约利用，强调在尊重土地规模报酬递减规律的基础上，主要依靠区域土地的节约集约利用，尤其是各类设施的功能混用，解决区域土地供给总量和结构性供需矛盾等问题，实现区域单位面积上的“经济－社会－生态”综合效益最大化。

特定区域的土地规模是有限的，按照土地规模报酬递减规律，在一定生产条件和技术水平下，相对最佳的投资点，土地的产出效益呈现先增加后减小的规律。早在18世纪70年代，Turgot就通过对土地上农作物的产出与劳动力投入关系的实证研究，提出了土地规模报酬递减规律（杨欢进，1990）。结合前人的研究，马歇尔在《经济学原理》中对土地规模报酬递减展开了深入分析，包括对土地投入量与产出量、报酬递减率和递增率、报酬递减原因等的研究，并引入边际方法提出了土地报酬递减曲线图，如图2.4所示。因此，区域发展必须充分考虑土地投入的规模报酬，通过对同一块土地追加投资，增加劳动力、资本、技术等的投入密度，发挥土地规模效应，实现最优的土地利用效率。

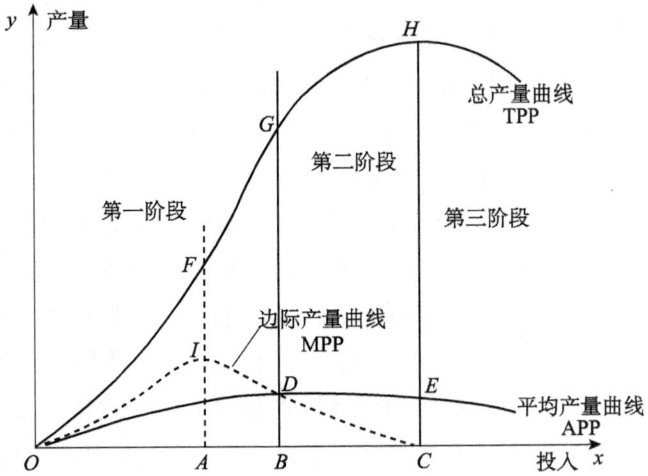

图2.4 土地规模报酬递减规律

结合上述规律，区域集约发展首先强调土地的节约集约利用，主要表现在节约用地、集约用地和循环用地等方面，提高土地开发强度和对经济社会活动的承载能力。一是节约用地，区域内基础设施、楼宇厂房、公共服务设施、交通枢纽等建设要尽量节省用地，实现紧凑发展；二是充分发挥地上地下空间立体开发、标准厂房、无缝衔接、综合利用等节地先进技术，创新土地利用模式，提高土地利用的集约化程度；三是加强对工矿废弃地、工业污染地，以及交通水利设施废弃地的治理与修复，实现土地的循环利用。

其次，区域集约发展要持续优化区域内部用地结构，推动建设用地的多功能立体开发和复合利用，推动区域土地的综合利用。在统筹考虑生态环境要求和建设质量安全的基础上，优化区域用地结构和功能布局，推行基础设施、公共服务设施、交通枢纽等公共空间的一体化、综合型立体开发模式，探索单一功能向综合功能转型的空间功能混用新模式，提高区域土地的经济、社会和生态综合效益。

2.3.5 区域智慧发展

区域智慧发展强调信息通信技术的广泛扩散对生产生活方式的革命性影响，主要表现在智慧经济、智慧生活、智慧的公共服务和智慧的社会管理等方面。

首先，区域智慧发展强调智慧经济的发展，重点是以信息通信技术为代表的先进技术与产业的融合发展，体现智慧化的生产方式和产业形态。一方面，生产线数字化模拟、实时计算操控、资源能源优化管理、生产线全过程建模与模拟、全流程监控与交互等智能制造技术的广泛应用，彻底改变传统的研发、设计与生产模式，极大增强产品与服务研究、设计、开发环节的智能化、模块化、便捷化水平，改变区域研发、生产和资源能源利用方式。另一方面，信息通信技术推动一大批以创新与创业相结合、线上与线下相结合、孵化与投资相结合的众创空间的繁荣，催生电子商务、云服务、大规模个性化定制等新新模式、新业态的不断涌现，推动区域智慧产业蓬勃发展。

其次，区域智慧发展体现在人们生活的智慧化方面，强调通过广泛应用以“互联网 +”为代表的信息通信技术，实现区域生活和消费方式的智能化。例如，“互联网 + 金融”、“互联网 + 电子商务”、“互联网 + 高效物流”、智能家电等，改变区域传统的生活方式，推动网上商店、移动支付、智能试衣等在线体验式购物的快速发展，互联网与餐饮、娱乐、家政等领域的深度融合，为人民群众提供更安全、更放心、更便捷、更舒适、更和谐的智慧生活方式。

最后，区域智慧发展还表现在公共服务供给能力和供给方式的智慧化，以及社会管理精细化和智慧化等方面。一方面，智慧公共服务如智慧教育、智慧医疗的发展，极大拓展了区域公共服务的供给能力。例如，信息通信技术推动教育向数字化、网络化、智能化和多媒体化等方向发展，数字图书馆、终身学习平台、数字化教育教学资源库等智能化教育基础设施不断发展，大型开放式在线课程（massive open online courses，MOOCs）、云教育等教育新模式不断涌现，为市民提供在线学习、终身学习等个性化学习服务；信息通信技术使得智慧医疗成为可能，人口电子健康档案、语音电子病历等的广泛应用，为包括医学影像、临床检验、心电监测、远程诊断、远程手术等远程医疗会诊与治疗系统提供技术保障，低成本、高质量、广覆盖的远程诊疗服务成为区域未来发展的方向。另一方面，区域智慧发展强调社会管理的精细化和智能化，通过信息通信技术应用和区域运行管理机制创新，推动区域运行的服务数字化、网络化、智能化转型，提升政务管理、治安防控、应急管理、生产安全、公共交通、征信系统等领域的精细化管理和智慧化水平，形成更安全、更便捷、更放心、更可信的区域管理模式。

第三章 国家高新区发展三维分析模型研究

3.1 国家高新区及其功能作用

本书的研究对象是经国务院正式批复的国家高新区，截至 2017 年 2 月共计 156 家。经过 20 余年的发展，国家高新区已经成为我国重要的创新经济增长极、新兴技术集聚地、新型城市承载体和制度创新先行区。

3.1.1 创新经济增长极

国家高新区在国家层面和区域层面上表现出创新经济增长极的典型特征。首先，国家高新区经济体量显著壮大，既在国家经济发展版图中占据重要份额，又是城市经济发展的重要支柱。根据科技部火炬中心统计分析，2015 年 146 家国家高新区工业总产值和净利润分别达到 186 018.3 亿元和 16 094.8 亿元，国家高新区园区生产总值占当年全国国内生产总值（676 708 亿元）的 11.9%，国家高新区内企业实际上缴税费总额（14 240 亿元）占全国税收收入（124 892 亿元）的 11.4%，其中有 42 家国家高新区生产总值占所在城市生产总值的 20% 以上（程凌华等，2016a）。国家高新区对国家经济发展的支撑作用、对城市及区域发展的积极贡献也得到了众多学者的肯定（温震，2011；王胜光等，2012），这也是国家高新区发挥引领、示范、辐射、带动作用的重要体现。

其次，国家高新区经济增长呈现出创新驱动和内生增长的显著特征。

尽管部分学者认为国家高新区仍以投资驱动为主、创新驱动绩效较弱（张明喜，2010；薛强等，2014），但是，更多的研究分析认为，科技创新、知识溢出、技术进步成为国家高新区经济发展的主要驱动力，也有学者构建了创新经济体的概念模型，系统阐述国家高新区创新经济体系的原理及运行机制。程凌华等（2016a）根据科技部火炬中心统计数据分析发现，2015年国家高新区整体的劳动生产率为30.2万元/人，是全国整体水平的3.9倍，这在一定程度上说明了国家高新区整体经济质量和效益处于全国领先水平。另外，从产业结构和新兴产业来看，国家高新区内高新技术企业数占全国总量的40.9%，拥有包括电子信息、互联网、生物医药、高端装备等在内的高新技术产业群体，更引领着移动互联网、大数据，以及云计算、物联网、人工智能等新兴业态的前沿趋势，由高技术制造业和高技术服务业共同构成的高技术产业已经成为国家高新区产业的主体构成（程凌华等，2016b）。

3.1.2 新兴技术集聚地

国家高新区已经成为我国新兴产业领域重要的技术聚集地。首先，从创新源头和创新主体来看，国家高新区聚集了大量的高校、科研院所、国家级研究机构和新型研发机构，拥有集基础研究、技术研发、应用研究及转化孵化于一体的生态化、多样性科技创新体系，并在全国科技资源布局中具有战略重要位势。根据科技部火炬中心统计数据，截至2015年年底，国家高新区内的国家工程研究中心、国家工程实验室数量均约占全国总份额的70%，经国家认定的企业技术中心（包括分中心）506家，占全国企业技术中心（1250家，包括分中心）的40.5%（程凌华等，2016a）。另外，以产业技术研究院为代表的新型研发机构近年来呈井喷式发展，成为技术开发与产业应用的连接器、整合各类资源要素推动新兴技术转化为创新企业的孵化器。

其次，从创新产出和创新效率来看，国家高新区更是我国科技创新的战略高地。以发明专利为例，2015年，国家高新区内企业发明专利授权量（7.1万件）占全国发明专利授权量（35.9万件）的19.8%，万名从业人员获得授权发明专利41.4件，这一数据约为全国整体水平的8.9倍（程凌华等，2016a）。具体到新兴产业细分领域，国家高新区在电子信息、互联网、大数据、物联网和生物医药等产业领域的新兴技术中占据不同程度的引领或前沿位势。

更重要的是，国家高新区所形成的创新创业生态环境及氛围，对创新资源和创业企业具有较强的吸附力和凝聚力，形成了有利于资源聚集、聚合联动、融合裂变、迭代演化的良性运行机制，使得国家高新区保持着旺盛强劲的新兴技术涌现动力。

3.1.3　新型城市承载体

国家高新区已经成为我国新型城市化的重要载体和城市空间拓展的重要版块。包括西安高新区、成都高新区、武汉东湖高新区在内的众多园区已经成为所在城市的新兴中心或副中心，这些高新区在进行城区规划布局、建设基础设施、引进教育医疗资源、建立城区运行管理机制、营造绿色生态空间、融合多元文化等方面达到所在城市甚至所在区域的领先水平，有些更是成为新型城市化的标杆样板或新型城镇化的示范基地，因此，总体上国家高新区已经从功能单一的工业园区逐步转变为具备综合城市功能的新兴城区。

实现这一转变，国家高新区具备诸多优势条件，包括坚实的产业基础、高素质的就业人口、相对宽广且易于开发利用的城郊空间、雄厚的财政实力，以及资本运作能力等因素，再加上我国整体处于城市化进程的宏观环境，在内外多重因素的共同推动下，造就了国家高新区自身的新型城市化及其在全国新城市化进程中的突出位势。国家高新区由工业园区演变为具备城市多元功能的科技新城，也得到了不少学者的关注和认同（李文彬和陈浩，2012；赵建军和李福华，2013），也有学者对国家高新区产城融合的内在机理和路径模式进行了深入研究，有研究认为，国家高新区对城市空间的拓展速度和城市用地的结构变化产生了极大影响（张晓平和刘卫东，2003；何丹等，2008）。

3.1.4　制度创新先行区

国家高新区既是国家改革开放和科技体制改革的重要举措，又肩负着经济社会和科技领域改革的先行先试使命。国家高新区在创业发展过程中，特别是在初期得到了国家及地方极大的倾斜性制度供给，包括高新技术企业税收优惠政策、贷款优惠政策等诸多方面。以中关村科技园区为代表的国家高新区探索试验的一系列政策措施，逐步在全国实施推广，在我国改革开放进程中发挥着重要作用，其中，高新技术企业政策、新三板、国家自主创新示范区一系列示范政策在全国范围内产生了重要影响。市级建设领导小组、作为市政府派出机构的管委会和高新区开发建设总公司共同构成了国家高新区管理体制的基本框架，这种制度安排和体制创新在我国区域改革与发展中发挥了重要的引领示范作用。此外，各国家高新区及其所在城市探索或提出的众多政策措施或体制机制创新，不仅极大地促进了自身发展，更对其他地方甚至国家产生了积极的启发或试验作用。例如，中关村率先实施了产业技术联盟政策，科技部随后也制定实施了国家层面的产业技术联盟政策。

3.2 国家高新区发展三维分析模型构建

基于本书提出的由创新发展、绿色发展、集约发展和智慧发展构成的区域发展理论分析框架，借鉴了 Mu 和 Fan（2011）的自主创新能力分析框架，本书从发展内涵、发展主体、发展要素三个维度构建了国家高新区发展三维分析模型，不仅强调了创新发展、绿色发展理念，而且将国家高新区发展面临着的日益严峻的土地资源约束和社会发展滞后等问题纳入分析视角，突破了相关研究仅聚焦发展驱动机制的局限性，旨在指导国家高新区的总体发展方向，如图 3.1 所示。

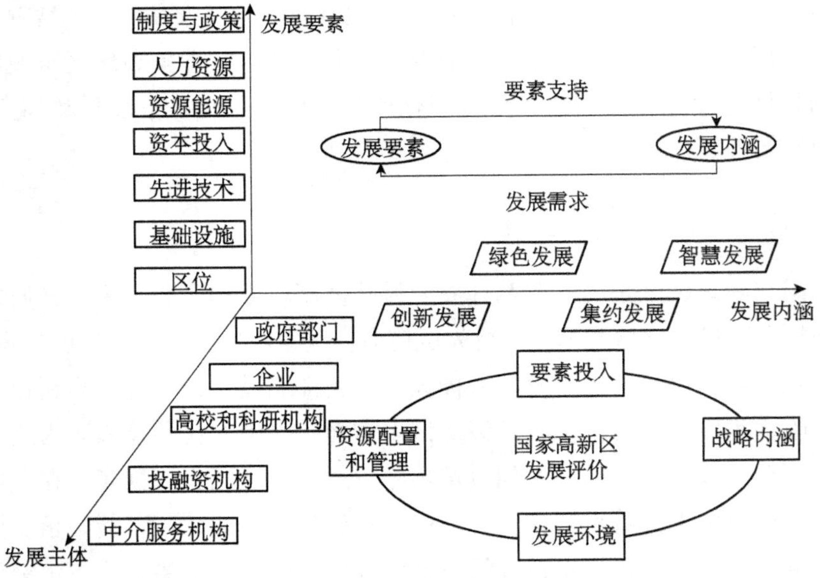

图 3.1 国家高新区发展三维分析模型

国家高新区三维分析模型中，发展主体包括政府部门、企业、高校和科研机构、投融资机构和中介服务机构；发展要素包括区位、基础设施、先进技术、资本投入、资源能源、人力资源、制度与政策；发展内涵包括创新发展、绿色发展、集约发展和智慧发展四个方面。

3.3 发展内涵

3.3.1 创新发展

创新发展是指创新驱动的发展，包括创新驱动经济社会发展、科技创新自身的发展，主要体现在“创新体系健全、创新要素积聚、创新效率高、经济社会效益好、辐射引领作用强”等方面。在国家高新区的特定背景下，创新发展突出表现为创新驱动经济绩效的显著提升，一是具有新兴产业技术领域引领及响应能力，二是拥有一批高端创新创业企业群体和具有国际影响力的旗舰型企业，三是成为引领区域发展的创新引擎。

首先，国家高新区是引领和响应新兴产业前沿技术的核心载体。技术突破与技术变革是催生新兴产业和带动经济社会范式转变的核心驱动力，保持新兴技术领域的创新优势、及时响应、迭代演化既是国际上创新领先区域成功的关键因素，又是新兴创新区域提升创新竞争优势的必然路径。现阶段，国家高新区虽然已经通过吸引技术创新源头、创新科技研发模式、加大财政支持力度等多种措施促进新兴技术的研发创新，也组建了众多包括产业技术研究院在内的新型研发机构，但仍然缺乏能够带来产业革命的突破性技术创新成果。

其次，国家高新区集聚和培育形成大批极具活力的创新创业企业群体，以及占据产业竞争优势的旗舰型企业。创新型企业是国家高新区创新发展的核心，也是国家高新区提升创新驱动经济绩效的主体。虽然整体上国家高新区的创新创业服务支撑体系和创新创业群体处于领先位势，但是，创新创业活动和水平存在严重的不均衡现象，主要积聚在创新创业资源密集城市和经济发达城市，而其他国家高新区则相对不足或严重不足。另外，除了信息通信、互联网等领域培育出一些具有国际影响力的行业龙头企业之外，国家高新区内仍缺乏具有行业领导力和产业控制力的大型企业，而这些企业正是进行国际化创新资源整合和全球性产业运作组织的主体力量。

最后，国家高新区是引领区域发展的创新引擎。一些国家高新区已经拥有较为丰厚的创新资源和高新技术产业集群，在创新和经济方面均呈现出不同程度的极化效应。但是，与其在城市化进程中发挥的带动作用相比，国家高新区创新资源和创新能力的辐射效应尚显微弱，发挥国家高新区创新优势形成对周边区域的“涓滴效应”或“扩散效应”，既能够带动区域产业升级和创新发展，又是国家高新区自身提升创新发展水平、发展知识密集型服务、形成新一轮创新资源极化效应、建成区域创新网络关键枢纽的重要路径。

3.3.2 绿色发展

绿色发展是人与自然的和谐发展，是生产发展、生活富裕、生态良好的文明发展，强调在经济社会发展的同时节约资源和保护环境，最大限度地减少对生态系统的影响。国家高新区的绿色发展，应该在牢牢把握产业结构和区位特征的基础上，统筹经济社会发展、城市建设与生态环境，加快推进产业绿色化、增长低碳化和园区生态化，建设融绿色产业体系、绿色生态空间、绿色生活方式于一体的绿色高新区。

国家高新区绿色发展首先强调绿色产业体系的构建，主要表现在优化园区产业结构、推行绿色生产方式和统筹经济、社会、生态效益等方面。一是围绕绿色发展目标推动园区产业结构优化，培育发展资源能源消耗低、污染低、排放少的清洁产业，大力发展以高技术服务业、知识密集型服务业为主体的产业，实现产业结构的绿色升级。二是大力发展绿色制造，建设绿色工厂，构建循环经济体系和生态化物流协同体系，推动资源能源在园区跨产业循环利用，推行绿色生产方式。三是面向国家和区域污染治理和清洁生产需求，重点发展节能环保、新能源等产业，既有利于培育园区经济增长点，也有助于推动国家和区域的经济、社会、生态效益协同发展，加速全社会绿色发展进程。

其次，国家高新区绿色发展强调绿色生态空间的营造，以提升园区人居环境、促进人与自然和谐相处。鉴于国家高新区较大的管辖区域，需要充分利用天然的生态景观和水网体系，打造高品质的绿色公共空间和生态休闲场所，统筹布局融合环状水系绿带、湿地公园、水上公园、城市休闲步道、滨河景观廊道、森林体验中心等多元化的生态绿洲，同时深入开展植树造林和城区裸露土地绿化，抓好生态修复和园林绿化，促进园区生态环境持续改善。

最后，国家高新区绿色发展还强调绿色生活的理念意识和保障体系，大力推进绿色交通、绿色建筑、垃圾分类回收等低碳化和绿色化的生活方式，倡导和践行勤俭节约、绿色低碳的生活方式与消费模式。

3.3.3 集约发展

集约发展是建设占地少、利用效率高的发展，强调转变土地利用方式，依靠土地的节约集约利用和空间布局的优化，推动土地利用效率和效益的大幅提升，实现单位土地面积上的经济、社会、生态效益最大化。国家高新区集约发展主要表现在土地规划控制、市场机制、智慧管理与调控等土地集约管理水平，以及城市功能混合和产城融合等方面，强调以土地利用方式转变促进经济发展方式转变。

首先，国家高新区集约发展表现为土地节约集约利用管理水平的提升。统筹国家高新区产业聚集、城市功能、公共基础设施、生态环境的协调关系，在“多规合一”的整体框架基础上，科学研究和严格制定土地集约利用总体规划和顶层设计，形成土地集约利用的发展蓝图、制约机制及保障机制。园区土地利用总体规划既要凸显主导产业承载空间与创新创业中央集聚区的核心位势，又要体现土地资源的紧凑、节约、集约利用和功能多元，并为未来可持续发展预留充分空间。另外，针对园区存量土地要加强监督管理，制定实施存量土地内涵挖潜、整治再开发策略，建立健全低效用地再开发的激励、考评和约束机制，提升存量土地集约利用管理水平。

其次，国家高新区集约发展表现为土地集约利用的高标准和规范化。针对工业、科研、教育、商业、住宅、交通等不同用地类型，高标准制定差异化的土地集约利用标准及规范，切实提高建设用地利用效率，促进土地集约利用与产业结构优化、经济转型升级的协同发展。特别是针对工业用地和商业用地，需要及时提高土地集约利用要求，从投资强度、税收强度、就业强度、建筑密度、容积率、最低单独供地条件等角度制定标准，从源头上保障土地集约开发强度和利用效益。

最后，国家高新区集约发展还表现为积极探索土地集约利用模式，不断提升土地的经济社会发展承载能力和效益水平。一是通过建设多功能、一体化、综合型公共空间立体，融合发展城市交通、商业、娱乐、人防、绿化等城市功能设施，提高城市综合开发强度和社会经济活动承载力。二是统筹推进楼宇经济、多层标准厂房、专业产业园区、科技企业加速器等集约利用方式，显著提升此类用地模式在园区土地供应结构中所占比重，鼓励支持各类投资开发主体参与建设和运营管理此类产业集聚体，实现中小企业聚集与土地集约利用的互相促进及协同发展。

3.3.4 智慧发展

智慧发展是新一代信息通信技术与经济社会深度融合的发展，主要表现在基础设施智能化、公共服务便捷化、产业发展现代化、社会治理精细化等方面。具体到国家高新区，智慧发展主要体现为智慧基础设施建设、智慧经济发展和园区智慧管理等三个方面。

首先，国家高新区智慧发展表现为建设有效支撑智慧园区运行及发展的基础条件。一是以有效支撑园区经济社会智慧发展为主线，以物联网和互联网深度融合为基础，适度超前布局建设无线宽带、大型数据存储中心、云计算平台等支撑智慧园区运行的底层基础设施。二是建设有效支撑智慧政府、智慧交通、智慧医疗、智慧教育的开放性智慧园区公共支撑平台，完善各类基础数据库和专业数据库建设，实现各类数据统一采集、统一储存、统一管理和跨部门、多层级共享。三是推动智慧技术在园区交通、路政、水域、环保、气象、消防与公共安全等领域的布局和应用，形成全面覆盖、泛在互联的智能感知网络，提升公共基础设施智能化水平。

其次，国家高新区智慧发展表现为经济发展的智慧化。一是全面实施智慧经济或智能经济发展策略，引导各领域企业积极融入互联网和大数据发展浪潮中，构建以网络化、数字化、智慧化、智能化为特征的智慧产业体系，并推动传统装备制造业转向智能制造生产方式。二是发挥信息技术产业集群优势，培育一批智慧技术领先企业和系统解决方案集成企业，在全球智慧技术产业生态版图中涌现出一大批具有显示度和竞争力的智慧产业高地。

最后，国家高新区智慧发展还体现在园区治理能力的精细化和智慧化上，突出以人为本的惠民便民理念，以智慧管理促进社会治理能力现代化，以智慧服务带来居民的智能化体验，发掘和释放园区公共数据资源的潜在价值，实现无处不在的惠民服务、透明高效的在线政府、精细精准的园区治理，最终大幅提升居民的便捷感、获得感和幸福感。

3.4 发展主体

3.4.1 政府部门

政府部门在国家高新区发展中发挥着推动引导作用，各级政府部门的协同合作贯穿于国家高新区酝酿设立和发展演化的全过程。各级政府部门既是国家高新区的创建者，更发挥着领导管理、协调促进和规范约束的综合作用。

首先，从中央政府来看，设立国家高新区须经国务院批复同意，这在一定程度上体现了宏观决策部门对国家高新区的重视。科技部是国家高新区的主管部门，承担着研究制定整体发展战略、统筹指导国家高新区建设发展的职能，通过制定国家高新区五年发展规划、进行分类指导、开展政策评价、布局科技资源、实施专项行动计划等多种措施，对全国国家高新区进行管理引导，特别是在国家高新区管理体制和运行机制、创新创业体系建设、高新技术产业发展等方面对各园区开展指导和推动工作，其中，科技部火炬中心负责归口管理日常业务工作。此外，国家发展和改革委员会、国土资源部、住房和城乡建设部、环境保护部、工业和信息化部、财政部、国家税务总局、国家知识产权局等部门也对国家高新区发展有重要影响。国家发展和改革委员会负责统筹指导全国各类开发区的发展建设，在其高技术产业政策、创新资源的布局配置中，国家高新区也是重要政策对象和主要承载平台，如超过 40% 的国家认定企业技术中心位于国家高新区。工业和信息化部在新型工业化、中小企业、信息技术产业及软件园、信息化和工业化的两化融合等方面的很多工作，对国家高新区内的产业发展起到重要促进作用。国家知识产权局在知识产权强国战略、专利导航、知识产权试点 / 示范园区、企业知识产权贯标等方面开展了大量工作，国家高新区作为重要的承载区域、试点区域及示范区域，在国家知识产权战略实施中发挥着重要作用。国土资源部对包括国家高新区内在的各类开发区开展土地集约利用评价工作，住房和城乡建设部对国家高新区的空间规划进行评估与管理，环境保护部对国家高新区的生态环境、节能减排和循环经济等进行发展促进和督查评价，财政部和国家税务总局通过财政支持和税收减免等政策方式为国家高新区发展提供财税支持，这些部门的指导管理对国家高新区的土地集约、绿色发展、智慧发展形成强有力的约束或激励，共同构成了推动国家高新区实现创新、集约、绿色、智慧协同发展的参与主体。

其次，省级政府将国家高新区作为区域发展的重要载体予以重点支持，通过出台专项政策、倾斜性政策支持、出台国家高新区管理条例等多种措施推动其快速健康发展。其中，部分省级政府制定支持国家高新区发展的综合意见，并配套实施了一系列具有较强实际操作性的政策措施。例如，陕西省人民政府和四川省人民政府分别于2008年7月和2009年1月发布了支持建设世界一流科技园区的若干意见，对国家高新区的创新、绿色、集约、智慧系统性地提出一揽子的促进政策或约束要求。另外，省级科技、国土资源、发展和改革、环境保护、住房和城乡建设、工业和信息化等部门从各自部门职能角度形成对国家高新区发展的引导、支持、约束及监督作用。

最后，市级政府的重视程度及支持力度对国家高新区发展的至关重要。作为市级政府派出机构的管委会是谋求国家高新区发展的具体操盘手，市级政府提供的制度保障和管委会的策划推动是决定国家高新区发展绩效的关键所在。市级政府对国家高新区的支撑保障主要体现在市级管理权限下放、给予充分的发展空间、管委会体制机制创新与授权、倾斜性的财政支持和资源要素聚集等方面。管委会策划推动各自发展战略、科技创新、产业集聚、创业孵化、城市建设、生态保护等具体工作。

3.4.2 企业

企业是国家高新区发展的核心主体，以高新技术产业为主体的企业群体决定着国家高新区能够得以实现创新、集约、绿色、智慧协同发展。截至2015年年底，纳入科技部火炬中心统计的国家高新区企业有82 712家，其中，高新技术企业31 160家，属于高技术产业（制造业）和高技术服务的企业数达到36 827家，上市企业1170家。另外，从规模上来看，营业收入超1000亿元的企业有10家，100亿（含）～1000亿元的企业有352家，10亿（含）～100亿元的企业有3170家，1亿（含）～10亿元的企业有

17 101家。

以培育发展高新技术企业为初衷的国家高新区具备创新发展的先天基因。“发展高科技，实现产业化”就是要推动新兴技术成果的商业化，这也是创新的核心内涵，国家高新区所聚集的高新技术产业集群和所形成的创新创业生态环境为其实现创新发展造就了动力引擎，不断涌现的新兴产业业态、创新性的高新技术产品及服务，不同程度地推动着国家高新区的创新发展。以电子信息、生物医药、航空航天、节能环保、高端装备等为主体的产业结构，不但通过创新创业人才聚集、研发经费投入、知识产权创造夯实了雄厚的创新能力，更通过产业合作网络构建起有利于知识交流和技术溢出的创新创业生态体系，从而构成了国家高新区创新投入、创新载体、创新产出、创新环境相互促进、具备内在驱动机制的、富有活力的创新发展能力。

国家高新区内高新技术企业普遍具有资源消耗低、污染排放少的典型特点，属于低碳化、绿色化的产业群体，为国家高新区的绿色发展奠定了良好基础，也是国家高新区能源使用效率远远领先于全国水平的关键所在。同时，节能环保企业、为绿色发展提供技术或解决方案的信息技术及信息服务企业等，更是为国家高新区乃至全国范围的生态环境改善发挥着重要作用。另外，绿色低碳的产业结构、创新人才的聚集高地与生态良好的园区环境共同作用，形成良性的相互促进机制，将有利于国家高新区产业绿色化、园区生态化的逐步升级和不断优化，形成融绿色产业和绿色生态于一体的绿色发展内在驱动机制。

国家高新区内企业的特征和性质在较大程度上有利于园区土地的集约利用。总体上，国家高新区内产业用地模式主要有三种，包括大型项目单独征地建厂、中小企业进入专业园区或标准厂房和服务业企业进入商业综合体。其中，大型项目一般具有较高的投资强度和产出效益，而后两种模式则通过企业聚集和更高效率的利用立体空间实现土地集约利用，同时提升了土地空间的动态调控程度。同时，以经营标准厂房和服务创业企业为主的产业实体，通过建设运营专业化园区或特色楼宇，也成为推动国家高新区土地集约利用的重要力量。

国家高新区聚集了一大批信息通信、互联网、物联网、大数据及云计算领域的企业，这些企业既构成了国家高新区智慧技术产业的坚实基础，也在国家高新区乃至全国智慧城市建设及运营中扮演着重要角色。在国家高新区及所在城市的推动智慧政务、智慧交通、智慧社区、智慧医疗等智慧城市建设版图中，国家高新区内的智慧技术企业，以及智慧城市解决方案提供商，全面参与智慧城市建设运行及支撑服务。

3.4.3 高等院校和科研院所

高等院校和科研机构主要承载着培育高层次人才、探索前沿理论与知识、进行技术研究开发、开展技术转移转化及产业合作创新等社会功能，是国家高新区发展的关键主体。截至 2015 年年底，国家高新区已聚集了包括 753 所高校、2415 家科研院所在内的众多创新源头和高层次技术创新平台，在国家高新区的创新、绿色、集约和智慧方面扮演着重要作用。

高层次人才和前沿技术是国家高新区创新发展中必不可少的智力资源和发展动力。大量学者研究表明，地理临近性往往有助于增强技术的溢出效应（Cohen and Levinthal，1990；罗瑾琏等，2014），而高层次创新人才、研发经费投入、科技进步在创新驱动发展中发挥着显著的正向促进作用，国家高新区内高校、科研院所通过衍生大量创新创业企业、吸引毕业生聚集在学校周边就业创业、为从业人员进行继续教育和职业培训、开放共享研发基础设施等多种方式，极大地促进了区域内隐性知识的本地化学习过程，增强了国家高新区创新发展的技术基础和社会氛围。同时，依托高校和科研院所发展起来的大学科技园或环高校知识经济带也成了创新发展的重要载体，这也是硅谷、剑桥科技园、班加罗尔国际科技园等领先园区得以成功的关键因素。值得特别指出的是，国家高新区联合高校、科研院所设立了一大批采取新型运行模式的产业技术研究院，进一步弥合了技术研发与产业需求、转化孵化之间的对接间隙，在产业技术开发、产业人才培育和成果育成孵化方面取得积极效果。

从集约发展来看，虽然高校、科研院所往往占据较大面积的土地空间，固然造成土地集约利用的直接经济效益受到不利影响，但是其对集约发展仍有着积极影响。科技教育资源的聚集有助于显著提升区域居民的知识层次和城市文化水平，对吸引生活性服务业和生产性服务业具有积极促进作用，并能够加速推进国家高新区的产城融合进程，这可以从根本上提升国家高新区的经济发展活力和产业迭代动力，从而有效避免产业衰落、厂房废弃、生机丧失的风险，同时避免大面积的土地资源闲置及一系列的社会问题。

从绿色发展和智慧发展来看，高校、科研院所中拥有众多从事电子信息、新能源、交通运输、大数据云计算、互联网和城乡规划等专业领域的科研单元，是绿色技术和智慧技术的重要供给者，在绿色发展和智慧发展中扮演着重要的功能作用。

3.4.4　投融资机构

国家高新区内汇聚了包括园区融资平台、天使投资、风险投资、产业基金、银行和路演中心等在内的众多投融资机构及服务平台，这些机构在园区开发、城市建设、创新创业企业融资和新兴产业培育等方面发挥着重要作用。截至 2015 年年底，国家高新区内拥有银行 2527 家（其中科技支行 448 家）、担保公司 878 家、创业投资机构 3681 家、科技金融服务机构 1960 家，“新三板”挂牌企业 2110 家，区内企业 2015 年获得风险投入额达到 129 亿元，80% 以上的国家高新区建立了创业投资引导机制。特别重要的是，以高新区投资开发总公司为运作抓手的融资平台，往往具有较大的资产规模和融资能力，一般具有融资、开发、运营、投资等业务版块和功能作用，在国家高新区创新、绿色、集约、智慧发展中发挥着重要作用。

投融资机构通过为企业快速发展提供金融支持，能够有效促进企业发展和价值创造，从而推动企业、产业及园区层面的创新发展，这已经得到了不少学者研究成果的理论支持。天使投资参与能够显著提高企业的研发投入强度，并且对发明专利申请量有显著的促进作用（刘督等，2016），具有风险投资融资背景的创业企业更关注企业长期竞争力的构建与维持，注重创新活动的投入与质量（买忆媛等，2012），市场性科技金融在高新技术产业化阶段对科技创新有着促进作用（芦锋和韩尚容，2015），商业银行科技支行通过科技金融服务管理体系重构解决科技型中小企业融资难问题（陈作章等，2013）。另外，科技金融体系的建立推动了产业转型、专门的科技金融空间出现，同时，科技金融也促进了新的产业空间出现（季菲菲等，2013）。当前，不少国家高新区设立或聚集了面向科技企业的众多创投公司，逐步建立起集天使投资、VC 投资、PE 投资、产业基金、融资担保和科技小额贷款等于一体的企业成长金融服务支撑体系，能够为国家高新区创新发展注入强劲动力。

同时，投融资机构所从事的金融服务本身也是现代服务业的重要构成，金融机构的集聚和科技金融体系的建立，带动国家高新区产业结构向服务业态转型，往往带来土地集约度的提升。另外，金融服务业的集聚也能够引发人口空间转移和社会空间转型（季菲菲等，2013），这将在一定程度上提升国家高新区城市化层面的土地集约利用。

投融资机构对绿色发展和智慧发展的作用主要体现在直接作用和间接作用两方面：一是促进相关技术领域内企业的创新发展，这些企业在绿色发展和智慧发展中发挥着重要作用；二是在园区环境保护、绿色空间营造、智慧城市建设中面临着大量的资金需求，而投融资机构将通过多种业务模式参与项目建设及运行服务，在绿色发展和智慧发展中起到直接的推动作用。例如，智慧城市技术标准体系及其应用就必须与金融支持充分结合，需要构建智慧城市技术标准化全业务链、全生命周期、多元化的融资机制（田为兴等，2014）。

3.4.5 中介服务机构

各类中介服务机构和社会组织是国家高新区大力培育发展的、在国家高新区发展运行中发挥着突出作用的参与主体，也是国家高新区体制机制创新和园区发展中推动多元化治理的重要构成。国家高新区内的中介服务机构既包括公共技术服务、管理咨询、教育培训、人才服务、技术转移、知识产权、创业孵化、检验检测认证和情报服务等各类中介机构，也包括产业联盟、行业协会、商会等社会服务和产业促进组织。截至 2015 年年底，国家高新区内拥有科技企业孵化器 1354 家、科技企业加速器 371 家、众创空间 1021 家、各类产业技术创新联盟 961 个、技术转移示范机构 788 家、生产力促进中心 311 家、知识产权服务机构 1722 家（程凌华，2016a）。

各类中介服务机构对科技创新、创新发展的促进作用，已有不少学者从理论推动或实证分析方面进行研究总结。例如，Cooke 和 Uranga（1997）认为，中介机构有利于增强区域层面的系统学习与交互创新能力，科技中介在区域创新系统知识转移中发挥着重要作用（简兆权和刘荣，2010）；高丽娜和卫平（2011）提出，积极完善科技中介体系是提高区域创新能力的有效途径。总体上，中介服务机构通过正式和非正式的创新网络，促进知识和技术转让在各种创新主体之间的流动，有利于创新主体的相互作用和提高内部企业的创新产出，并加快高新技术成果转化，提高区域整体创新绩效。

从集约发展来看，中介服务机构对创新环境的优化、创新成果的增加、创新驱动发展经济绩效的提升就是重要体现。例如，国家高新区以“创业苗圃 + 孵化器 + 加速器”为链条的创业全程孵化服务体系，形成了围绕企业成长周期的创新创业服务链，而这往往促进了创业企业的空间集聚，这也是园区土地集约利用的重要方式。同时，这些机构或组织也能够在城市功能完善、土地集约技术和集约发展方面发挥重要作用。

中介服务机构对绿色发展和智慧发展的作用主要体现在两方面。一是部分中介服务机构致力于环境保护、产业技术和生态技术等专业方面的促进作用。例如，中关村大数据产业联盟、中关村智通智能交通产业联盟、中关村智慧建筑产业绿色发展联盟、中关村中环地下水污染防控与修复产业联盟等机构，其主要目标就是致力于产业技术研发和示范应用，这直接推动着国家高新区的绿色发展和智慧发展。二是有些服务机构承担起公共管理和社会服务的部分政府职能，以专业化、市场化方式推动城市管理和公共服务的优化提升，从管理、服务、运行上促进着国家高新区的绿色发展和智慧发展。

3.5　发展要素

3.5.1　区位

区位是影响国家高新区选择布局的重要因素，1992 年以前获批设立的 52 家国家高新区，主要集中在智力资源密集地区、东部沿海地区和军民融合地区，这些园区构成了国家高新区区域分布的基本格局。例如，设立中关村科技园区、西安高新区、合肥高新区、沈阳高新区等主要是考虑到当地较为密集的智力资源；设立珠海高新区、惠州仲恺高新区、无锡高新区等主要是考虑当地属于沿海对外开放地区；而设立洛阳高新区、绵阳高新区等主要是考虑推动当地的军民融合发展，当然也有不少国家高新区的设立布局是处于多种区位因素的综合考虑。

影响国家高新区发展的区位因素，主要包括自然区位因素、经济区位因素和社会资本因素等。早期的研究如“中心地理论”（Christaller，1933）和“一般区位理论”（Ohlin，1933）等表明，空间上的地理位置 / 交通区位和资源禀赋等对国家高新区的发展有着重要影响。随着新经济地理学的不断发展，在充分考虑自然因素对国家高新区发展的影响之外，越来越多的区位变量被引入，普遍强调经济区位因素和地域文化因素的重要影响。

经济区位因素是国家高新区异质化和创新发展的根本原因，其主要包括产业基础、本地市场容量、规模经济和地方贸易壁垒等。Fratesi（2009）运用演化经济地理模型研究分析区域发展的本地化因素关系，认为经济区位因素对区域竞争力的强弱产生重要的影响。

近年来，社会资本因素对国家高新区发展的影响日益增强。信任、规范、预期、社会网络、群体认同、团体合作和地域文化等社会资本（Durlauf and Fafchamps，2005），通过影响人力资本、金融资本和制度资本积累，对国家高新区的创新和发展发挥着重要作用。例如，Gordon 和 McCann（2000）、Yeung 等（2006）从区域习俗等角度出发，提出区域网络中的信任和关系、约定俗成的传统和标准等社会资本对区域竞争力的强弱有着一定的影响。孔伟（2005）通过"东北现象"与"浙江现象"的对比，认为创业文化的差异是影响不同区域创新创业发展的根本原因；Muzychenko（2008）和 Turró 等（2014）也提出，区域文化环境不但影响了区域创新与创业能力的形成，而且影响其作用的发挥。

值得关注的是，伴随着区域经济一体化、交通设施大发展，以及信息通信技术带来的交流便利化，各国家高新区的区位条件也在逐渐变化。一方面，伴随着国际国内经济形势的调整变化，内陆与沿海之间的自然区位差异正逐步缩小。尽管沿海地区高新区在发展外向型经济方面具有明显优势，但是伴随着交通运输便捷化、内陆广阔的经济腹地优势凸显和内生型经济发展壮大，地处内陆的国家高新区的区位条件正在改善，包括成都高新区、合肥高新区、长沙高新区等在内的内陆国家高新区已经呈现出良好的发展态势。另一方面，各国家高新区的科技创新资源丰厚程度逐步变化，国家高新区之间智力资本的相对形势已经呈现较大调整。经济实力雄厚的国家高新区，通过引进各类技术研发机构、创新创业服务机构等大幅提升本地的知识资本位势，而经济欠发达区域中的优质科技资源呈现出流失态势和下滑态势。例如，深圳高新区、宁波高新区、苏州高新区和无锡高新区等已经通过吸引科教资源大幅改善了当地原本薄弱的智力资源状况，而洛阳高新区、宝鸡高新区等地的科技资源及科技人才则出现不同程度的流失。

3.5.2 基础设施

作为驱动国家高新区发展的关键要素，基础设施是确保其正常、健康、稳定运行和可持续发展的物质工程设施，是提升国家高新区经济社会发展效率和综合承载能力的一般物质条件，是国家高新区实现创新发展、绿色发展、集约发展和智慧发展的重要物质基础。

首先，大科学装置等研究试验平台、产业创新平台和创新服务平台等基础设施是国家高新区创新发展的重要组成部分。研究试验平台是园区内高校、科研院所和企业开展基础研究工作的重要手段，是国家高新区发展先进科学技术、攻克产业关键共性技术的基础。技术创新平台和产业化示范基地等产业创新平台是推动国家高新区科技成果转化为现实生产力、加快园区传统产业转型升级、发展战略性新兴产业的物质承载。检验检测平台、孵化器、众创空间等创新服务平台以国家高新区内企业为服务对象，通过提供研发经营场所和共享设施，检验检测、认证、培训、咨询、财务、法律、投融资、企业管理和市场推广等创新创业服务，降低园区内企业创新创业风险和成本，提高企业创新发展的效率和成功率，是推动国家高新区持续发展的重要载体。

其次，标准厂房、低碳交通基础设施和污水垃圾处理设施等基础设施是推动国家高新区集约发展和绿色发展的物质基础。例如，园区内建造的标准厂房等建筑设施，一方面可以提高单位土地面积的经济产出，大幅度提高国土资源利用效率；另一方面，符合环保标准的绿色厂房能够最大程度地节约水、电、气、土地等自然资源和能源，降低物耗水平和生产成本。国家高新区内低碳交通基础设施和污水垃圾处理设施等的规划建设，能够加强土地资源的集约利用和资源能源循环利用，这也是支撑园区集约和绿色发展的重要物质条件。

国家高新区的智慧发展，离不开智慧基础设施的重要支撑。智慧基础设施包括信息通信基础设施、智能工厂、智慧管网和智慧电网等智慧化生产生活设施，是生产网络化、过程透明化、操作自动化、文档电子化、数据可视化、决策智能化的关键物质基础，是便捷、智能、低碳、绿色、循环、数字化和可持续生活方式的重要物质条件，是推动国家高新区创新发展、绿色发展、集约发展和智慧发展的重要载体。

3.5.3 先进技术

先进技术是科学理论、实践经验和物资设备在产品和服务研发、生产、交付过程中的知识体系（吴贵生和王毅，2013），从本质属性来看，先进技术可以分为渐进性技术变革和突破性技术变革，两者都在推动国家高新区发展过程中发挥着重要作用。在一定程度上，可以认为先进技术是推动国家高新区实现创新发展、绿色发展、集约发展和智慧发展的关键力量。

首先，建立在现有技术轨道、现有市场和现有条件平台基础上的渐进性技术变革，能够在一定程度上推动国家高新区的发展。建立在技术累积效果上的渐进性技术创新（Freeman and Soete，1997），其作用更多地表现为产品和服务性能的改善、生产效率的提高，以及物质资料消耗一定程度的下降。例如，相对于2G技术而言，4G技术在国家高新区的广泛应用，有效提高了园区企业生产效率，降低了信息传播中的能源消耗，也为国家高新区的智慧发展提供了强有力的技术保障。能源高效利用技术的发展，降低了国家高新区能源消耗总量，提高了能源使用的效益和效率，支撑了国家高新区的绿色发展。

其次，突破性技术变革已经成为推动国家高新区发展内涵变革的决定性力量。过去150年的经济发展表明，先进技术是推动发展的主要动力，这里的先进技术主要指突破性技术变革。纵观历次突破性技术变革，均显著推动了经济社会的发展，同时几乎都带来发展内涵的重大变革（表3.1）。

突破性技术变革在国家高新区的产生与发展中，是从原有的社会技术体系转变为一个新体系的过程，能够带来国家高新区社会功能、系统结构和元素的新变化（Geels，2002；Markard et al.，2015）。可以看到，突破性技术变革规定了国家高新区发展的内涵脉络，通过改变国家高新区发展的现有技术范式，推动形成了新的技术轨道，同时引发园区科技体系、生产体系、市场体系、政策体系等从旧的形态向新的形态转变，进而带动园区发展内涵的革命性变化。未来一段时期，新一代信息通信技术、新能源技术和绿色技术等代表先进技术的突破性技术变革，使得自动化、便捷化、智能化、低碳化、可循环和集约高效的生产生活方式成为可能，必然推动高新区发展内涵向创新、绿色、集约和智慧的转变。

表3.1　历次突破性技术变革概况

时期	康德拉季也夫波	交通运输系统	突破性技术	科技与教育系统	关键要素	发展内涵
第一次：1780～1840年	产业革命：纺织品工厂化生产	运河 车行道	水力技术	学徒制 干中学 意见分歧的学派 科学社团	棉花	经济的快速发展
第二次：1840～1890年	蒸汽动力与铁路时代	铁路（铁） 电报	蒸汽技术	专业机械与土木工程技术学院 大众初级教育	煤 铁	新技术的应用与经济的快速发展
第三次：1890～1940年	电气与钢铁时代	铁路（钢） 电话	电气技术	工业研发实验室 化学品与电气 国家实验室 标准实验室	钢	新技术的应用与经济的快速发展
第四次：1940～1990年	汽车和合成材料大批量生产（福特主义）时代	汽车公路 无线电和电视 航空航线	石油技术	大批量生产 政府的研究开发 普及的高等教育	石油 塑料	创新发展和绿色发展理念的兴起
第五次：1990～?	微电子学和计算机网络时代	信息高速公路 高性能计算 互联网 物联网 大数据	新能源技术	数据网络 研发全球网络 终身教育和培训	微电子学	创新发展、绿色发展和智慧发展，集约发展理念的兴起

资料来源：根据 Freeman 和 Soete（1997）整理

3.5.4　资金投入

资金资本是国家高新区发展的关键要素，是支撑园区各项建设和发展的基础条件。从资金用途来看，资金投入包括研发经费和资本投入。研发经费是开展创新活动和推动国家高新区创新、智慧发展的资金保障，对国家高新区发展能力的提升具有显著效果。按照资金来源，可以将研发经费分为公共部门研发投入和私营部门研发投入。公共部门的研发投入主要来自政府、高校和科研机构，具体而言，包括中央政府、地方政府和高新区管委会的研究开发经费投入，私营部门研发投入主要指企业的研发投入。资本投入是进行创新创业活动的前提条件，按照资金来源可以分为创业投资和金融融资，创业投资主要来自各级政府设立的创业投资引导基金、国有资本投资和社会投资；金融融资主要包括资本市场融资和银行贷款。研发经费和各类资本投入，能够有效解决国家高新区发展高新技术产业和培育创新型产业集群的资金难题，是推动国家高新区发展的基础保障。

3.5.5 资源能源

资源能源投入和土地投入在推动高新区创新发展、绿色发展、集约发展和智慧发展过程中都发挥着重要作用。其中，资源能源是国家高新区发展的重要物质资料；土地则是承载国家高新区发展的场所，是推动国家高新区创新发展、绿色发展、集约发展和智慧发展的物理空间。

石油、天然气、水资源和土地等各种资源能源是国家高新区发展的基本物质资料，其消费方式和消费结构，直接决定了国家高新区的发展方式和发展内涵。能源包括清洁能源与化石能源，清洁能源包括核能、风能和太阳能等可再生能源。推动清洁能源在能源消费结构中占有较高比例，是国家高新区发展的重要目标，也是实现国家高新区创新发展和绿色发展的关键。水资源和土地资源是国家高新区发展的基本资源，对水资源的高效、多级、重复、循环利用方式，以及对土地资源的节约集约利用，包括提高国家高新区土地开发强度和投资强度，优化内部用地结构，完善园区基础设施用地空间的综合开发利用模式，都是实现国家高新区集约发展和绿色发展的重要条件。

3.5.6 人力资源

人力资源是国家高新区发展的核心要素。国家高新区发展内涵从片面追求经济增长到创新发展、绿色发展、集约发展和智慧发展的综合发展，本质上是人才智慧的结晶。作为创新经济增长极、新兴技术集聚地、新型城市承载体和制度创新先行区，国家高新区的发展本质是人力资源的集聚、成长和发挥作用的过程。推动国家高新区创新、绿色、集约和智慧发展的先进技术研发和应用，以及各类基础设施的研制和建设，其实现主体是人力资源。

相对于区域和国家发展而言，人力资源对国家高新区发展的重要性更为显著。数据显示，国家高新区的人才比例远高于其他区域，这也从一定程度上表明人才对国家高新区的发展比一般区域更为重要。例如，2015 年在我国 146 家国家高新区中，企业从事科技活动的人员为 311.7 万人，占全部从业人员总数的 18.1%；本科以上学历从业人员为 550.7 万人，R&D 人员为 175.5 万人，每万名从业人员中 R&D 人员折合全时当量为 657.6 人年，是全国水平的 13.6 倍（程凌华等，2016a）。此外，有学者利用新经济增长模型分析了人力资源对国家高新区经济发展的贡献，研究认为，上海张江高新区、北京中关村高新区和西安高新区人力资源对经济增长的贡献率分别为 65.51%、65.34% 和 55.32%，这也从一个方面印证了人力资源对国家高新区发展的重要作用。

3.5.7　制度与政策

制度与政策在影响区域发展轨迹、孕育，以及引导技术变迁、推动经济发展等方面，发挥着举足轻重的作用（Dosi and Giovanni，1988）。政策和制度创新对国家高新区发展具有十分显著和直接的影响。

制度从体制和机制上为国家高新区的发展提供了根本保障。首先，国家高新区的设立需要国务院发文批复，如《国务院关于同意宁波省级高新技术产业开发区升级为国家高新技术产业开发区的批复》（国函〔2007〕2 号）等，从园区名称、面积、范围、发展要求和定位等方面对国家高新区进行了规定。其次，地方政府出台一系列文件，赋予国家高新区管理权限，从编制、干部、级别等方面进行统一规定，并大力推动了国家高新区体制机制创新。例如，济南市委、市政府 2016 年印发的《济南高新区（综合保税区）体制机制改革方案》（济发〔2016〕18 号）和济南市《市级下放济南高新区管委会行政权力清单》，从行政管理体制、人员管理和权力事项上规定了济南市国家高新区的责权利。最后，部分地区还从立法层面对国家高新区的责权利进行了规定，以规范园区管理，保障可持续发展。例如，早在 2001 年，深圳市人民代表大会就通过了《深圳经济特区高新技术产业园区条例》，从发展目标、优惠政策、人才引进、资金扶持、规划建设和管理体制等方面对深圳高新区的管理进行制度化规范。

就国家高新区而言，政策制度包括国家宏观政策和地方政策。国家宏观政策从发展思路、战略导向等层面推动国家高新区的发展，多为原则性政策。从作用对象来看，国家宏观政策包括两类，一类是针对所有国家高新区的普适性政策，另一类是针对特定国家高新区的个性化政策。例如，科技部火炬中心出台“国家高新技术产业开发区创新驱动战略提升行动实施方案”，提出将国家高新区建设成为自主创新的战略高地。《中华人民共和国国民经济和社会发展第十三个五年规划纲要》提出树立创新、协调、绿色、开放、共享的新发展理念，从宏观层面对国家高新区未来发展进行指导。就个性化政策而言，主要是针对某一个或某几个高新区的相关政策，包括试点示范政策等。另外，国务院2015年出台的《关于在部分区域系统推进全面创新改革试验的总体方案》，强调推进包括部分国家高新区在内的改革试验区域开展全面创新改革，率先实现创新驱动发展。2017年1月，《国务院办公厅关于促进开发区改革和创新发展的若干意见》（国办发〔2007〕7号）提出，促进开发区产业集聚、资源集约和绿色发展，形成经济增长的新动力。

与国家宏观政策不同，地方政策主要强调对中央政策的具体执行和结合地方实际情况的操作性政策，主要包括科技创新政策、创新人才政策、科技金融政策、产业发展政策、企业成长政策和创新合作政策等，在推动国家高新区集聚高端要素、新兴产业培育，以及创新、集约、低碳和绿色发展等方面发挥着重要引导和推动作用。例如，西安高新区管委会出台了《西安高新区加快创新驱动发展政策体系》，综合运用人才、金融、投融资等政策推动园区的创新发展与绿色发展。贵阳国家高新区管委会制定的《贵阳国家高新技术产业开发区“十三五”发展规划纲要》提出，坚持创新发展、协调发展、绿色发展、开放发展和共享发展“五大理念”，探索西部欠发达城市高新区经济发展和生态改善双赢的可持续发展道路。

第四章 国家高新区发展演化研究

4.1 发展概述

4.1.1 设立背景

20 世纪 80 年代初，我国科技专家在美国硅谷调研后发现，依托大学和研究所比较集中的智力密集区，是发展高科技产业的有效途径。研究国外经验，探讨我国智力密集区的建设与开发问题，提出我国新兴产业开发区的建设建议成为当时学术界、政策界和政府部门共同推动的重要议题。总体上，作为国家层面重要的政策工具，国家高新区是应对国内外宏观经济形势和全球科学技术变革浪潮的战略举措，也是在深入调研评估的基础上进行部署的。国家高新区的设立背景，可以从国家推动改革开放进程、实施国家科技体制改革、迎接全球科技革命浪潮和借鉴国际科技园区经验四个方面来理解。

第一，中共十一届三中全会提出以经济建设为中心，明确将党的工作重点转移到社会主义现代化建设上来，开启了我国社会主义市场经济建设进程。1978 年 12 月召开的十一届三中全会，是我国经济社会发展的伟大转折。会议确定了“对内改革、对外开放”的总体方针，将经济建设和社会主义现代化建设作为全党全国的战略重心，为发展商品经济和市场经济打破了思想桎梏。之后，国家启动了一系列经济体制改革，包括以实行家庭联产承包责任制为核心的农业经济体制改革、以发展开放型经济为目标设立的五个经济特区，从制度环境上为解放生产力和激活民营经济注入了强劲动力，造就了20世纪80年代乡镇企业异军突起、农业生产突飞猛进、外商投资急剧增长和轻工业高速发展的繁荣景象。特别是，1984年10月十二届三中全会通过的《中共中央关于经济体制改革的决定》，首次突破了把计划经济与商品经济对立起来的传统观念，正式提出要发展以公有制为主体、多种经济成分并存的所有制结构。总之，20世纪80年代，我国处于思想不断解放、体制得以突破、市场需求激增、市场经济迅速发展的黄金时代，为培育和发展高新技术产业提供了肥沃的社会经济土壤。

第二，国家科技体制改革是国家高新区诞生的直接推动力。1978年3月，党中央、国务院在国家百废待兴的形势下召开了全国科学大会，邓小平同志提出“科学技术是生产力”的著名论断，并强调“四个现代化，关键是科学技术的现代化”，从而澄清了长期束缚科学技术发展的重大理论是非问题，这次会议被认为是我国迎来“科学的春天”的重要标志。同时，国家积极推动科技体制改革，旨在打破影响科技发展、科技与经济结合的制度性制约，“放活科研机构、放活科技人员”是1985～1992年科技体制改革的主要政策取向（方新和柳卸林，2004），也推动了科技人员下海创业的一次热潮。这一阶段，党中央、国务院出台了一批重要的政策文件，包括《中共中央关于科学技术体制改革的决定》（中发〔1985〕6号）（1985年3月）、《国务院关于进一步推进科技体制改革的若干规定》（国发〔1987〕6号）（1987年1月）、《国务院关于深化科技体制改革若干问题的决定》（国发〔1988〕29号）（1988年5月）等，实施了国家高技术研究发展计划（863计划）、国家火炬计划（1988年）等一批重大科技计划，这些政策和计划构成了系统性推动科技体制改革的基本导向和重点举措，直接推动了国家高新区的设立。

第三，全球性新科技革命催生着中关村民营科技企业，带动我国高新区和高新技术产业的快速涌现。20世纪70年代后，国际上信息技术、生物技术、新材料技术、新能源技术、空间技术和海洋技术等领域取得了突破性进展，对经济结构、产业组织和人类生活方式产生了重大影响，被美国社会思想家托夫勒称为全球第三次浪潮。同时，美国著名社会学家和未来学家丹尼尔·贝尔所著的《后工业社会的来临》和美国社会预测学家约翰·奈斯比特所著的《大趋势：改变我们生活的十个新方向》，对我国科技界、企业界和政府部门均产生了重要影响，推动了我国民营科技企业的发展，加速了经济社会和产业结构的转型。特别是，信息通信领域出现的连续性、爆炸性的技术突破，以及“摩尔定律”的出现，带来了计算机和互联网的普及，20 世纪 60 年代后期至 80 年代初期，AMD、施乐、苹果、太阳计算机系统公司、Intel、希捷、思科、甲骨文等企业在硅谷地区集中涌现，引领着全球信息技术产业的前沿趋势。美国的技术突破和新兴技术产业的发展，对中国科技界产生了积极影响。中国科学院物理研究所陈春先研究员受到美国硅谷的启发，1980 年创办“北京等离子体学会先进技术发展服务部”，这被看作中国历史上第一个民营科技企业，陈春先也被誉为“中关村民营科技第一人”。之后，中关村出现了“两通两海”（四通公司、信通公司、京海公司、科海公司）、联想集团、北大方正和清华紫光等一大批科技型创业企业，“中关村电子一条街”名声大噪，直接促成后来国家批准设立北京市新技术产业开发试验区。

第四，世界范围内科技园区的兴起为我国建立高新区提供了经验借鉴。1951 年，全球第一家科技园区——斯坦福科技园在硅谷斯坦福大学内成立，开创了科技园区建设的先河，这也成为推动硅谷发展演化的原动力。斯坦福科技园和硅谷在发展高新技术产业上的成功经验，在全球范围内引起了研究科技园区、建设科技园区的热潮，形成了“硅谷热”现象。20 世纪 50 年代后期至 80 年代，美洲、欧洲、亚洲等地已经形成了一批具有代表性和重要作用的科技园区（表 4.1），包括北卡三角园区（1956 年）、苏联新西伯利亚科学城（1957 年）、日本筑波科学城（1963 年）、法国索菲亚·安蒂波利斯科技城（1969 年）、英国剑桥科学园（1970 年）、韩国大德科技园（1974 年）、联邦德国西柏林革新与创业者中心（1979 年）、中国台湾新竹科学工业园（1980 年）、日本熊本技术城（1984 年）和关西科学城（1986 年）等。20 世纪 80 年代，我国处于改革开放初期和科技体制改革时期，借鉴外部经验设立科技园区成为经济发展政策、科技改革举措和接轨国际经验的重要举措。

表4.1　20世纪50年代后期至80年代主要科技园区基本情况

名称	成立时间	主要特色
斯坦福科技园	1951 年	位于斯坦福大学内，是全球第一家科技园区，在初期将土地以租让的形式供新创企业，与斯坦福大学一起构成了硅谷发展的动力源

续表

名称	成立时间	主要特色
北卡三角园区	1956 年	由州政府牵头成立了三角园区委员会，以吸引大批新兴行业企业进入，以发展科技为主的现代化工业。园区周边拥有北卡罗来纳大学、北卡罗来纳州立大学和杜克大学三所著名大学
筑波科学城	1963 年	完全由政府主导，以国家级研究机构为主体，科技产业化和创新型企业培育滞后
大德科技园	1974 年	初期定位于发展科学研究与高等教育，聚集了众多公立科研机构和高校，2005 年后其功能定位实现拓展，增加了创新产业化和培育研究型公司的目标
新竹科学工业园	1980 年	台湾创立的第一个科学园区，主要产业包括半导体、电脑、通信、光电、精密机械和生物技术等，占地 1342 公顷

资料来源：笔者整理汇总

在这一国内外大背景下，国家高新区在我国科技体制改革进程中酝酿诞生。1984 年 4 月 4 日，中国科学院赵文彦、陈益升等五位专家在《经济参考》中公开提出了开发中关村智力资源、发展高技术密集区的五点建议，开启了我国关于研究和建设高新技术产业开发区的历史进程。1984 年 6 月，国家科学技术委员会将《关于迎接新技术革命挑战和机遇的对策》的报告呈送国务院，明确提出要制定新技术园区和企业孵化器的政策。1985 年 3 月出台的《中共中央关于科学技术体制改革的决定》（中发〔1985〕6 号）中明确提出，“为加快新兴产业的发展，要在全国选择若干智力资源密集的地区，采取特殊政策，逐步形成具有不同特色的新兴产业开发区”。1985 年 4 月，国家科学技术委员会将《关于支持发展新兴技术新兴产业的请示》报国务院并呈送中共中央财经领导小组，提出在北京中关村、上海、武汉东湖、广州天河区等地试办新技术产业开发区的设想。1985 年 7 月，深圳市人民政府与中国科学院联合创办了深圳科技工业园，这是我国境内创办的第一个高新区。1986 年 6 月，由中国科学院科技政策与管理科学研究所、中国科学学与科技政策研究会、中国科技促进发展研究中心等八个单位联合组织的我国首届智力密集区问题学术讨论会在北京大学举行，围绕智力密集区的开发建设、发展高技术产业的理论和对策等问题提出了许多有价值的意见和建议。1987 年，新华社记者关于“中关村电子一条街”的调查报告以内参形式送达中央领导，受到了高度重视；同年年底，时任中央办公厅主任的温家宝同志牵头组织联合调研组对“中关村电子一条街”进行调研后认为，应当以中关村为平台摸索建立适合我国国情的科技工业园区，解决科技与经济"两张皮"问题。1988年3月，中央财经领导小组会议在联合调查组调研报告讨论研究的基础上，决定建立"北京市新技术产业开发试验区"；同年5月10日，国务院批准北京市政府制定的《北京市新技术产业开发试验区暂行条例》，标志着我国第一家国家高新区正式成立。1991～1992年，国务院又分两批批准设立51家国家高新区，构成了我国国家高新区的基本格局。

4.1.2　发展阶段

经过20多年的发展演化，国家高新区已经从1992年的52家增加到2017年2月的156家，加上2006年经国务院同意纳入国家高新区管理序列的苏州工业园区，国家高新区已经成为"156+1"的整体格局，如图4.1所示。纵观国家高新区发展历程，从1988年北京市新技术产业开发试验区成立，到2001年科技部时任部长徐冠华首次提出国家高新区要实现"二次创业"和"五个转变"，再到2006年温家宝同志提出国家高新区"四位一体"的战略定位，以及2010年至2017年2月密集批复100家国家高新区等重要导向和重大变革，形成了国家高新区发展过程中的重要里程碑。同时，伴随着国家高新区经济规模、管辖面积和常住人口的急剧增长，国家高新区的功能作用也从最初的"科技成果产业化"拓展到打造"现代科技生态新城区"，其发展进程也受到了国家土地集聚利用、新型城镇化、生态文明建设等战略部署和政策措施的影响。因此，对国家高新区发展阶段的划分，需要从内涵演变、政策影响、战略导向调整等多方面进行统筹考虑。

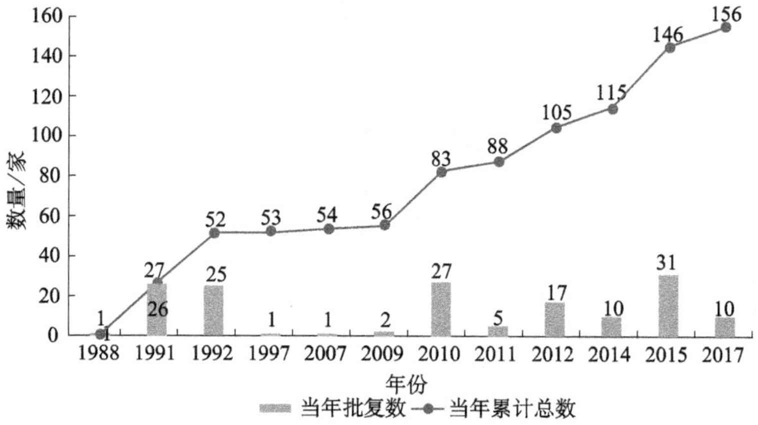

图4.1　国家高新区数量变化情况（1988～2017年）

关于国家高新区的发展阶段，基于不同的划分视角和划分标准，研究者给出了不同的划分方案。例如，周元和王维才（2003）、韩伯棠等（2005）、吕政和张克俊（2006）将“二次创业”视为国家高新区进入21世纪的重要转变，从创新发展、产业聚集等视角对“二次创业”的影响因素、内涵转变和阶段转换等进行了研究分析。周元和王维才（2003）认为，国家高新区“二次创业”需要由产业主导阶段向创新突破阶段转换，重点提升经济积累、自我发展、全面创新和国际接轨等四方面的能力。王胜光等（2013）根据集中批复节点和战略导向演变，将国家高新区发展历程划分为酝酿成立时期（1980～1990年）、创建成长时期（1991～2008年）、二次扩展时期（2009年以后）三个阶段。但是，这些划分方案和划分标准所依据的分析视角相对较窄，未将产城融合、土地集约、绿色发展等不断丰富的内涵纳入划分依据，更未纳入园区发展实践中的区划变动和功能拓展等因素。本书在统筹考量重要里程碑（表4.2）、园区内涵拓展、宏观政策调整及影响的基础上，将国家高新区的发展历程划分为四个阶段，包括酝酿设立阶段（20世纪80年代）、初创探索阶段（20世纪90年代）、二次创业阶段（21世纪的第一个十年）和创新发展阶段（21世纪的第二个十年）。

表4.2　国家高新区发展过程中的重要里程碑

重要标志	时间	主要内涵
设立北京新技术产业试验区和国家火炬计划	1988年	促进科学技术和生产直接结合、科学技术和其他生产要素优化组合、推动技术和经济的发展。 发展高科技，实现产业化
基本布局	1991～1992年	国务院分两批共计批复51家国家高新区，主要集中在智力密集城市、沿海开放城市和工业基地城市，构成国家高新区的基本格局
二次创业和五个转变	2001年，时任科技部部长徐冠华在武汉举办的“国家高新区所在市市长座谈会”上首次提出	国家高新区以从初创期进入以产业化和国际化为核心的壮大阶段，应该谋求“五个转变”：①从主要依靠土地、资金等要素驱动向主要依靠技术创新驱动的发展模式转变；②从主要依靠优惠政策、注重招商引资向更加注重优化创新创业环境、培育内生动力的发展模式转变；③推动产业发展由大而全、小而全向集中优势发展特色产业、主导产业转变；④从注重硬环境建设向注重优化配置科技资源和提供优质服务的软环境转变；⑤从注重引进来、面向国内市场为主向注重引进来与走出去相结合、大力开拓国际市场转变

续表

重要标志	时间	主要内涵
四位一体	2006年，时任总理温家宝同志提出国家高新区目标定位	国家高新区要成为促进技术进步和增强自主创新能力的重要载体，成为带动区域经济结构调整和经济增长方式转变的强大引擎，成为高新技术企业“走出去”参与国际竞争的服务平台，成为抢占世界高新技术产业制高点的前沿阵地
四个跨越	2013年3月，科技部发布《国家高新区创新驱动战略提升行动实施方案》	从前期探索、自我发展向肩负起创新示范和战略引领使命跨越；从立足区域、集约发展的资源配置方式向面向全球、协同创新的产业组织方式跨越；从要素集中、企业集聚的产业基地向打造具有国际竞争力和影响力的创新型产业集群跨越；从工业经济、产业园区向知识经济、创新文化和现代生态文明和谐社区、高科技产业增长极跨越
密集扩容阶段	2010～2017年	在应对金融危机、实施创新驱动发展战略和推动产业转型升级的背景下，2010年至2017年2月，国务院集中批复了100家国家高新区，形成了157家国家高新区的整体格局

资料来源：笔者整理汇总

4.1.2.1　酝酿设立阶段（20世纪80年代）

20世纪80年代，伴随着改革开放、以经济建设为中心和国家科技体制改革进程，特别是科技人员下海创业和“中关村电子一条街”的兴起，国家高新区经过了深入的研究酝酿并最终由中央财经领导小组和国务院批准设立。在研究过程中，曾使用过智力密集区、新兴产业开发区、新技术产业开发区和科学工业园区等不同术语，最终将名称规范为国家高新技术产业开发区。伴随着国家对国家高新区的布局，20世纪80年代末期，地方政府启动创建或筹备建设高新区形成了热潮，如武汉东湖高新区成立于1988年、厦门火炬高新区成立于1989年等，这些园区构成了20世纪90年代初国家高新区的基本格局。同时，作为高新区的核心载体，创业服务中心（科技企业孵化器）也在部分城市率先启动，其中，1987年我国第一家科技企业孵化器——武汉东湖新技术创业者中心成立，紧接着上海、重庆、天津、北京、南京、成都和哈尔滨等高新区内的创业服务中心也于1988年和1989年先后成立。总体上，20世纪80年代，国家高新区基本完成了酝酿研究工作，进入了启动建设阶段，拉开了国家高新区建设发展的序幕。

4.1.2.2　初创探索阶段（20世纪90年代）

20世纪90年代，国家高新区处于探索发展阶段，经过10年的创业开拓和模式探索，在发展高新技术产业、构建管理体制和运行机制、园区开发建设、打造创业孵化平台等方面取得了显著成效，为国家高新区后续发展奠定了产业基础、积累了原始资本，该阶段也被称为国家高新区“一次创业”阶段。

国家高新区经济规模保持高速增长，成为全国工业发展的重要驱动力和高新技术产业发展的核心载体。如图 4.2 所示，20 世纪 90 年代国家高新区主要经济指标年均增幅达 60% 以上，走出了一条超常规的经济发展道路，并涌现出以联想、华为、北大方正、中兴、成都地奥等为代表的一批高新技术企业。2000 年度科技部火炬中心统计数据显示，53 个国家高新区技工贸收入 9209 亿元，工业总产值 7942 亿元，财政收入 460 亿元，出口创汇 186 亿美元，分别是 1991 年的 106 倍、112 倍、118 倍和 103 倍。另外，当年国家高新区工业增加值达 1979 亿元，占全国全部工业增加值（39 570 亿元）的 5%，当年新增工业增加值（503 亿元）占全国工业增加值新增部分的 24%。同时，国家高新区也逐渐成为其所在省份高新技术产业的核心平台和新兴经济增长点。2000 年，苏州高新区、吉林高新区、绵阳高新区、中关村科技园区和西安高新区等园区的工业增加值占所在城市全部工业增加值的 30% 以上。

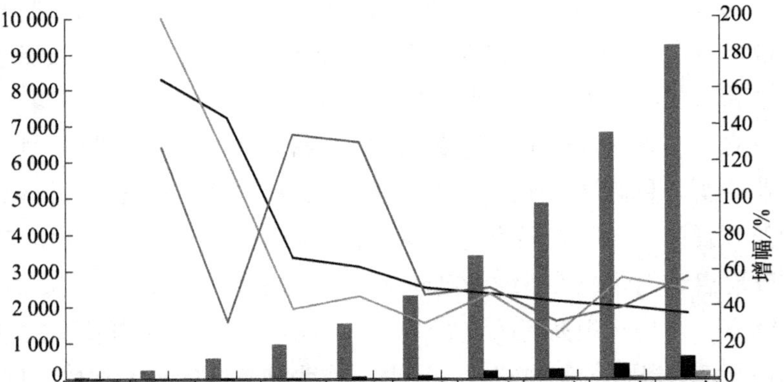

	1991年	1992年	1993年	1994年	1995年	1996年	1997年	1998年	1999年	2000年
技工贸收入/亿元	87	231	564	943	1 529	2 300	3 388	4 840	6 775	9 209
利润/亿元	8	24	53	73.7	107.5	140.5	206.6	256.2	398.7	597
出口/亿美元	1.8	4.1	5.4	12.7	29.3	43	64.8	85.3	119.1	185.8
技工贸收入增幅/%	—	165.52	144.16	67.20	62.14	50.43	47.30	42.86	39.98	35.93
利润增幅/%	—	200.00	120.83	39.06	45.86	30.70	47.05	24.01	55.62	49.74
出口增幅/%	—	127.78	31.71	135.19	130.71	46.76	50.70	31.64	39.62	56.00

图 4.2 1991 ～ 2000 年国家高新区主要经济指标情况

资料来源：笔者根据科技部火炬中心统计年鉴整理绘制

这一时期，通过谋划发展空间规划布局和快速推进基础设施建设，国家高新区基本完成了初创期的园区建设和功能配套设施。总体上，国家高新区批复建设面积包括政策区和集中新建区两部分，集中新建区一般位于城市郊区，园区基础设施建设是各园区需要面对的紧迫任务。因此，园区的开发建设以政府支持、企业化运作为基本思路，逐步形成了“政策扶持、贷款起步、负债经营、滚动发展”的一般模式。其中，高新区开发建设总公司成为园区开发建设的关键抓手和核心平台。截至1999年年底，53个国家高新区累计竣工建筑面积7324万平方米，大多数高新区已具备了良好的交通、通信和动力等基础设施，为高新技术产业发展提供了必需的硬件条件。截至2000年年底，中关村科技园区的政策区范围由国家科学技术委员会（科技部）批准经历了两次拓展，分别是1994年4月将丰台园、昌平园纳入政策区范围，以及1999年1月将电子城、亦庄园纳入政策区范围，至20世纪90年代末形成“一区五园”的空间格局。另外，西安高新区已完成集中新建区12平方千米的开发建设，集中新建区的规划面积扩大为34平方千米；长春高新区已基本完成6平方千米新建区的“七通一平”并全面开通了10平方千米内的主干道。同时，一些发展较好的国家高新区逐渐探索出以园区化带动产业化的发展模式。例如，长春高新区已经组建起生物医药园、计算机软件园、汽车工业园和光电技术产业园等专业园区；南昌高新区也相继建设了金庐软件园、江西省留学人员创业园等专业园区。但是，也有部分高新区因产业发展缓慢和开发建设停滞被国家科技主管部门“亮黄牌”，其中包括吉林高新区和潍坊高新区。

国家高新区管理体制和运行机制在这一时期基本形成。高新区建设领导小组、高新区管委会和高新区开发总公司组成的“三位一体”管理体制，是国家高新区创立和探索过程中所遵循的基本架构，构成推动各国家高新区建设发展的核心力量，也创造性地探索出了新型高效的管理体制和市场化的运行机制。在此阶段，国家高新区起初倡导实施“特区化管理、开放式运行”，但是在实践过程中出现了与行政管理体制的对接协调问题，逐渐调整到“综合性授权、封闭式运行”的基本模式。例如，成都市委、市政府于1996年专门出台文件来理顺成都高新区的管理权限和管理体制，为成都高新区实施封闭式管理体制和争取市级管理权限充分落实奠定了坚实基础。另外，深圳高新区也于1996年6月调整了由中国科学院和深圳市的主要领导同志组成的管委会、由科技工业园总公司负责运作的管理体制，实行由“决策层、管理层、经营服务层”组成的三级管理体制，其中，以市长为首的领导小组为决策层，市政府派出机构的领导小组办公室为管理层，园区服务中心为经营服务层。

此外，作为国家火炬计划的政策工具和承载平台，创业服务中心自20世纪80年代末以来经过多年的探索发展，已经成为以国家高新区为主体、逐渐规范化和标准化、呈现显著经济社会效益的创业孵化平台体系。这一时期，国家高新区内孵化器主要以事业单位或国有企业为主体进行投资建设和运营管理，具有政策性、公益性的典型特点，在搭建创业服务空间、集成专业中介服务和营造创新创业环境等方面发挥了较大的引领作用。与此同时，创业服务中心建设的标准逐渐形成，国家的推动和考评体系日益成熟。国家科学技术委员会进行了一系列的推动工作。例如，1994年11月颁布创业服务中心建设的原则意见，明确了创业服务中心的性质和创办条件，1996年1月颁布《国家高新技术创业服务中心认定暂行办法》，并于1997年认定第一批10家国家高新技术创业服务中心，至此，国家高新区孵化器建设进入了制度化和规范化轨道。截至2000年年底，根据科技部火炬中心对131家孵化器的统计，高新区内孵化面积已达272万平方米，在孵企业7693家，累计毕业企业2770家，创造就业机会17.7万个。

总体上，国家高新区在国家全面推进科技体制、经济体制和行政管理体制改革的背景下，积极建立适应高新技术产业发展的新型管理体制和市场化运行机制，创建了“小政府、大社会，小机构、大服务”的管理和服务支撑体系，探索出“一站式”“一网式”管理和“一条龙”服务等成功经验。值得指出的是，中山火炬高新区在1990年所进行的专业产业园区和产业发展公司相结合、园区管理与产业发展的体制探索，组建了中山火炬集团有限公司、工业开发有限公司、健康科技产业基地发展公司、工业联合总公司等多个工业公司，以工业公司运作推动工业园区产业发展，对国家高新区管理体制具有较强的示范作用和推广价值。

4.1.2.3 二次创业阶段（21世纪的第一个十年）

2001～2010年，国家高新区进入快速发展的二次创业阶段，主要经济指标平均年度增幅约为27%（图4.3），总体上呈现“快速发展”和“转型升级”的基本特征，在建设“三类园区”、提升创新能力、发展内生型经济、推进产城融合、优化生态环境等方面取得显著进展，在国民经济社会和城市发展中发挥着支撑经济、引领创新、拓展城区的多元复合功能。

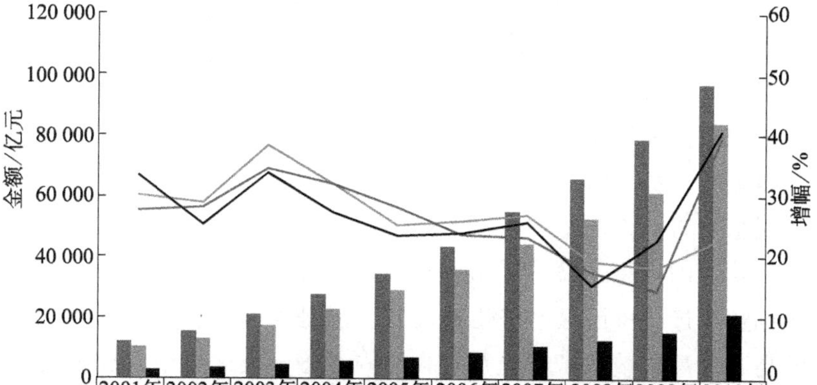

	2001年	2002年	2003年	2004年	2005年	2006年	2007年	2008年	2009年	2010年
总收入/亿元	11 928	15 326	20 939	27 466	34 416	43 320	54 925	65 986	78 707	97 181
工业总产值/亿元	10 117	12 937	17 257	22 638	28 958	35 899	44 377	52 685	61 151	84 318
工业增加值/亿元	2 621	3 286	4 361	5 542	6 861	8 521	10 715	12 507	15 417	21 410
总收入增幅/%	29.53	28.49	36.62	31.17	25.30	25.87	26.79	20.14	19.28	23.47
工业总产值增幅/%	27.39	27.87	33.39	31.18	27.92	23.97	23.62	18.72	16.07	37.88
工业增加值增幅/%	32.44	25.37	32.71	27.08	23.80	24.19	25.75	16.72	23.27	38.87

图 4.3　2001 ～ 2010 年国家高新区主要经济指标情况

资料来源：笔者根据科技部火炬中心统计年鉴整理绘制

通过“三类园区”建设，我国形成了国家高新区分类指导和特色发展的基本导向。在不同资源禀赋基础上，国家高新区在差异化的发展绩效和发展潜力的基础上，纷纷开始了“二次创业”的探索实践，其主管部门逐渐形成了对不同园区进行针对性引导的引导思路，提出建设“三类园区”，即世界一流高科技园区、创新型科技园区和创新型特色园区。2006 年，科技部火炬中心联合中关村科技园区等六家国家高新区，制定了《建设世界一流高科技园区行动方案》，正式启动冲刺世界一流科技园区的征程，旨在打造在国际上具有重大影响力的世界一流高科技园区。随后，科技部分别于 2008 年和 2010 年发布了《创新型科技园区建设指南》和《创新型特色园区建设指南》，提出创新型科技园区本质上是要引导高新区实现以创新驱动发展、以创新引领发展，真正成为国家创新体系的重要支撑和区域创新体系的中枢；建设创新型特色园区的关键在于塑造“特色”，重点从突出产业特色和发展模式创新两方面进行引导。

在“二次创业”阶段，国家高新区的创新环境和创新能力实现了较大程度的提升和增强。经历“一次创业”阶段的原始积累，伴随着园区经济快速发展，国家高新区具备了较强的财政实力，持续的创新投入在营造创新环境和聚集创新资源方面得以实现创新能力的显著提升。截至2010年年底，国家高新区内共聚集339所各类大学、772家科研院所、513家国家工程研究中心和国家工程技术（研究）中心，形成了规模庞大、结构多元的知识载体和创新源头。另外，2010年，国家高新区内企业研发支出超过全国企业研发支出总量的1/3，区内企业授权的发明专利量占国家全部企业授权总量的17.7%，国家高新区成为国家创新体系的重要枢纽。

培育内生型经济、谋求创新驱动和转型升级取得显著成效。虽然“一次创业”过程中园区经济迅速增长，但是也面临着外资企业所占经济份额较高、非高新技术产业比重较大、内生增长模式尚未形成等诸多质疑。例如，夏海钧（2001）通过对1996～1999年国家高新区经济增长结构进行剖析发现，国家高新区经济增长的实质是外延扩张式的增长，少数大企业是高新区经济增长的主体，三资企业的经济增长速度高于其他企业。在此背景下，转向内生发展和创新驱动成为国家高新区“二次创业”的基本战略导向，并且在21世纪的第一个十年取得显著成就。也有研究从对全要素生产率、投入产出增长率等指标的分析发现，国家高新区已经呈现出创新驱动发展的态势（罗晖，2006；姜彩楼等，2012；程郁和陈雪，2013；姜彩楼等，2014）。从产业培育和产业结构来看，国家高新区内已经形成若干具有相当规模和国际竞争力的高新技术产业集群，如中关村科技园区的通信产业、武汉东湖高新区的光电子通信产业、保定高新区的新能源产业等。从经济质量和经济效率来看，国家高新区企业人均创造价值的能力继续得到提升，2010年国家高新区人均工业增加值达到22.4万元，人均净利润为7.3万元，相关指标均呈现10%以上的年度增幅。

园区空间不断拓展，规划建设大幅推进，产城融合促进工业园区向科技新城转变。在“二次创业”过程中，国家高新区的实际管辖面积显著拓展是一个重要特征，原因主要有两方面：一是国家高新区在园区开发建设和高新产业发展方面形成的体制机制、技能经验和财政基础；二是国家高新区发展空间严重不足，促使当地城市和周边区县通过代管、合作开发等多种模式将相关土地交由高新区统筹开发建设。国家高新区空间形态也在不断演变，从最初的独立布局型或边缘布局型，伴随着空间不断扩散和组团式发展，形成了园区边界逐渐模糊、与城市空间布局拓展不断融合的基本态势，国家高新区日益成为新兴城区或城市副中心。国家高新区与城市其他功能区日益渗透、向郊区扩散、“一区多园”、旧工业区功能更替是国家高新区空间布局的重要趋势（毛彬和赵涛，2002）。例如，厦门火炬高新区2005年在厦门市翔安区启动建设厦门火炬（翔安）产业区，厦门火炬高新区从岛内拓展到岛外，并与同安区、集美区、湖里区等行政区合作共建专业园区。西安高新区空间形态演变也经历了功能单一的工业园区、专业化集聚的工业园区、组团服务中心复合型新城、城市副中心四个阶段。

为应对园区产城分离和适应新型城市化发展需求，产城融合成为这一阶段国家高新区发展的基本模式。21世纪的第一个十年，园区功能单一、孤岛经济的问题日益凸显，迫切需要营造生活空间并以此实现与生产空间的融合发展来提升园区持续发展能力，“以产促城，以城兴产，产城融合”成为一般思路，以人为本、功能融合、结构匹配被认为是产城融合的基本内涵（李文彬和陈浩，2012）。这一阶段，国家高新区的城区功能得以大幅改善，教育资源、医疗资源、商务设施、居住配套、生态环境、基础设施等得到了全面发展，不少国家高新区已经发展为当地城市的名片式城区和现代化新城区。更有一些园区实现了高新区与行政区的合并，在高新区基础上构建新兴城区或城市新区，对带动当地城市发展起到了极大的带动作用。例如，2001年，在沈阳高新区的基础上组建了浑南新区；2005年，以发挥高新区的辐射带动作用、统筹城乡发展为主要目标，在广州高新区的基础上组建了当时的萝岗区；2008年，以长沙高新区为核心平台的长沙大河西先导区成立，旨在建设“两型社会”综合配套改革试验区的核心示范区，该区后来被国务院批复为湖南湘江新区。

保护生态环境和发展低碳经济也取得显著进展。国家高新区在建立环境保护管理体系、打造生态化工业园区、节能减排和塑造城市绿色生态空间等多个方面开展了一系列工作。截至2010年年底，2/3的国家高新区获得ISO14000环境体系认证，构建起了园区环境管理的约束机制和监督机制。另外，2004～2010年，包括西安、苏州、无锡、宁波、广州、青岛在内的十余家国家高新区获批建设国家生态工业示范园区，积极探索自然生态系统约束下的高新技术产业绿色发展模式。从国家高新区整体指标来看，2010年国家高新区的万元增加值综合能耗为0.517吨标准煤/万元，约为全国万元国内生产总值能耗的50%，并且当年单位增加值能耗下降速度（约为10.09%）高于全国下降速度。2009年，中关村企业万元生产总值能耗为0.10吨标煤，约是同期北京市万元生产总值能耗的1/5。

4.1.2.4 创新发展阶段（2010年以来）

2010年以来，伴随着自身的发展演化和国内外宏观经济态势的变化，国家高新区跨入新的发展阶段，数量扩容、创新创业、新型城市化、绿色生态、智慧产业及智慧城区等成为该阶段最显著的特征。

国家高新区迎来创建以来首次密集扩容阶段，2010年至2017年2月，国务院共批复99家国家高新区，国家高新区数量达到156家，数量规模、空间布局及核心内涵得以拓展和丰富。早期批复的国家高新区主要分布在大中型城市、沿海城市或工业重镇，经过20多年的建设开发、产业培育和环境营造，其已经成为区域创新战略高地和现代化科技创新城区。与此相对应的是，近年来新升级的高新区，往往位于中小城市或欠发达区域，成立时间较短，普遍处于发展初期阶段，尚未完成“一次创业”和原始积累。综合来看，国家高新区中既有中关村科技园区、深圳高新区等正在迈入世界一流高科技园区的高新区，也有经济总规模在100亿元以下、处于成立初期的新升级高新区，这些园区共同构成了国家高新区的整体图景和丰富内涵，这也是该阶段国家高新区的核心特征。

创新驱动发展成为主旋律，创新创业成为新浪潮。以国家高新区为主体建设国家自主创新示范区，是国家创新驱动发展战略赋予国家高新区的新使命，再一次将国家高新区定位为改革探索和引领示范的先行者。截至2016年7月，国务院先后批复17个国家自主创新示范区，共计覆盖46家国家高新区，如表4.3所示。这些国家自主创新示范区更被赋予了针对性的发展定位和示范作用。例如，福厦泉国家高新区国家自主创新示范区要建设成为科技体制改革和创新政策先行区、海上丝绸之路技术转移核心区、海峡两岸协同创新和产业转型升级示范区，西安国家自主创新示范区要建设成为创新驱动的引领区、创新创业的生态区、军民融合的示范区和改革开放的模范区，打造“一带一路”创新之都。另外，市场化、专业化的众创空间和众创集聚区如雨后春笋般涌现出来，以大众创业、草根创业和互联网创业为主要特征的创业浪潮由国家高新区兴起并迅速点燃神州大地。2010年以来，一批新型的孵化器和创业服务模式不断涌现，创新工场、车库咖啡、3W咖啡、联想之星、AAMA亚杰商会和北京创客空间等新型孵化组织应运而生，中关村创业大街、中关村智造大街相继出现，各类创业学院、创业大赛更是营造了“大众创业、万众创新”的良好氛围，成为国家高新区创业生态体系和创业型社会的重要组成和驱动力，也是该阶段创新创业浪潮的显著体现。以中关村为例，行业领军企业、高校及科研院所、各类人才、良好的科技金融环境和科技资本、包括创业导师在内的创业服务机构、区域创业文化被认为是中关村创业生态体系的六大核心要素，也是构成中关村创新创业活力和引领带动能力的关键所在。

表4.3　国家自主创新示范区基本情况

序号	批复名称	批复时间	涵盖范围
1	中关村	2009 年 3 月	中关村科技园区
2	武汉东湖	2009 年 12 月	武汉东湖高新区
3	上海张江	2011 年 3 月	上海张江高新区
4	深圳	2014 年 6 月	深圳市
5	苏南	2014 年 10 月	南京、苏州、无锡、常州、昆山、江阴、武进、镇江 8 个高新区和苏州工业园区
6	长株潭	2015 年 1 月	长沙、株洲、湘潭 3 个高新区
7	天津滨海高新区	2015 年 2 月	天津滨海高新区
8	成都高新区	2015 年 6 月	成都高新区
9	西安高新区	2015 年 9 月	西安高新区
10	杭州国家级高新区	2015 年 9 月	杭州、萧山临江 2 个高新区
11	珠三角国家高新区	2015 年 11 月	广州、珠海、佛山、惠州仲恺、东莞松山湖、中山火炬、江门、肇庆 8 个高新区
12	郑洛新国家高新区	2016 年 4 月	郑州、洛阳、新乡 3 个高新区
13	山东半岛国家高新区	2016 年 4 月	济南、青岛、淄博、潍坊、烟台、威海 6 个高新区
14	沈大国家高新区	2016 年 4 月	沈阳、大连 2 个高新区
15	福厦泉国家高新区	2016 年 6 月	福州、厦门、泉州 3 个高新区
16	合芜蚌国家高新区	2016 年 6 月	合肥、芜湖、蚌埠 3 个高新区
17	重庆高新区	2016 年 7 月	重庆高新区

资料来源：笔者汇总整理

践行低碳发展模式、打造绿色生态环境已成为国家高新区的重要功能。国家高新区逐渐强化“生态优先、绿色发展”的理念，始终在降低能源消耗和控制环境污染方面走在全国前列，并且在新城规划布局和开发建设中尤其注重保留生态环境资源，强调实现生态资源与科技创新、城市功能的协调发展。国家高新区贯彻落实循环经济和清洁生产的理念，建立健全环保制度，强化源头控制，严格控制污染物排放，促进绿色企业和生态产业的良性发展。在生态环境和绿色空间营造方面，合肥高新区着力打造大蜀山国家森林公园、柏堰湖、王咀湖等绿色生态空间；南昌高新区高起点规划建设了占地2600亩[①]的艾溪湖湿地公园、15千米的环艾溪湖绿道、18平方千米的瑶湖郊野森林公园；苏州高新区依托太湖自然生态文化优势，规划建设了42平方千米的苏州西部生态城。

以大数据和云计算为基础的信息经济渗透到各个产业领域，园区智慧化程度成为推动新经济发展和提升城区运行效率及模式的关键所在。以中关村科技园区、杭州高新区和贵阳高新区为代表的国家高新区大数据、云计算引领全国发展，构成当前我国培育新经济、塑造新动能中的亮点。中关村大数据产业群落涵盖了大数据采集、存储、处理、分析和可视化等产业链环节，并在农业、工业、商业、金融、健康和环保等多个应用领域得以广泛应用。杭州高新区的信息经济、智慧经济囊括了关键控制芯片、通信设备制造、制造软件、物联网系统集成、终端电子商务、网络运营服务、大数据和云计算的各种应用服务的产业生态体系，拥有智慧新天地、物联网产业园和白马湖生态创意城和互联网经济示范区四个主要平台。

4.2 演化路径

4.2.1 创新发展演化

经过20多年的积累和演变，国家高新区创新发展的内涵也经历着不断丰富和拓展的演化历程，不仅在创新资源集聚、创新能力提升和高新技术产业培育等方面取得了卓越成就，更是从当初较为单纯的发展新兴技术产业逐步形成了科技体制改革的引领区、国家创新发展的战略高地、创新经济增长极和创新创业生态社区。

① 1亩≈666.67平方米。

4.2.1.1 从科技成果产业化基地到区域创新高地

通过科技体制改革激发科研机构和科技人员的活力，在智力密集区设立新技术产业开发试验区，制定实施一系列有针对性的政策措施，培育新兴技术企业，促进科技与经济、产业的融合发展，是设立国家高新区的战略初衷。同时，国家高新区的功能定位和战略导向也经历了逐步提升、日益丰富的演变过程，可以结合中关村科技园区和国家高新区发展目标进行简要梳理。

国务院1998年批准的《北京新技术产业开发试验区暂行条例》明确指出，以中关村地区为中心建立外向型、开放型的新技术产业开发试验区，对在试验区内设立新技术企业实施所得税减免、行政审批手续简化、进出口税收减免、企业银行贷款、企业外贸经营权、设备加速折旧，以及科技人员兼职或创办科技企业等倾斜性的优惠政策，足见设立高新区的主要目标是培育新兴技术企业。2000年12月由北京市人民代表大会常务委员会发布的《中关村科技园区条例》指出，“中关村科技园区是推动科教兴国战略、发展市场经济的综合改革试验区；是国家科技创新示范、科技成果孵化和辐射、高新技术产业化以及创新人才培养的基地”。2009年国务院关于中关村科技园区建设国家自主创新示范区的批复中，将中关村的发展目标定位为“具有全球影响力的科技创新中心”，2011年由国家发展和改革委员会印发的《中关村国家自主创新示范区发展规划纲要（2011—2020年）》为中关村明确了“深化改革先行区、开放创新引领区、高端要素聚合区、创新创业集聚地、战略产业策源地”的战略定位。通过不同阶段的功能定位和发展导向的梳理可见，中关村科技园区肩负着引领国家科技创新体制改革和新兴产业发展的使命更是逐步强化了聚集高端创新要素、营造创新创业生态、引领国际创新合作、发挥辐射带动作用等更广泛的功能作用。

通过科技部发布的国家高新区五年发展规划，我们可以看出国家高新区整体发展导向的丰富和拓展。《国家高新区“十二五”发展规划》将国家高新区的发展目标界定为：自主创新的战略高地、培育和发展战略性新兴产业的核心载体、转变发展方式和调整经济结构的重要引擎、实现创新驱动与科学发展的先行区域、抢占世界高新技术产业制高点的前沿阵地。《国家高新区“十三五”发展规划》将国家高新区未来五年发展导向和发展目标描述为“四个率先”，即率先形成有利于“大众创业、万众创新”的创新创业生态，率先形成具有全球竞争力和高度活力的新型产业体系，率先形成社交活跃、数据共享、经济、科技、生态有机统一的科技社区，率先形成全球链接辐射广泛深入的国际化发展平台。由此可见，国家高新区的发展战略目标是富集高端创新资源、健全创新驱动发展机制、引领新兴技术和新兴产业模式、深度链接全球创新网络、拥有良好生态环境和完善城市功能的新型城区。

通过大量的定量研究和案例剖析可以发现，国家高新区已经成为汇聚科技创新资源、具有强劲创新能力的区域性创新中心。

第一，国家高新区聚集了大量的科技创新资源，并探索出一系列科技创新的新模式和新机制，形成了具有极化效应和引领辐射作用的创新引擎。

从高校和科研院所的数量看来，截至 2015 年年底，全国 146 家国家高新区内共集聚 753 所各类高校和 2415 家科研院所（其中国家或行业归口的研究院所 604 家），经国家认定的企业技术中心（包括分中心）506 家（占全国总量的 40.5%），累计建设国家重点实验室 318 家，国家工程技术研究中心 217 家，各类产业技术创新战略联盟 961 家（其中国家级 82 家），累计建成技术转移示范机构 788 家（其中经认定的国家技术转移示范机构 235 家），拥有了一大批知识创造、技术研究、教育培训、技术支撑及服务的创新源头和创新平台。

从打造科技创新承载区域来看，多数国家高新区规划建设了规模不等的科技创新集群和科技创新集中区，构建创新资源高度密集、具有引领示范及辐射带动作用的科技创新城。例如，长春高新区内规模建设面积为 7 平方千米的长东北科技创新中心，联合当地包括中国科学院长春分院、吉林大学在内的“一院四所四校”组建技术创新战略联盟，重点打造集聚和整合创新要素、科技研发和成果转化、科技企业孵化、公共技术服务四大功能，旨在建设引领和带动区域发展的创新示范区和高新技术产业发展的引导区。位于苏州高新区内的苏州科技城，建设了 800 多万平方米的各类创新载体及功能配套设施，聚集了包括中国科学院苏州生物医学工程技术研究所、浙江大学苏州工业技术研究院、国家知识产权局专利局专利审查协作江苏中心、中国移动苏州研发中心在内的 1000 多家研发机构、创新型科技企业。上海张江高新区获批建设张江综合性国家科学中心，从建立世界一流重大科技基础设施集群、推动设施建设与交叉前沿研究深度融合、构建跨学科跨领域的协同创新网络、探索实施重大科技设施组织管理新体制四个方面支撑上海建设具有全球影响力的科技创新中心。苏州工业园区于2002年启动建设规划面积25平方千米的独墅湖科教创新区，旨在打造高新产业聚集、高等教育发达、人才优势突出、环境功能和创新体系一流的科教协同创新示范区，已经聚集了26所高校和1所国家级研究所，苏州纳米科技协同创新中心2013年入选国家“2011计划”首批单位。规划面积约23平方千米的无锡（太湖）国际科技园，是以高新技术产业为支撑、以生态休闲和商务服务为配套的滨水型国际化科技新城，更是无锡市建设创新型城市的关键载体和标志工程。

在探索科技和经济结合方式、科技创新体制机制方面，着力强化“高校院所－企业－政府”之间的三螺旋创新合作模式，特别是产业技术研究院的建设探索具有引领示范作用。根据科技部火炬中心2015年统计，国家高新区拥有各类产业技术研究院803家，以产业共性技术研究、培育创新创业企业、开展技术创新服务、培养创新创业人才为主要发展目标，通过体制机制创新促进区域经济发展与科技创新源头的有效链接和聚合效应，构建支撑区域产业技术创新和新兴产业发展的战略性创新创业平台。早在1996年，深圳清华大学研究院在深圳高新区成立，作为企业化运行的事业单位，以推出自主创新的应用成果、加速科技成果产业化、孵化高新技术企业和培养高层次人才为主要发展目标，成为“市校合作”促进区域经济发展和科技创新的成功范例。通过体制机制创新创造出“四不像”理论：既是大学又不完全像大学，文化不同；既是科研机构又不完全像科研院所，内容不同；既是企业又不完全像企业，目标不同；既是事业单位又不完全像事业单位，机制不同。“四不像”理论及其机制模式也成为我国产业技术研究院发展的基本内涵。

第二，国家高新区逐步形成了科技创新投入规模和强度不断增加、聚集高端创新创业人才和科技创新服务体系完善的区域创新中心。

通过纵向数据的分析可见，国家高新区科技创新的规模和强度保持强劲的增长态势，并在全国科技创新投入中占据重要份额。从科技活动人员数据（表4.4）看，国家高新区2015年科技活动人员达到311.7万人，占全部从业人员的18.1%，并且可以看出该指标从1995年的13.1%稳步增长至18%以上。2015年度纳入统计的146家国家高新区每万名从业人员中R&D人员折合全时当量为657.6人年，该数据约为当年全国水平

（48.5 人年）的 13.6 倍。另外，从业人员中硕士、博士学历人员的规模在 2015 年达到 92.7 万人，硕士、博士学历人员占全部从业人员的比例也从 2005 年的 3.1% 稳步增长到 2015 年的 5.4%。这些数据从一定程度上反映出国家高新区科技创新人才比重和从业人员结构都在不断优化提升，这也与国家高新区普遍重视人才重要性和制定实施了强有力的人才政策有关。根据科技部火炬中心 2015 年底对全国 146 家国家高新区进行的调查显示，95% 以上的国家高新区制定实施了灵活的人才吸引政策，从给予创业启动资金和股权投资、给予办公用房补贴及房租补贴、子女在户口及教育享受绿色通道等多方面予以扶持，其中无锡高新区“530 人才计划”、武汉东湖高新区“3551 人才计划”等标志性的人才政策对吸引创新创业人才发挥着良好作用。

表4.4 国家高新区创新人才基本情况

指标		年份				
		1995	2001	2005	2010	2015
科技活动人员	数量 / 万人	13.1	45.8	87.0	161.1	311.7
	占从业人员比例 /%	13.1	15.6	16.7	18.7	18.1
研究生学历人员	数量 / 万人	—	—	16.3	41.2	92.7
	占从业人员比例 /%	—	—	3.1	4.8	5.4

资料来源：笔者根据科技部火炬中心统计年鉴整理

国家高新区研发经费投入规模及强度也呈现稳步提升的态势。从全国整体（表 4.5）来看，国家高新区 2015 年研发经费支出达 4521.6 亿元，占全国企业研发经费支出总数的 31.8%，国家高新区全部研发投入占生产总值的 5.5%，是全国平均水平的 2.6 倍。以杭州高新区为例，其研发经费支出占园区生产总值的 13.3%，多年来研发经费同比增长速度保持在 13% 左右。从国家高新区自身纵向发展趋势来看，人均 R&D 经费支出从 1995 年的 0.57 万元、2001 年的 0.75 万元增长到 2015 年的 2.63 万元，R&D 经费支出占园区生产总值的比重在 2015 年达到 5.6%。国家高新区内企业研发投入的显著增长与管委会的科技创新投入也是密不可分的，园区财政投入在用于科技创新投入的规模和强度都在增加，2015 年国家高新区财政科技拨款总额达到 564.7 亿元，占国家高新区财政支出的 12.7%。

表4.5　国家高新区科技经费投入基本情况

指标		年份				
		1995	2001	2005	2010	2015
R&D 经费支出	总额 / 亿元	57.1	221.8	806.2	1812.5	4521.6
	人均支出 / 万元	0.57	0.75	1.55	2.11	2.63
园区财政科技拨款	总额 / 亿元	—	—	—	139.2	564.7
	占财政支出比例 /%	—	—	—	8.3	12.7

资料来源：笔者根据科技部火炬中心统计年鉴整理

另外，国家高新区通过吸引和培育各类中介服务机构，整合政府和社会资源优化创新发展环境，特别是为创新创业企业搭建创业指导、人力资源、法律服务、金融服务等全方位的科技创新服务体系。截至 2015 年年底，国家高新区内共有 1722 家人才服务机构、1141 家会计师事务所、1722 家知识产权服务机构。

第三，国家高新区创新能力显著增强。在大力富集创新资源和持续实施创新激励政策的共同作用下，国家高新区培育和聚集了众多的创新型企业，形成了科技创新的集聚效应和集群效应，国家高新区创新能力呈现出持续增强趋势，已经成为全国科技创新版图中的重要版块、区域创新能力的领航平台和标杆区域。以知识产权指标（表 4.6）来看，国家高新区内当年专利授权数已从 2006 年的 1.8 万件、2008 年的 3.5 万件增长到 2015 年的 21.5 万件，2015 年度专利授权数占到国内机构获得专利授权量的 13.5%。从更能反映科技创新能力的发明专利授权量来看，国家高新区当年发明专利授权数占全国总量的比例从 2006 年的 24.5% 提升到 2015 年的 27.0%，每万名从业人员当年发明专利授权数从 2006 年的 10.7 件提升到 2015 年的 41.3 件，并且总量指标和相对指标均保持连续的、快速的增长态势。另外，2015 年统计数据显示，国家高新区每万名从业人员拥有发明专利达到 162.3 件，是全国就业人员平均水平的 8.5 倍，接近全球专利产出最高的地区，该数据从知识产权有效存量方面也反映出国家高新区的创新能力。

表4.6 国家高新区科技产出基本情况

指标		年份				
		2006	2008	2010	2012	2015
当年专利权数	数量 / 万件	1.8	3.5	7.0	13.5	21.5
	占全国总量比例 /%	7.9	9.8	9.5	11.6	13.5
当年发明专利授权	数量 / 万件	0.6	1.1	2.4	4.3	7.1
	占全国总量比例 /%	24.5	23.9	29.9	29.9	27.0
每万名从业人员当年发明专利授权数 / 件		10.7	14.9	24.9	33.5	41.3

资料来源：笔者根据科技部火炬中心统计年鉴、国家知识产权局统计资料整理

4.2.1.2 从产业集聚区到创新经济增长极

国家高新区在从无到有、从弱到强的发展过程中，虽然聚集经济活动主体、壮大园区经济体量、提升经济质量和效益始终是基本任务，但是，其产业聚集和经济增长的核心内涵也在不断演化，主要体现在三个方面。

第一，国家高新区经济规模保持持续高速增长，成为国家经济增长的重要支撑和区域经济增长极。1990 年以来，大部分国家高新区在城市郊区“白地”上启动建设，通过招商引资、创业孵化等方式迅速汇聚各类企业，并在国家高速增长过程中保持引领态势（表 4.7 和图 4.4）。以工业总产值为例，国家高新区在“九五”“十五”“十一五”“十二五”期间的五年平均增速分别为 41.6%、29.6%、24.1% 和 17.4%，国家高新区工业总产值占全国总量的比例也从 1995 年的 1.5% 迅速增长到 2000 年的 9.3% 和 2010 年的 12.1%。另外，2015 年国家高新区园区生产总值占全国国内生产总值比重达到 11.9%，足以表明国家高新区在全国经济版图中的重要地位。

表4.7 国家高新区部分经济指标情况

指标		年份				
		1995	2000	2005	2010	2015
工业总产值	总量 / 亿元	1 402.6	7 942.0	28 957.6	84 318.2	186 018.3
	占全国工业总产值比例 /%	1.5	9.3	11.5	12.1	16.9①
园区生产总值	总量 / 亿元	—	—	—	28 276.1	80 657.6
	占全国生产总值比例 /%	—	—	—	7.1	11.9

资料来源：笔者根据科技部火炬中心统计年鉴、国家统计局资料整理

① 2015 年，全国工业总产值未见发布，以规模以上工业企业主营业务收入替代。

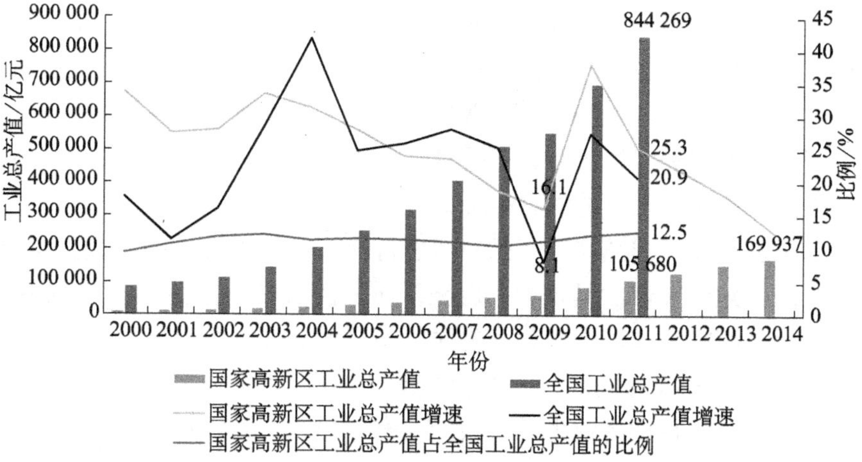

图 4.4 国家高新区工业总产值与全国工业总产值的对比图

资料来源：笔者根据科技部火炬中心统计年鉴、国家统计局资料整理

另外，根据2015年科技部火炬中心统计数据，在146家国家高新区中，中关村科技园区、上海张江高新区和武汉东湖高新区3家园区的营业收入超过1万亿元，63家国家高新区营业收入超过1000亿元，10家国家高新区增速在20%以上。国家高新区经济体量的壮大为其实施可持续创新战略和发展创新型经济提供坚实的财政保障。同时，从国家高新区在所在城市生产总值的比例来看，有42家国家高新区超过20%，21家超过30%，7家超过50%，可见国家高新区在区域经济发展中的重要作用。

第二，企业类型和产业结构逐步转变，基本实现从以传统制造企业、外资加工制造企业为主转变为以战略性新兴产业、高新技术产业和本土内生型产业为主，众多国家高新区已经形成具有先发优势的新兴技术创新集群。国家高新区主要通过吸引本地企业、吸引外资企业、引进央企国企和培育创新型企业等方式发展园区产业集群，其中承接本地企业或转制院所、吸引外资企业在国家高新区“一次创业”阶段甚至“二次创业”阶段发挥了重要作用，使得园区产业规模迅速壮大，对增强园区产业基础、园区财政积累和构成集群效应形成了原始动力。例如，郑州高新区承接转制后的郑州磨料磨具磨削研究所，依托这一全国磨料磨具行业唯一的综合性研究机构，衍生和聚集一大批超硬材料企业，成为我国最重要的超硬材料产业集群。蚌埠高新区成立后，原在市区的空压机厂、拖拉机附件厂、机床厂、起重机厂、无线电器材厂等企业，以及中国电子科技集团第四十研究所、中国电子科技集团第四十一研究所、蚌埠玻璃工业设计研究院等国家级科研院所纷纷搬迁至园区，在园区扎堆聚集并实现提升发展，也为高新区培育创新型产业集群，并形成良性循环效应奠定了坚实基础。外资企业在园区特别是沿海地区园区的产业发展和产业结构中也占据重要位置，既促进了产业聚集和经济膨胀，也受到挤压本土企业和区域创新的批判和质疑。厦门火炬高新区引进戴尔和 ABB，广州高新区引进宝洁和安利，无锡高新区引进夏普和柯达，苏州高新区引进松下和佳能，这些外资企业的聚集成为园区经济发展的里程碑。但是，外资企业在某些园区经济结构中的比例过大，面临着政策资源过度补贴外资企业、知识溢出效应较小、挤压本土创新企业发展等问题。以苏州高新区为例，2004 年、2006 年和 2009 年，落户园区的日资企业先后突破 200 家、300 家和 400 家，在 2012 年更是达到 500 家，外资企业比重较大成为我国沿海高新区的重要现象。另外，无锡高新区 2007 年经济规模最大的 10 家企业中有 9 家是外资企业，包括希捷、夏普、索尼和松下等。

外资及港澳台企业在国家高新区企业群体所占比重（图 4.5），2007 年以来呈现平稳下降趋势，这反映出本土企业正在快速增长，已经成为国家高新区产业群体的中坚力量。2007 ～ 2015 年，外资企业及港澳台企业数量所占比例从 16.10% 下降到 12.80%，从业人员所占比例从 34.50% 下降到 26.00%，营业收入所占比例从 44.10% 下降到 27.00%，净利润所占比例从 44.30% 下降到 28.10%，上缴税额所占比例从 34.80% 下降到 25.80%。

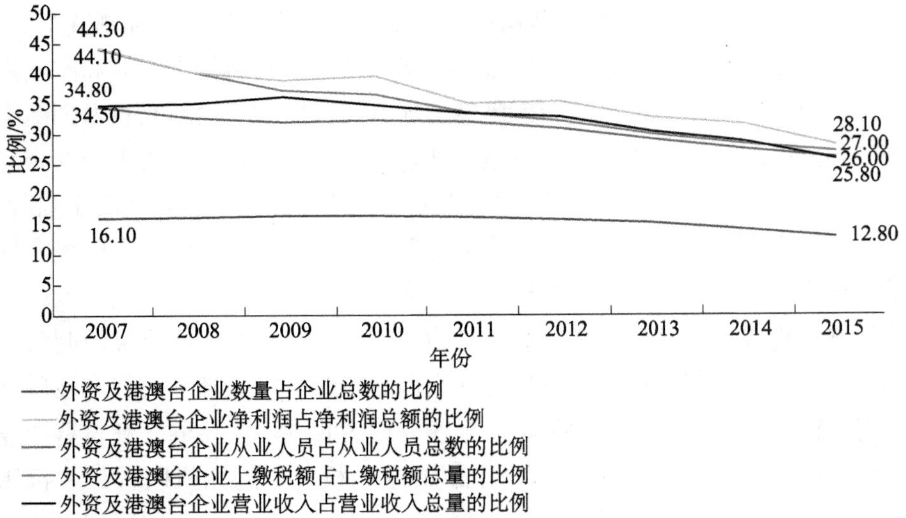

图 4.5 外资及港澳台企业部分经济指标在国家高新区中的份额情况

资料来源：笔者根据科技部火炬中心统计年鉴整理

与外资企业及港澳台企业所占份额不断下降形成鲜明对比的是，园区内高新技术企业数量的增速显著高于国家高新区企业总量增速，经济体量和利润规模与国家高新区基本保持同步高速增长，高新技术企业成为国家高新区经济增长和利润创造中的主力军。2009 ～ 2015 年，国家高新区内高新技术企业数量年平均增速达到 18.3%，远高于国家高新区企业总量 7.6% 的年平均增速，区内高新技术企业营业收入、净利润年均增速分别达到 20.4% 和 22.1%，区内高新技术企业营业收入占国家高新区营业收入总量的比例保持在 40% ～ 51%，区内高新技术企业净利润占国家高新区净利润总量的比例保持在 49% ～ 64%。另外，2015 年，146 家国家高新区内高新技术企业共有 31 160 家，占全国上报统计数据高新技术企业数量的 40.9%，区内高新技术企业实现营业收入、净利润分别为 100 688.7 亿元和 7836.6 亿元，分别占全国高新技术企业总量的 45.3% 和 52.6%。以上数据表明，国家高新区是全国高新技术企业的主要载体，高新技术企业是国家高新区产业结构中的主力阵容。

国家高新区是新兴产业发展的策源地和主平台，涌现出一大批新兴企业和新兴产业集群。国家高新区在 20 多年发展进程中，不断涌现新兴产业和新兴业态，并呈现出集群化和生态化的发展态势。20 世纪 80 年代诞生了联想、四通、华为、中兴、浪潮和达安基因，90 年代涌现出腾讯、阿里巴巴、中科曙光、搜狐、新浪、京东方、歌尔声学和科大讯飞，21 世纪的第一个十年出现百度、中芯国际、京东、淘宝、奇虎 360、新松机器人和大疆无人机。21 世纪的第二个十年涌现出小米、滴滴快的、乐视移动、爱奇艺、春雨医生和人人贷等，这些企业不仅引领着我国新兴技术产业发展，更对改善民众生活方式和优化社会资源配置产生深远影响。目前，中关村的下一代互联网、上海张江的集成电路、武汉东湖的光通信、深圳高新区的通信设备已成为国际竞争力的创新型产业集群，物联网、3D 打印、可穿戴设备、高效能计算机、纳米材料和印制等新产品、新业态也在国家高新区内不断涌现。

特别是，发展较好的国家高新区在新兴产业发展方面表现更为突出。2013年，中关村“6+4”战略性新兴产业集群[①]实现营业收入 19 820.2亿元，同比增长 17.0%，占中关村营业收入的 65%；实现利润 1454 亿元，同比增

---

① “6+4”战略性新兴产业，指中关村重点支持发展的六大优势产业和四大潜力产业，六大优势产业是下一代互联网、移动互联网和新一代移动通信、卫星应用、生物和健康、节能环保、轨道交通，四大潜力产业是集成电路、新材料、新能源和新能源汽车、高端装备与通用航空。

长 16.2%；六大优势产业集群中，除卫星应用集群规模较小外，其余五大产业集群的收入规模均超过千亿。另外，奇虎 360 免费安全、去哪儿网在线旅游、乐视互联网电视等都深刻改变了传统行业，制造业与服务业融合的特征越来越明显，中关村以互联网跨界融合创新和分享经济为代表的新经济，正成为我国新经济发展的新动能。武汉东湖高新区是我国光通信的发源地，其既是中国第一根光纤诞生地，也是我国当前最大的光纤光缆研发生产基地，武汉光谷是代表国家参与全球光电子产业竞争的主力军。杭州高新区已经形成了以网络信息技术产业为核心的新兴产业格局，集聚了阿里巴巴、海康威视、华三等一批大企业，一条千亿元的信息产业链已经形成，以信息产业为代表的智慧经济，已占杭州高新区经济总量的七成以上。苏州高新区形成了新一代信息技术、轨道交通、医疗器械、新能源和地理信息产业等五大新兴产业。苏州工业园区的生物医药、纳米技术应用、云计算等战略性新兴产业当前实现 30% 以上的年均增速。

第三，经济发展方式从以外延扩张为主转变为以内生增长和创新驱动为主，国家高新区经济质量和经济效益持续提升。根据科技部火炬中心统计数据（图 4.6），国家高新区人均营业收入、人均工业增加值和人均净利润等指标呈现出稳定的增长态势，人均净利润已从 2001 年的 2.2 万元增长到 2015 年的 9.4 万元，人均营业收入也从 2001 年的 40.6 万元增长到 2015 年的 147.6 万元。程凌华等（2016）测算出 2015 年国家高新区的劳动生产率为 30.2 万元 / 人，是全国劳动生产率的 3.9 倍，在一定程度上表明国家高新区经济效益和经济质量的领先水平。

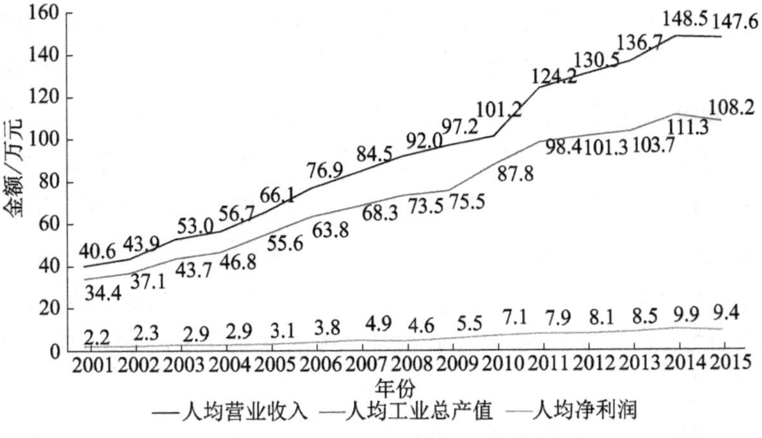

图 4.6　国家高新区部分经济效益指标情况

资料来源：笔者根据科技部火炬中心统计年鉴整理

罗晖（2006）运用面板数据模型对高新区的增长方式进行了分析评价，发现高新区的投入产出增长率大大高于全国平均水平。程郁和陈雪（2013）测算出 2002 ～ 2010 年国家高新区的全要素生产率平均增速达到 4.71%，姜彩楼和徐康宁（2009）测算出 1996 ～ 2004 年国家高新区全要素年均增长率为 4.6%，而全国制造业 1998 ～ 2009 年整体全要素生产率年均增长率 3.83%（杨汝岱，2015）。可见，与国家平均水平相比，国家高新区经济质量无论从自身纵向趋势来看，还是与全国平均水平的横向比较来看，均呈现出良好态势和明显优势。

同时，国内不少学者对国家高新区经济增长方式和发展绩效进行了实证研究，但是并未形成较为统一的研究结论。罗晖（2006）、徐婕（2009）、姜彩楼和徐康宁（2009）、程郁和陈雪（2013）、方亮和徐维祥（2015）等基于投入产出增长率、全要素生产率等方面的研究认为，高新区经济质量或效益总体较好，创新驱动或内生增长模式比较明显。但是，李强、张明喜（2010）、欧光军等（2013）、薛强等（2014）研究认为，国家高新区的经济效益或产业集聚质量不高，距离创新驱动的要求仍有距离。

4.2.1.3 始终引领全国创新创业浪潮的创业社区

创新创业是国家高新区设立初期的基本功能定位，更是国家高新区区别于其他各类园区和一般新城区的最显著特征。在创业平台载体建设、创业服务模式创新、创业服务体系建设和创新创业环境营造方面，国家高新区总体上始终保持着引领、先行、核心、带动的角色。

第一，国家高新区创业孵化载体的规模和层级，在全国范围内始终保持先进水平。20 世纪 80 年代中后期，国家高新区、科技企业孵化器（也称创业服务中心），以及高新技术企业相伴而生，共同构成了国家火炬计划的核心版块。1987 年成立的我国首家科技企业孵化器，就位于武汉东湖高新区内，之后的 20 世纪 90 年代的科技企业孵化器作为国家高新区内的基本功能载体实现全面翻盖，1997 年国家科技部门批准首批 10 家国家级创业服务中心主要位于国家高新区内。另外，王树海和李楠林（2004）基于科技部火炬中心统计数据发现，2003 年全国科技企业孵化器（包括创业服务中心、留学人员创业园、大学科技园）达到 489 家，其中 257 家位于国家高新区内，国家高新区内的科技企业孵化器数量所占比例为 52.6%。截至 2015 年年底，国家高新区内共有科技企业孵化器 1354 家，其中国家级科技企业孵化器369家，总面积为1821.9万平方米，共有在孵企业32 895家。另外，众多国家高新区已经形成规模庞大、类型丰富的孵化器体系。例如，2015年，成都高新区创业孵化载体总面积已达207万平方米，形成了包括8家国家级孵化器在内的63家科技企业孵化器群体，广州高新区共有包括6家国家级孵化器在内的各类科技企业孵化器52家，总孵化器面积369万平方米，成为华南地区面积最大的孵化器集群。

第二，国家高新区创业孵化模式和创业服务体系建设始终保持引领位势。我国创业服务模式主要经历两个发展阶段，一是政府主导、事业单位和国有企业为运营主体的公益性孵化器模式，二是市场主导、创业交流和股权投资为核心内涵的创业生态社区模式，其间更是涌现出专业化孵化器、创业苗圃、科技企业加速器和国际化孵化器等众多内涵丰富、类型多元的创业孵化组织或模式，其中均可发现国家高新区在创新孵化模式中的先行角色。

一方面，孵化器在发展过程中，国家高新区内涌现了西安联创生物医药专业孵化器、厦门软件园、苏州生物纳米园、宝鸡钛产业孵化器、潍坊生物医药科技产业园、常州生物技术孵化器、中关村新媒体孵化器、南沙资讯科技园等一大批专业技术孵化器，这些孵化器具有聚集特定技术领域、拥有专业的技术服务平台、配置专业化的孵化管理团队和提供专业化的创业服务等基本特征，并成为园区培育发展新兴产业的重要载体和组织运营平台。

另一方面，科技企业加速器首创于国家高新区内，并迅速在全国广泛发展。21世纪第一个十年的中后期，科技部火炬中心批复的4家国家级科技企业加速器建设试点单位全部位于国家高新区内，分别是中关村科技园区永丰基地、深圳高新区、无锡高新区和西安高新区。建设科技企业加速器，是结合创新型科技企业成长规律的精细化安排，旨在针对渡过创业初期、处于快速成长期的科技企业提供集物理空间、管理咨询和金融服务在内的一揽子企业服务或资源网络，构成了创业孵化链条中的重要一环，具有重要的示范作用。

近年来，在“大众创业、万众创新”的热潮中，国家高新区特别是中关村科技园区的众创空间和创新型孵化器，再次扮演着引领者的角色。2008年创立的联想之星、2009年成立的创新工场、2011年出现的车库咖啡和3W咖啡迅速掀起了创新型孵化器发展的浪潮，一大批新型创业服务机构聚集在原海淀图书城区域内，直接带来中关村创业大街在2014年的强势兴起，进而成为创业服务集聚区甚至是创业者精神家园。截至2015年年底，中关村汇聚了以创新工场、3W咖啡、硬蛋等60余家创新型孵化器为代表的众创空间，由领军型创新企业创办了联想之星、百度开放云、航天云网和三一重工创客空间等30余家众扶平台，涌现出天使汇、36氪等一大批股权众筹平台和全国首家股权众筹行业组织。成都高新区涌现出蓉创茶馆、蛋壳众创NEXT创业空间、侠客岛联合办公室等8家极具本土特色的众创空间。合肥高新区内的5F创咖、粒子空间、18号聚变场、合肥梦工厂于2015年7月被科技部认定为国家级众创空间，当时该市获得认定的众创空间全部集中在合肥高新区。

4.2.2　绿色发展演化

关于绿色发展，"一次创业"阶段的国家高新区主要集中体现在发展低污染、低能耗的高新技术产业，在各类产业园区遍地开花的情况下逐步建立绿色产业体系。伴随着自身发展阶段演进和国家绿色发展导向的日益增强，国家高新区绿色发展的观念意识逐步增强，基本呈现出产业发展与环境友好、资源节约、生态宜居的协同演化态势，主要体现在产业体系的绿色化和生态环境的绿色化两个方面。

4.2.2.1　始终致力于发展绿色产业和绿色经济

国家高新区构建以高新技术产业为主体的绿色产业体系。培育和集聚高新技术产业是国家设立高新区的战略初衷，在1988年国务院批复设立北京市新技术产业开发试验区中就非常明确突出了"高"和"新"是国家高新区始终坚持的基本导向，更是国家高新区的立区之本，而高新技术产业普遍具有低污染、低能耗、低排放的特征，而这正是绿色产业和绿色经济的特征。根据2015年国家高新区综合发展与数据分析报告（程凌华等，2016a）显示，2015年146家国家高新区中属于高技术产业（制造业）和高技术服务业[①]的企业达36 827家，占国家高新区企业总数的44.5%，以高技术制造业和高技术服务业共同构成的高技术产业已经成为国家高新区产业

① 高技术产业包括医药制造，航空、航天器及设备制造，电子及通信设备制造，计算机及办公设备制造，医疗仪器设备及仪器仪表制造，信息化学品制造等6类，高技术服务业指包括信息服务、电子商务服务、检验检测服务、专业技术服务业中的高技术服务、研发设计服务、科技成果转化服务、知识产权及相关法律服务、环境监测及治理服务和其他高技术服务等9类。

的主体构成；根据程凌华等（2016b）的测算，在2015年度纳入统计的146家国家高新区中，以电子及通信设备制造业和医药制造业为主导产业的国家高新区分别有52家和42家，高技术服务业中的信息服务和专业技术服务业也成为若干国家高新区的主导产业。另外，电子信息及互联网、生物医药、节能环保、高端装备、新材料、新能源等高新技术产业是各国家高新区的主导产业。例如，大连高新区形成了以软件和信息技术服务外包为主导，以网络及电子商务、动漫游及文化创业、生命科学、设计、新材料和新能源、智能制造、科技金融为特色的现代服务业。长沙高新区形成以先进制造、电子信息、新能源与节能环保等主导产业，并且2015年移动互联网产业异军突起，当年新增移动互联网企业1083家，北斗导航产业也加快发展。中关村2013年现代服务业实现收入19 787.2亿元，占中关村营业收入的64.9%，这样的产业结构也使得中关村的万元增加值能耗降到0.08吨标准煤。

国家高新区能耗指标大幅低于全国平均水平并保持下降态势。根据科技部火炬中心统计及相关分析报告显示，2010～2014年，国家高新区整体的万元增加值能耗基本保持在0.5吨标准煤，大幅低于全国整体水平，如表4.8所示。以2014年为例，国家高新区整体的万元增加值能耗为0.497吨标准煤，约为全国整体水平的75%。另外，近年来中关村万元增加值能耗约为北京市的1/5。

表4.8 国家高新区万元增加值能耗情况 单位：吨标准煤

项目	2006年	2007年	2008年	2009年	2010年	2011年	2012年	2013年	2014年
国家高新区	—	—	—	—	0.512	0.519	0.512	0.52	0.497
全国总体①	—	—	—	—	0.873	0.791	0.744	0.700	0.661
中关村	0.16	0.14	0.11	0.10	0.09	0.09	0.08	0.08	0.08
北京市②	0.750	0.697	0.643	0.606	0.581	0.458	0.436	0.380	0.360

资料来源：历年国家统计年鉴、北京统计年鉴、中关村指数、科技部火炬中心统计年鉴及国家高新区年度发展报告

国家高新区积极建立园区绿色管理制度与运行机制，构筑绿色发展的制度保障，在全国绿色发展中起到较好的引领示范作用。国家高新区普遍

① 根据国家统计局国家数据中的年度数据相关指标测算，计算公式为能源消费总量/国内生产总值。
② 北京市直接取自《2015北京统计年鉴》，为可比价格数据，2006～2010年以2005年为基期，2011～2014年以2010年为基期，中关村万元增加值能耗按当年价格计算。

实施的严格的环保标准将环境污染企业拒在园区之外，环境保护评价更在引进项目落户过程中具有“一票否决权”，良好的管理制度和发展经验得到了国家层面的高度认可。国家高新区高度重视 ISO14000 环境管理认定，在园区层面以节省资源、减少环境污染、改善环境质量、促进经济持续和健康发展为目的构建一系列的管理制度和运行规范。2015 年，146 家国家高新区中已有 72 家获 ISO14000 环境体系认证，约占国家高新区总数的六成，成为国家高新区绿色发展的重要保障。在国家环保部、商务部、科技部联合组织实施的国家生态工业园区建设中，苏州高新区、合肥高新区、昆明高新区和西安高新区等一大批国家高新区入选创建名单，对园区提高整个生产过程的资源和能源利用效率、降低废物和环境污染物产生量具有重要作用。另外，2014 年，包括中关村永丰产业基地、西安高新区、青岛高新区和大庆高新区在内的 23 家国家高新区入选工业和信息化部及国家发展和改革委员会组织实施的国家低碳工业园区试点名单，在当年 55 家试点园区中所占比例约 42%，也说明国家高新区在园区低碳发展方面表现突出。

4.2.2.2　打造绿色空间和生态环境

伴随着国家高新区管辖面积扩大、园区发展阶段演进和城区功能需求的日益突出，打造绿色园区和生态环境成为众多国家高新区的重要任务。一方面，国家高新区内纷纷建设起大型的绿色空间或生态公园，成为园区甚至城市的“绿肺”。合肥高新区拥有面积达 8500 平方米的蜀山森林公园，园区森林面积约 1547 万平方米，城市绿化面积约 2030 万平方米，建成区绿地率约 64%，“十三五”期间计划新增公园 65 座，其中包括三个 5000 平方米以上的大型公园绿地，致力于构建“一山、两湖、三水、八廊”的生态系统。苏州高新区拥有 49 座青山、25 千米的太湖岸线，在发展中划定生态红线，更是实施《生态文明建设三年行动计划》，致力于保护深厚的历史文化底蕴和优美宜人的自然环境。青岛高新区水系按照“生态经络、湿地岛链”理念规划的生态框架已基本建设完成，并荣获亚洲都市景观奖。南昌高新区建成艾溪湖湿地公园和瑶湖郊野森林公园。武汉东湖高新区坚持走绿色生态发展之路，规划园区总面积的 55% 为生态用地。中关村海淀园区域内的北京绿道长度达 36.09 千米，绿道建设面积 62.8 公顷，成为市民骑行、徒步和健身的绿色走廊。另一方面，国家高新区的绿色化进程也已取得显著成效。2015 年科技部火炬中心对 138 家国家高新区问卷调查显示，国家高新区平均绿化覆盖率达到 37.7%，大连高新区森林覆盖率达到 70% 以上。

4.2.3 集约发展演化

在城市规划建设和开发区发展壮大过程中，土地利用效率偏低、土地利用结构不合理、大量耕地被占用、土地供求矛盾尖锐等问题受到极大关注，土地集约利用是包括国家高新区在内的各类开发区发展过程中的重要课题。通过对大量数据及案例的回顾分析，笔者发现：在国家土地政策等多种因素的共同作用下，国家高新区集约发展总体呈现出良好态势，管辖面积的经济密度不断增加、经济效益不断提升，土地集约利用的措施和手段不断创新，逐步实现从工业区向新型城区转变中的空间合理统筹和功能优化配置。

4.2.3.1 从粗放式开发到集约式发展

国家高新区的早期发展阶段，土地开发和集约利用相对粗放，这与当时全国经济发展阶段和园区自身发展面临的制约因素密切相关。国家高新区建设初期，大多在城市近郊“白地”上进行开发建设，受到空间规划不清、开发资金不足、管理经验不足等诸多客观因素的制约影响，再加上面临着较为沉重的经济发展考核压力，园区在招商引资和承接老城区企业迁移的过程中尚未构建起较为严格的筛选机制，对项目的产业领域、投资强度、投产后经济产出效益等没有较高或较明确的强制性规定，不可避免地会造成一些经济效益不高的项目落户，并且出现投资规模和强度偏小、经济效益较低的项目也取得单独的土地供给，从而造成产业用地效益较低。另外，“一次创业”阶段，聚集高新技术产业、打造工业园区是基本理念，并且受限于当时园区区域条件和经济产业基础，园区产业结构以制造业为主，包括高技术服务业、金融产业在内的第三产业规模较小，产业结构也是造成园区土地利用效益不高的重要原因。更重要的是，起步阶段的国家高新区初始规划面积较小，财政资金基础薄弱，不具备在较大面积上进行统筹空间规划布局和集中大面积开发建设的条件，基本遵循滚动开发模式，造成产业项目布局的零散和城区配套功能的滞后，使得国家高新区在早期呈现出土地开发利用方面相对粗放的现象。但是，进入 21 世纪的第一个十年后，国家高新区在国家整体关注土地集约利用和园区自身发展基础增强的情况下，通过严格规定土地利用程度、统筹进行园区整体空间规划布局、推动产业结构转型升级等方式使得园区土地利用效果显著改善。

国家高新区土地集约利用取得显著成效。首先，通过对 2009 ～ 2015

年国家高新区部分土地经济效益指标和土地产业承载能力指标的测算发现，国家高新区土地集约利用程度呈现稳步提升态势（表 4.9）。2009 ～ 2015 年，单位面积营业收入从 13.46 亿元 / 千米 ^{2} 提升到 30.86 亿元 / 千米 ^{2}，单位面积从业人员从 1445 人 / 千米 ^{2} 提升到 2244 人 / 千米 ^{2}，这说明国家高新区土地承载能力不断增强。同时，单位面积净利润从 0.72 亿元 / 千米 ^{2} 提升到 2.25 亿元 / 千米 ^{2}，单位面积税收从 0.69 亿元 / 千米 ^{2} 提升到 1.95 亿元 / 千米 ^{2}，这说明国家高新区土地集约利用的经济效益显著提升。其次，以山东省五家国家高新区为例来看（表 4.10），仍能看出国家高新区的土地集约程度显著增强。根据 2001 年和 2015 年的数据对比来看，在实际管辖面积已拓展至 2001 年 3.6 倍的情况下，2014 年各国家高新区的单位面积营业收入、单位面积税收仍提升至 2001 年水平的 2.4 倍和 2.9 倍。再次，从国内学者针对个别国家高新区的土地集约利用评价结果来看，所测算研究的国家高新区土地集约利用程度较好。昆明高新区土地集约利用程度水平较高，集约度综合分值达 91.70，属集约型用地（李进波，2014），湘潭高新区土地利用集约度分值是 87.57 分，处于高等集约利用状态（刘梦莎，2015），株洲高新土地利用集约度综合分值为 89.81 分（张剑平，2010）。南昌高新区 2014 年工业用地固定资产投入强度 4507.75 万元 / 千米 ^{2}，工业用地地均税收 451.13 万元 / 千米 ^{2}，高新产业用地产出强度 7534.20 万元 / 千米 ^{2}，集约度分值为 69.76，达到国家开发区集约利用程度划分标准的中等集约水平（黄凯和刘平辉，2016）。最后，2001 年厦门火炬高新区在全国高新区中率先实现科技部提出的每平方千米完成百亿元工业产值目标，2007 年厦门火炬高新区以占厦门市 0.4% 的土地面积实现全市 30% 的工业总产值，成为国内开发面积最小、单位产出最高的国家高新区。合肥高新区 2009 年年底工业用地单位产出率已达 62.6 亿元 / 千米 ^{2}。

表4.9 57家国家高新区的部分单位面积经济情况

指标	年份						
	2009	2010	2011	2012	2013	2014	2015
单位面积营业收入 /（亿元 / 千米 ^{2}）	13.46	16.47	20.99	24.06	26.50	28.93	30.86
单位面积净利润 /（亿元 / 千米 ^{2}）	0.72	1.04	1.40	1.60	1.80	2.24	2.25

续表

指标	年份						
	2009	2010	2011	2012	2013	2014	2015
单位面积税收/（亿元/千米²）	0.69	0.88	1.09	1.38	1.50	1.85	1.95
单位面积从业人员/（人/千米²）	1445	1547	1704	1917	2053	2146	2244

资料来源：笔者整理测算

表4.10 山东省国家高新区土地集约利用情况

名称	管辖面积/千米²		单位面积营业收入/（亿元/千米²）		单位面积税收/（亿元/千米²）	
	2001年	2014年	2001年	2014年	2001年	2014年
济南高新区①	15.9	137	10.63	22.77	0.45	2.06
青岛高新区②	9.8	73	26.32	33.15	2.01	2.07
淄博高新区	75.2	121	1.73	19.26	0.04	1.61
潍坊高新区	21.6	110	3.34	20.86	0.07	1.45
威海火炬高新区	39.2	140	2.68	9.54	0.06	0.56

资料来源：马小友等（2005）、笔者整理测算

在国土资源部开展的国家级开发区土地集约利用评价中，国家高新区良好的集约发展成效也得以充分肯定。国土资源部2013年公布了《国家级开发区土地集约利用评价情况（2012年度）》，对包括经济开发区、高新区、保税区、出口加工区等在内的341家国家级开发区的土地集约利用评价，结果显示：在各类开发区中，经济类开发区的工业用地产出为10 398.61万元/公顷，高新类开发区为15 598.93万元/公顷，国家高新区土地开发强度最高。高新类开发区的综合容积率和工业用地容积率最高，分别为0.93和0.87，符合高新技术产业用地特点，而经济类开发区的综合容积率和工业用地容积率分别为0.79和0.82。在参与排名的336家国家级开发区中，排名前20位的开发区中有10家属于国家高新区和1家国家经开区，其他

① 济南高新区涵盖面积在2016年1月由137平方千米扩大为200平方千米，在测算2014年单位面积产出时仍使用137平方千米。

② 青岛高新区涵盖面积在2015年2月由73平方千米扩大为328平方千米，在测算2014年单位面积产出时仍使用73平方千米。

9 家均为保税区或出口加工区，排名前 100 位的各类开发区中共有 36 家国家高新区（占参与排序国家高新区的比例达到 40.1%），第 101 ～第 200 位中有 30 家国家高新区。

4.2.3.2　积极探索产业用地的集约利用模式

制定较高的投资强度指标和经济效益要求。土地作为园区赖以发展的稀缺性资源，各园区对土地集约利用的意识和管理已经提升到较高水平。沿海地区的国家高新区较早制定实施了土地利用投资强度和经济效益的相关规定，其中包括无锡高新区、苏州工业园区、厦门火炬高新区等。早在 20 世纪 90 年代，苏州工业园区就规定，低于 1000 万美元的项目原则上不供地，一律推荐进标准厂房。无锡高新区在 2005 年就建立了工业项目用地预评估机制，出台了制造业项目评估办法，统一对招商项目的类型、投入强度、产出、税收贡献、能源消耗和环境影响等指标进行打分筛选，并不断进行修订完善逐步抬高工业用地项目的准入门槛。目前，无锡高新区工业用地亩均投资强度要求为 665 万元，约为江苏省平均水平的 3 倍左右。厦门火炬高新区 2005 年就规定园区土地投资强度标准为每亩 180 万元，投资额小于 5000 万元的工业项目原则上不单独供地，这也使得厦门火炬高新区土地集约利用水平走在全国国家高新区前列。2010 年，厦门火炬高新区以占全市不到 2% 的土地面积，实现了全市工业产值的 36%。目前，大部分国家高新区均将投资强度和土地经济指标作为吸引产业项目的基本条件，这对国家高新区土地集约利用起到了重要的推动作用。例如，杭州高新区建立了土地“亩产效益”评价体系，坚持亩均投资 600 万元、产出 1000 万元和税收 100 万元的供地标准。襄阳高新区要求投资项目总额要在 3 亿元以上（外资企业及高科技企业除外）、年均入库税收每亩 15 万元，项目投资强度应达到 300 万元 / 亩。南宁高新区对工业项目供地划定了投资强度、行业用地标准、容积率、建筑系数等多项硬指标，引导企业充分利用现有土地存量改扩建。济南高新区 2015 年针对智能制造和生物医药产业出台政策，对总投资 1 亿元及以上且投资强度达到 350 万元 / 亩、容积率≥ 1 的项目，给予投资总额 7% 的扶持奖励。杭州高新区强化对项目建设用地容积率和投资强度的审批管理，提高了单位面积的资金集聚度和产出率，新增产业项目用地要求投资强度不低于 500 万元 / 亩、产出强度 1500 万元 / 亩以上。贵阳高新区对固定资产投资低于 1000 万元的，原则上不配置土地。

建设专业园区和标准厂房实现土地集约利用。与限定项目投资强度和经济效益相配合，建设专业化园区和标准化厂房是国家高新区提高土地集约程度的重要方式，也有利于聚集科技型初创企业、提升园区经济活力度。杭州高新区以政府主导规划建设专业园区，实行“统一规划、团地开发、单体出让”，打造浙江物联网产业核心区、中国互联网经济示范区和白马湖生态创意城三个专业园区，探索出一套高效益的土地开发路径。厦门火炬高新区以最大限度地提升单位土地面积产出效益为目标，对园区进行了优化组合，重点规划建设火炬园、火炬（翔安）产业区、信息光电园等 9 个核心园区。襄阳高新区根据产业领域实施专业化园区聚集策略，规定要求汽车及零部件产业项目入驻汽车产业园，电子信息、新能源新材料、生物医药入驻高新技术园，装备制造项目入驻深圳工业园。值得提出的是，中关村科技园区内中关村软件园 2015 年每平方千米产值达 615 亿元，园区 2.6 平方千米的单位产出强度居于全国领先地位。另外，众多国家高新区在建设标准厂房方面取得显著效果，通过“向天要地”拓展用地空间，既破解了用地使用瓶颈，又大幅度提高了建筑密度、容积率土地投资强度。截至 2009 年，厦门火炬高新区先后投资兴建了 179 幢面积达 222.8 万平方米标准化厂房，以此实现高新区 85% 的用地面积向空中拓展，大幅度提高了建筑密度和容积率。截至 2013 年，西安高新区草堂科技企业加速器亩均营业收入达到 1200 万元，约为西安高新区整体水平的两倍。截至 2015 年 5 月，南宁高新区内的标准厂房已达 132.97 万平方米，预计使用标准厂房企业工业总产值占园区总产值 45% 以上，标准厂房成为南宁高新区发展的重要载体。济南高新区大力发展楼宇经济，鼓励打造特色专业楼宇，其实是针对服务业和总部经济的专业化承载平台。

以“腾笼换鸟”等形式提升开发土地的经济效益。加强已转让土地的管理和调控，难度较大，国家高新区也做出了积极探索。厦门火炬高新区在土地利用外延式扩展的同时，注重挖掘存量土地潜力和积极消化闲置土地，对闲置土地进行调查和清理工作，结合“腾笼换鸟”方式，把闲置、半闲置和低效利用土地向优质项目转移配置，提高园区土地的产出效益。截至 2014 年年底，厦门火炬高新区共清理收回了 18 宗闲置土地，面积 3322.61 亩，并根据不同地块的具体情况分别采取挂牌、拍卖、转让、回购等多种形式予以盘活。苏州高新区近五年来已收回土地

60 宗，实现节约集约用地和产业转型升级的协调发展。无锡高新区通过协商收回、“腾笼换鸟”、关停淘汰、转移转产、倒逼提升、兼并重组和收购储备等多种途径强化土地再开发，每年盘活存量土地约 2000 亩。杭州高新区制定了建设用地全程管理和考核办法，并以建设用地供应动态监管系统为平台，结合土地执法巡查、地籍登记、开竣工验收等实施全方位的动态监管。

构建土地集约利用的综合性规划及管理体系。厦门火炬高新区按照“布局集中、产业集聚、土地集约、功能集成”的原则，建立和完善以土地利用总体规划为基础约束，各园区控制性详细规划为指标约束的土地集约利用规划体系。杭州高新区在土地开发利用上实行“统一规划、统一供地、统一政策、统一建设”的“四统一”管理机制。苏州高新区通过强化土地利用总体规划管控的作用，引导“工业向开发区集中、人口向城镇集中、住宅向社区集中”，不断优化土地利用空间布局和结构，2016 年实现全区 92% 的工业企业进入产业园区。

4.2.3.3 从功能单一的工业区到产城融合的新城区

国家高新区实际管辖面积显著拓展，其内涵早已突破单纯性工业园区范畴，更是承载城市发展、创新引领、产业聚集多元功能于一体的新城区。根据对国务院 2009 年以前批复的 57 家国家高新区的汇总整理（表 4.11），经国家发展和改革委员会核准的面积总数为 1319.22 平方千米，而这些国家高新区的实际管辖面积已达 10 503 平方千米，远远超出国家核定面积，并有 38 家高新区的实际管辖面积在 100 平方千米以上，其中佛山、武汉东湖、常州和惠州仲恺 4 家高新区面积在 500 平方千米以上，只有 1 家高新区的实际管辖面积在 30 平方千米以下，国家高新区实质上成为具有类行政区性质的城市功能区。并且，部分国家高新区与城市行政区合并，部分城市以国家高新区为核心组建新的行政区或城市新区，这些现象更能显示出国家高新区在城市发展中的重要作用。其中，国家高新区与城市行政区合并的有：常州高新区与常州市新北区、苏州高新区与苏州市虎丘区、无锡高新区与无锡市新吴区、杭州高新区与杭州市滨江区、桂林高新区与桂林市七星区、乌鲁木齐高新区与乌鲁木齐市新市区等。以国家高新区为核心组建新的行政区或城市新区的有：依托广州高新区成立萝岗区之后又组建新的黄浦区、依托青岛高新区成立红岛集聚区、依托中山火炬高新区成立翠亭新区、依托沈阳高新区成立浑南新区之后又调整为浑南区、依托长沙高新区成立大河西先导区之后又调整为湘江新区等。

表4.11 部分国家高新区的土地面积情况 单位：平方千米

名称	管辖面积	核准面积	名称	管辖面积	核准面积
武汉东湖高新区	518	24	大连高新区	153	13
常州高新区	509	5.63	绵阳高新区	150	5.80
惠州仲恺高新区	500	7.06	威海火炬高新区	140	15.1
北京中关村[①]	488	488	成都高新区	130	21.5
株洲高新区	328	8.58	合肥高新区	128	18.5
西安高新区	307	22.35	淄博高新区	121	7.04
上海张江高新区	296	42.11	包头稀土高新区	120	9.56
大庆高新区	251	14.3	潍坊高新区	110	8.6
南昌高新区	231	6.8	湘潭高新区	47	11.7
苏州高新区	223	6.8	郑州高新区	99	11.32
长春高新区	210	19.11	洛阳高新区	96	5.48
济南高新区	200	15.9	杭州高新区	92	12.12
襄阳高新区	200	7.5	昆明高新区	92	9
桂林高新区	180	12.07	中山火炬高新区	90	17.1
南宁高新区	163	8.5	重庆高新区	73	20
南京高新区	160	16.5	保定高新区	60	12.23
天津高新区	300	55.24	鞍山高新区	32.5	7.9
石家庄高新区	75	15.53	吉林高新区	130	4.36
太原高新区	61	8	无锡高新区	220	9.45
沈阳高新区	80	27.5	福州高新区	63	5.5
哈尔滨高新区	130	23.7	厦门火炬高新区	93	13.75
青岛高新区	328	9.8	长沙高新区	101	17.34
广州高新区[②]	162	37.34	深圳高新区	185.6	11.5
珠海高新区	139	9.80	佛山高新区	595	10

① 北京中关村的核准面积为2012年10月《国务院关于同意调整中关村国家自主创新示范区空间规模和布局的批复》中批准的面积。

② 广州高新区规划面积取自其十二五规制中各园区面积总和。

续表

名称	管辖面积	核准面积	名称	管辖面积	核准面积
海口高新区	14	2.77	贵阳高新区	247	5.33
宝鸡高新区	71	5.77	杨凌高新区	135	22.12
乌鲁木齐高新区	263	9.8	兰州高新区	183	14.96
泰州医药高新区	87.38	8.8	宁波高新区	55	9.7
苏州工业园区	288	70	—	—	—

资料来源：核准面积数据取自《中国开发区审核公告目录》（2006 年版），管辖面积取自各高新区管委会网站，整理时间为 2016 年 7 月

通过优化产业结构、统筹空间布局、实施土地混合利用等多种方式，国家高新区积极探索新兴城区层面的园区集约发展。国家高新区内互联网、信息技术、电子商务、金融服务、文化创意等经济业态迅速发展壮大，经济承载的空间类型逐步转变，产业结构与园区空间形态呈现协同优化态势，其中楼宇经济成为众多国家高新区促进土地集约利用和培育新兴产业的重要抓手。成都高新区以"向空间求发展、向立体要效益"为基本思路，制定了《成都高新区楼宇经济业态规划（2016—2020 年）》和成都高新区楼宇经济三年行动计划，旨在重点发展以信息服务、金融服务、商务服务、创业服务和科技服务为代表的生产性服务业。重庆高新区制定了《重庆高新区特色产业楼宇扶持办法》，拥有重庆高新区火炬互联网内容产业园、重庆高新电商产业园、国际科技企业孵化园、重庆高新区广播影视文化创业产业园等四大重点特色楼宇，成为软件及信息服务、电子商务、研发设计、文化创意、总部结算等业态集聚的重要载体。济南高新区以推动产业转型升级、培育现代服务业、提升空间利用效率为主要目标，积极打造特色专业楼宇、发展楼宇经济，重点发展金融、电子商务等特色楼宇。贵阳高新区围绕大数据核心业态、关联业态、衍生业态，推动"楼宇经济"加快发展。另外，在如此大的实际管辖面积上，国家高新区纷纷进行了空间统筹规划和功能布局，形成了若干功能区域和专业园区，构建起了集高新技术产业、商业、教育、生态、人居于一体的新城区，以实现城市新区层面的综合性集约发展。

4.2.4 智慧发展演化

伴随着互联网在经济社会各领域的全面渗透、智慧地球及智慧城市概

念的提出和迅速发展，依托较为雄厚的信息技术产业基础和园区建设管理的综合优势，国家高新区成为引领智慧城市建设和推动区域智慧发展的重要平台。

4.2.4.1 智慧技术产业的发展和聚集始终保持领先位势

国家高新区的发展壮大与国内外智慧技术产业的演化迭代密不可分，国家高新区是国内外智慧技术产业格局中的重要版块，智慧技术产业更是国家高新区整体产业结构中的核心构成。在国家高新区成立之初，计算机、通信、信息技术等产业就是高技术产业和新技术业态的中坚力量。1980 年陈春先创办的“北京等离子体学会先进技术发展服务部”，以及 20 世纪 80 年代著名的“两通两海”均是中关村创立初期具有重要标志意义的信息技术企业，更是国家高新区迎接信息技术革命浪潮的时代先锋。之后，腾讯、阿里巴巴、中科曙光、科大讯飞、百度、中芯国际、京东、小米、滴滴快的等一批信息技术、互联网、大数据及云计算，以及互联网应用领域企业诞生在国家高新区，在智慧城市的感知、传送、处理分析、应用等技术领域扮演着重要角色。2014 年 1 月，工业和信息化部确定的国内首批 9 家智慧软件园区试点名单中就有 8 家坐落于国家高新区内，分别是上海浦东软件园、北京中关村软件园、成都天府软件园、西安软件园、厦门软件园、杭州东部软件园、江苏软件园和沈阳国际软件园，可见国家高新区在国家智慧软件格局中的重要位势。

从全国层面来看，中关村、杭州高新区、大连高新区、济南高新区、贵阳高新区等园区已经成为在智慧技术产业领域极具优势的典型园区。中关村在大数据领域的重点企业在 2015 年达到 157 家，涵盖大数据采集、存储、处理、分析、可视化各环节，在农业、工业、商业、金融、健康、环保等多个领域具有成熟解决方案，包括百度、京东、小米、滴滴、金山、亚信、用友、中科曙光等，这些企业是构建智慧城市的技术支撑和应用拓展。济南高新区已孵化、汇聚软件信息企业 1750 家，形成了千亿级的软件和信息服务产业集群，其中，浪潮集团致力于打造“数据工厂 + 数据产品 + 数据电商”的大数据产业形态，推动数据开放、数据交易和创新应用，为济南建设的政务云中心是国内首个整体服务外包的“电子政务云”平台，开启了济南市电子政务集约化建设新模式。大连高新区规划了占地 68 万平方米的“大连 e 港”，构建包括信息数据港、金融服务港、电子商务港为核心内涵的智慧产业园区，其中要建设灾备中心、超算中心、云计算中心、数据安全中心和通信服务中心等“五大数据中心”，构筑园区数据分析、挖掘及整合的能力。杭州高新区培育和聚集了阿里巴巴、海康威视、大华股份、华三通信、信雅达等企业，形成了一条从关键控制芯片研发开始，再到通信设备制造、制造软件、物联网系统集成，再到终端电子商务、网络运营服务直至大数据、云计算的各种应用服务的网络信息全产业链体系，在智慧安防、智慧网络、智慧金融、智慧医疗、智慧环境领域形成了全国乃至全球的竞争优势。杭州高新区近年来提出从“天堂硅谷”迈向“智慧e谷”，重点打造智慧新天地、物联网产业园、白马湖生态创意城和互联网经济示范区四大载体平台，培育发展移动互联网、云计算、大数据为代表的新一代信息技术产业。贵阳高新区在大数据领域异军突起，树立以“引领大数据技术创新、加快大数据产业集聚、打造创新型中心城市示范区”的发展目标，围绕核心业态、关联业态、衍生业态，“数据中心”加“云计算、电子商务、呼叫中心、软件设计与服务外包、大数据金融、大数据安全、高端产品制造”等大数据“1+*N*”产业体系正在形成，已聚集朗玛信息、世纪恒通等大数据及关联企业1634家。

4.2.4.2 新基础设施建设和智慧园区应用体系快速壮大

国家高新区围绕支撑智慧园区运用开展了一系列新基础设施建设的努力和探索，在全国智慧园区建设中形成了一定的引领示范作用，其中青岛高新区表现突出。青岛高新区在2009年（IBM提出“智慧地球”概念的第二年）就确立了打造一流数字化智慧城市的目标，成立了青岛高新区数字园区领导小组，组建了青岛蓝湾信息科技有限公司，制定了数字化园区总体规划，特别是实现“三网融合、网业分离、统一建设、统一维护”的全光网通信建设及运营模式，在全国范围内率先实现深度三网融合，规划建设10万芯千米光纤，全面实现小区光纤入户、写字楼光纤到桌面、企业光纤进红线，搭建面向未来的云模式智慧城市技术架构体系，为智慧园区的建设奠定了世界级基础通信网络。

另外，众多国家高新区启动了智慧园区建设项目或相关计划（表4.12），在智慧管理、智慧服务、智慧医疗等领域开展智慧园区的积极探索。例如，东莞松山湖高新区在2011年就实施了“智慧松山湖”规划，建设智能化公共服务平台，实施政务服务、产业服务、社会服务、绿色园区、平安园区五大应用领域，旨在有效提升政府决策水平、提高公共服务质量。青岛高新区2011年已经建成高新区门户网站、政务门户平台、行政效能电子监察系统、创业服务平台、财源建设系统、人事招考系统等六个应用系统，旨在达到“政务高效化、企业服务便捷化、居民生活智能化、园区公共管理精细化”的目标。杭州高新区实施了包括“无线滨江、智慧医疗”在内的若干应用示范，2014年荣获“首届浙江智慧园区建设最佳案例”。

表4.12　部分国家高新区智慧园区建设情况

高新区	相关计划	启动年份	核心内容
青岛	数字化园区	2009年	率先实现三网深度融合，实施了数字高清视频监控共享服务平台工程、地理信息空间资源共享平台工程及创业大厦光纤到桌面工程等25项工程
成都	天府智能互联新城	2010年	“智能城市管理”、“智能互联产业服务”、“智能互联公共服务”、“智能互联社区服务”及节能减排等
东莞	智慧松山湖	2011年	政务服务、产业服务、社会服务、绿色园区、平安园区五大版块
西安	智慧高新	2013年	城市运行管理平台、经济建设管理平台、政务事务管理平台
淄博	智慧城市数字港	2013年	火炬在线、平安在线等
杭州	智慧城市	2014年	加快推进智慧技术体系、智慧产业体系、智慧应用体系建设，实施“无线滨江、智慧安防、智慧交通、智慧城管、智慧社区、智慧医疗、智慧节能、智慧教育”等若干领域的应用示范
长春	智慧城市	2015年	开发城市体征、应急辅助、领导决策、市民互动服务、三维地理信息等部分基础功能以及智慧市政、智慧社区和智慧政务等行业应用
合肥	智慧城市	2015年	民生、政务和产业3大智慧应用，重点实施“智慧语音示范工程、智慧环保监测、智慧社区等”在内的14个智慧应用项目，形成具有区域特色的智慧城市发展框架

资料来源：笔者汇总整理

4.3 驱动因素

经过20多年的发展壮大和持续演化，国家高新区从无到有、从弱到强，其核心内涵和功能定位也逐渐拓展和丰富，已经成为国家创新驱动的先导力量、经济发展的重要版块、新型城市化的重要载体。在国家高新区的发展演化过程中，发挥重要驱动作用的三个因素分别是国家宏观政策引导、地方政府主导推动、产业技术变革驱动。

4.3.1 国家宏观政策引导

首先，设立国家高新区并配合实施相关政策是国家层面重要的战略部署，也是国家高新区得以发展壮大的原始动力。国家高新区是国家在应对全球科技革命、推动科技体制改革和推进改革开放战略背景下极为重要的政策工具，在设立之初即被赋予了培育高新技术产业和带动区域经济增长的国家使命。与之相配合，国家设立火炬计划、制定高新技术企业税收优惠政策、引导建立科技企业孵化器，特别是高新技术企业税收优惠政策1996年以前仅限定在国家高新区内实施。另外，国家在优先进出口贸易、科技企业贷款融资、简化建设项目审批手续、下放对外经济技术交流审批权限、鼓励科技人员兼职与创业等方面实施具体的扶持政策，为国家高新区“一次创业”阶段迅速培育和聚集高新技术产业提供了有力的政策保障。在以上政策措施之外，科技部为国家高新区构建了建设领导小组、管委会、开发总公司三位一体的管理体制和运行机制，既有省、市层面的领导协调机构，又有管委会作为当地政府派出机构进行具体落实推进，更有能够体现政府意志、具备强大资源整合能力的市场化运作平台，这种管理架构则为国家高新区的持续快速发展奠定了坚实的制度基础。另外需要特别提到的是，2006年国家批准中关村企业进入非上市企业股权转让代办系统（也称新三板）开展股权交易试点，新三板成为非上市科技型企业利用资本市场的新途径，这成为国家层面赋予国家高新区新的政策探索。2012年，试点范围扩大至上海张江高新区、武汉东湖高新区和天津高新区，并于2013年12

月 31 日扩大至全国。

国家关于国家高新区功能导向的不断深化和持续完善，为国家高新区指明了基本纲领和重点方向。在 20 世纪 90 年代国家高新区基本完成初创期的探索发展和原始积累之后，国家在总结分析“一次创业”时期经验教训和响应国内外宏观发展形势的基础上，于 2001 年提出国家高新区要致力于“二次创业”和实现“五个转变”，强调要以产业化和国际化为发展核心，谋求发展模式从要素驱动向技术创新驱动转变，更加注重优化创新创业环境、培育内生动力，注重集中优势发展特色产业和主导产业，为国家高新区提出了更进一步的发展导向，这些对目前发展较为滞后的国家高新区和2010年以后新升级的国家高新区仍具有较强的指导意义。2006年，温家宝同志对国家高新区提出了“四位一体”战略定位和建设世界一流高科技园区的想法，从促进技术进步和增强自主创新能力、带动区域经济结构调整和经济增长方式转变、参与国际竞争、抢占世界高新技术产业制高点四个方面高度凝练明确地描述了国家高新区的目标使命，这成为国家高新区此后一段时间内的基本导向，也掀起了国家高新区建设世界一流高科技园区和“三类园区”的序幕。紧接着，2009 年国务院批准中关村科技园区建设第一家国家自主创新示范区，截至 2016 年 7 月，全国已有覆盖 46 家国家高新区的 17 个国家自主创新示范区，引领全国创新驱动发展成为国家高新区在国家创新驱动发展战略下的新使命。2013 年科技部在《国家高新技术开发区创新驱动战略提升行动实施方案》中提出“四个跨越”，从创新示范和战略引领、面向全球进行产业组织的协同创新、打造具有国际竞争力和影响力的创新型产业集群、构建知识经济社区等方面构建出极具引领意义的发展导向，为处于先进阵营的国家高新区提出了更高的发展要求。

此外，作为国家高新区的主管部门，科技部通过制定评价指标体系和开展例行性考核评估，适时引导和督促国家高新区保持正确的发展方向。自 20 世纪 90 年代以来，科技部先后 5 次制定或修改国家高新区评价指标体系，特别是 2008 年以来，科技部火炬中心每年将各国家高新区评价结果及简要点评通报给各国家高新区管委会，以及其所在市政府和省级科技主管部门，这已经成为指导国家高新区诊断评估自身发展态势的有效工具。

其次，国家高新区的发展演化受到国家宏观战略的综合作用。1988

年以来，国家先后启动实施了可持续发展战略（1994 年）、科教兴国战略（1995 年）、人才强国战略（2002 年）、创新驱动发展战略（2012 年）和网络强国战略（2014 年）等战略计划，从经济与环境的协同发展、促进科技进步和提高劳动者素质、培育和用好各类人才、转向科技创新驱动的发展模式、拓展网络经济空间等方面做出了总体方略，而国家高新区正是这些国家最高层次战略的重要承载平台，并进行了积极的响应和大量探索性的试验示范。以人才强国战略为例，国家高新区通过制定实施专项人才计划、搭建事业发展平台和营造优越生活环境等措施聚集了大量创新创业人才，并成为我国高端创新人才的聚集地。根据科技部火炬中心 2014 年年底对全国 115 家国家高新区进行的调查显示，超过 90% 的国家高新区实施了多样化的人才政策，约 80% 的国家高新区结合各自产业基础和发展方向制定了标志性专项人才计划（程凌华等，2015）。另外，国家也推出了战略性新兴产业、“大众创业、万众创新”、“互联网 +” 行动、中国制造 2025、全面创新改革试验区、新型城镇化、大数据发展行动等一系列重要部署，这些均对国家高新区的发展提升具有较强的指导意义和促进作用。例如，2013 ～ 2015 年，中关村制定了《战略性新兴产业集群创新引领工程（2013—2015 年）》《关于加快培育大数据产业集群推动产业转型升级的意见》《创业中国中关村引领工程（2015—2020 年）》《国家高新区互联网跨界融合创新中关村示范工程（2015—2020 年）》等实施方案，这些均是国家高新区落实国家宏观战略和引领区域探索实践的代表性工作。

同时，包括国家高新区在内的全国各类园区在发展过程中，不同程度存在规划面积无序蔓延、土地集约利用程度不高等问题，随着国家对土地利用管理和绿色生态建设的日益重视，国家高新区在园区开发和功能布局上也受到更为严格的约束和规范。

4.3.2　地方政府主导推动

地方政府是国家高新区体制机制安排和资源条件保障的主体力量，其重视程度和支撑力度是国家高新区发展绩效的决定因素。一般而言，地方政府将国家高新区视为经济发展增长极、新型城市示范区和体制创新试验田，在人事安排、财政体制、发展空间等方面为国家高新区提供了强有力的保障条件，管理体制上通常包括市级政府层面成立国家高新区建设领导小组、设立国家高新区管委会作为派出机构、成立由国家高新区主导的园区开发建设总公司等。但是，当地政府的授权范围及程度、体制机制创新程度、市级统筹支持力度不尽相同，而这些对各园区的发展绩效具有决定性影响。在管委会主要领导通常由市委常委或副市长担任的情况下，国家高新区被赋予高于一般行政区和普通工业园区更高的市级统筹协调能力，这些国家高新区发展态势普遍较好，两者呈现出显著的正向一致性，如成都高新区、西安高新区、武汉东湖高新区、广州高新区、长春高新区、苏州高新区、潍坊高新区、淄博高新区等。中关村科技园区、武汉东湖高新区和深圳高新区的当地政府，通过立法形式制定并多次调整了高新区条例，为三家国家高新区开展体制建设，以及创新、产业培育、科技创新、园区开发建设等提供了法律性保障。另外，在国家高新区发展的重要节点，当地政府通常以政府文件形式出台支持国家高新区的指导意见或具体措施。

也有前期发展相对滞后的国家高新区，经当地政府进行体制调整，被赋予更高的行政安排和更多的可支配资源，成为其后续实现跨越式发展的坚强的制度支撑。例如，惠州仲恺高新区在2010年以前仅为正处级、19.7平方千米发展空间的“袖珍型园区”，发展空间不足和管理体制、财政体制不顺等问题成为其发展的严重制约。当地政府于2010年2月启动其体制机制改革创新工作，制定实施《关于进一步推动惠州仲恺高新区发展的决定》《惠州仲恺高新区扩大管理范围和管理权限工作方案》及三个具体方案，赋予其市级经济管理权限、县（区）一级行政管理权限、一级财政管理体制，并整合构建成规划面积约500平方千米的城市发展组团，优越的体制机制推动了惠州仲恺高新区近年来的快速发展。

同时，许多国家高新区在当地政府的授权下积极探索更具灵活性、更为市场化的体制机制，包括内设机构设置的自主权、全员招聘及管理等，这些为推动国家高新区经济发展和开发建设提供了优越的制度环境。例如，西安高新区从成立之初就形成了全体职员实行招聘、合同制管理，这被广泛认为是其取得突出绩效的法宝。包括西安高新区在内的众多国家高新区成立了产业发展办公室或类似机构，负责某一产业领域或专业园区的策划推进工作，如西安高新区成立了新材料产业园管理办公室、长安通讯产业园管理办公室、环保科技产业园管理办公室等机构，这也是国家高新区体制机制创新的重要经验。

需要特别指出的是，在国家高新区管理运作体系中，开发建设总公司是园区进行基础设施建设、产业投资、金融服务业务的市场化运行平台，是能够体现管委会意志的强有力资源整合平台。一般认为，国家高新区的发展绩效与开发建设公司的发展状况呈正相关关系，国家高新区发展得好、体量大，开发建设公司一般也发展得好、体量大。市场化越早、市场化程度越高的开发建设总公司，对园区发展的推动力和影响力就越突出。思想越解放、制度越创新、股权越多元、领导越重视、定位越准确、战略越清晰的开发建设总公司，其发展动力和市场活力就越突出，典型代表如表 4.13 所示。

表4.13　部分国家高新区投资开发公司基本情况

公司	功能定位	资产[①]/亿元	业务版块	控股参股企业
成都高新投资集团	园区整体开发，项目融资，国有资产运营管理，支持园区产业化项目，打造金融服务产业链条	328	建设开发、产业投资、资产管理、科技金融、园区发展五大业务版块	10 家全资子公司，20 多家参股 / 控股公司
青岛高新区投资开发集团	投融资平台、建设开发平台、公用设施运营平台	106.47	城建、金融、地产、旅游、文化五大版块	—
重庆高新区开发投资集团	基础设施建设、区域土地开发、房地产开发等投资、建设、管理和资本运作	—	产业园开发、基础设施建设、房地产开发、产业投资	2 家全资子公司，6 家参股 / 控股公司
常州高新集团	集政府投融资、城市综合建设、公益及民生环保、实体经营为一体的大型国有企业集团	448	投资与类金融板块、实业板块、公益板块、海外版块	下属各类型企业 50 余家，其中上市公司 1 家
长春高新技术产业（集团）	结合园区发展导向和规划布局，实施医药和地产双主导产业战略	57	医药产业投资、园区房地产开发	各类成员企业 13 家
中关村发展集团	北京市推动中关村发展的市场化配置资源的主体平台	950.6	产业投资、科技金融、园区发展、区域合作和海外业务五大版块	全资及控股子公司 29 家

① 该指标数据为 2016 年 10 月笔者从各企业官网上查询到的最新数据，其中长春高新、中炬高新数据分别取自其 2016 年半年报。

续表

公司	功能定位	资产 / 亿元	业务版块	控股参股企业
西安高科（集团）公司	与管委会在“一套人马、两块牌子”的独特机制下共同成长，高新区开发建设的实施主体，致力于高新区的基础设施配套建设和营造投资环境和人居环境	532	以房地产开发和城市基础设施建设为主业、以现代制造业和区域服务业为两翼	约 20 家成员企业
中炬高新（集团）公司	以中山火炬高新区为依托、致力于资产经营和资本运营	46.7	工业企业、商业地产、工业地产、金融平台、科技平台	约 17 家成员企业
合肥高新建设投资集团	园区土地开发、基础设施开发建设、高新区投融资主体	—	融资、开发、运营、投资四大业务体系	26 家全资、控股、参股公司

资料来源：笔者整理汇总

4.3.3 产业技术变革驱动

迎接新技术革命是设立国家高新区的重要背景和政策初衷，国家高新区正是在第三次科技浪潮下孕育诞生的。一方面，设立国家高新区是在积极应对全球新技术革命、推动国家科技体制改革等背景下策划实施的重要政策，发展高新技术产业、抢占世界高新技术产业制高点始终是国家赋予国家高新区最核心的发展导向；另一方面，20 世纪 80 年代后期至 90 年代初期，国家高新区内涌现出一大批计算机、信息技术、生物技术等领域的科技企业，包括联想、北大方正、四通、长城计算机、华为、中兴、浪潮和达安基因等，这些新技术企业赋予了国家高新区发展初期在全国产业发展、经济增长及转型、科技体制改革等格局下的突出位势，并在打破束缚高新技术产业发展的桎梏、加快相关的体制机制改革中发挥着探索、试错和倒逼的显著作用。

产业技术变革是国家高新区实力日益增强和活力日渐迸发的动力源泉。伴随着全球产业技术进程，在信息技术、下一代互联网技术、新能源汽车、新材料、光伏、生物技术、物联网、大数据和云计算、人工智能等前沿技术领域，国家高新区内涌现出一大批创新性的科技成果、产品及服务，成为全球科技创新网络中的重要节点。例如，北京大学王选院士的汉字激光照排系统催生了中关村的方正集团，武汉东湖高新区的烽火科技催生出中国第一根光纤诞生地，深圳高新区的大族激光是世界上仅有的几家拥有“紫外激光专利”的公司之一，天津高新区的中科曙光是亚洲第一大高性能计算机厂商，合肥高新区的阳光电源占据光伏逆变器出货量全球第一，沈阳高新区的新松机器人是机器人产业的领跑者和工业机器人诞生的摇篮，位于国家高新区的腾讯云、百度云是国内领先的云平台，由位于中关村的工信部电信研究院主要参与完成的“第四代移动通信系统（TF-LTE）关键技术与应用”获得“2016年度国家科技进步奖”特等奖。另外，2014年，国家高新区企业研发的新产品销售收入为55 398.4亿元，占当年国家高新区产品销售收入总额的32.8%，国家高新区企业认定登记的技术合同成交金额达到2679.6亿元，占当年全国技术合同成交额（8577亿元）的31.2%（程凌华等，2015）。由此可以发现，技术创新是国家高新区产业发展和经济增长的重要动力。除此之外，国家高新区主要产业的集群及演化也与全球新兴产业发展变革密不可分，武汉光谷、保定电谷、潍坊声谷、无锡物联网等国家高新区成为响应乃至引领新兴产业的“桥头堡”，不断提升国家高新区在全球产业竞争格局中的位势和影响，其中信息技术的迭代演化对国家高新区的新兴企业涌现和产业集群发展起到重要的驱动作用。武汉东湖高新区是我国当前最大的光纤光缆研发生产基地，也是代表国家参与全球光电子产业竞争的主力军。上海张江高新区2015年集成电路产业规模达到708亿元（约占全国集成电路产业总规模的20%），形成了覆盖芯片设计、芯片制造、封装测试和设备材料的产业群落，其中，成立于2000年的中芯国际是国内规模最大、技术最先进的集成电路代工企业。

国家高新区积极构筑响应和引领产业技术变革的强大引擎，奋力谋求未来产业技术竞争潜力。特别是在借鉴我国台湾地区工业技术研究院经验的基础上，建设产业技术研究院成为国家高新区主导响应和谋求引领产业技术变革的重要举措，涌现出深圳高新区的深圳清华大学研究院和中国科学院先进技术研究院、宁波高新区的中科院宁波材料技术与工程研究所、无锡高新区的无锡物联网产业研究院等一批新型研发机构。笔者对合肥高新区的三个产业研究院进行实地调研和整理发现（表4.14），基于“部省合作、市校共建、体制机制创新、坚持市场导向”的原则思路，按照“市级事业单位+运营管理公司+股权投资基金”的基本架构，构建起了区域内战略性的科技创新平台，将在激发本地科教资源潜力、响应前沿产业技术变革中发挥重要作用。

表4.14 合肥高新区三个产业技术研究院基本情况

主要方面	中国科学技术大学先进技术研究院	合肥工业大学智能制造技术研究院	中国科学院合肥技术创新工程院
思路导向	“省院合作、市校共建”，以建设一流技术创新研究院为目标，坚持科教结合战略、优势转化战略和人才强院战略	“省部合作、市校共建、企业协同”，以提升智能制造产业竞争优势为主线	致力于打通科技成果产业化“经络”，通过重大科技创新带动规模产业化，形成科研、产业化和资本运作三大体系的有机融合
共建单位	安徽省政府、中国科学院、合肥市政府、中国科学技术大学	合肥市政府、合肥工业大学	合肥市政府、中科院合肥物质研究院
重点技术领域	电子信息、新能源、智能语音、新材料、节能环保、生物医药、公共安全等	高端智能装备、新材料及制备工艺、新能源及节能环保技术、健康与医疗设备、物联网及大数据	节能环保、高端医疗健康、物联网、先进制造、超导应用
创新平台建设	开发变革性技术的战略性研发平台2个 面向行业需求的省级协同创新中心2家 技术转化支撑平台5个 企业联合研发单元34家	新能源汽车及关键零部件研发及试验与检验检测中心 合肥光伏产业研究院	移动互联网研发中心 健康服务研发中心 智能系统与装备研发中心 精准靶向药物研发中心 肿瘤测序与分子诊断研发中心 生物光电研发中心

资料来源：笔者根据实地调研和公开资料整理

第五章 国家高新区综合发展评价体系

5.1 价值取向与基本原则

5.1.1 价值取向

（1）引领发展方向。统筹考虑国家高新区发展基础和国内外宏观形势及趋势，贯彻“创新、协调、绿色、开放、共享”五大发展理念，体现对可持续发展战略、创新驱动发展战略、网络强国战略等国家宏观发展战略的积极响应，针对性地构建具有指引作用的评价体系，引导国家高新区发展的前沿趋势、基本思路和工作部署，形成引导国家高新区发展导向的“指挥棒”，促进国家高新区在发展理念和重点工作持续保持时代领先位势。通过开展国家高新区综合发展评价，促进各园区密切关注自身的发展态势和所面临的竞争格局，逐渐重视和深入思考自身的优势与短板，以此在引导国家高新区创新发展、构筑核心竞争优势和营造园区整体环境中发挥积极作用。

（2）体现综合发展。基于前面章节研究提出的国家高新区三维分析模型，结合理论梳理和相关案例借鉴研究，本书尝试构建国家高新区发展评价的整体视角。正如前文提到的相关数据和演化进程，国家高新区的功能内涵颇为丰富，在科技创新、产业网络、区域经济和城市发展中具有显著位势，其发展已经成为区域经济增长和城市空间拓展的重要载体。同时，受到国内外宏观形势、园区管理体制和园区发展阶段等诸多因素的影响，国家高新区发展过程中也涌现出众多需要引导和规范的环节，特别是在土地集约利用、生态文明建设，以及响应新经济发展范式等方面需要强化。因此，本书立足区域创新发展和构筑持续竞争优势角度，尝试构建视角更为多元、内涵更为丰富的综合性指标体系，将科技创新、经济发展、空间利用、生态文明、智慧经济及智慧园区纳入评价分析范畴，以期形成能够全面刻画国家高新区丰富内涵的综合性评估体系。

（3）突出发展绩效。充分考虑各国家高新区在地理区位、产业基础、管辖面积、体制机制等诸多客观因素上的差异性，摒弃过度关注国家高新区规模和总量的观念理念，本书在指标设计上全部使用效率性指标，聚焦国家高新区的发展绩效和发展效率。构建全部由效率性指标组成的指标体系，能够避免使用规模指标对较小面积园区造成的不公平现象，能够更为准确地衡量各园区的产业结构、经济质量和创新效率，对促进国家高新区的精耕细作和转型升级具有重要引导作用。

5.1.2 基本原则

（1）理论支撑与政策导向相结合。国家高新区作为我国重要的战略举措和政策工具，具有强烈的使命导向和典型的中国特色，需要在统筹考虑其政策导向、丰富内涵和发展趋势的基础上，体现出政策评估特征和趋势引导作用。在对国家高新区的战略导向和丰富内涵理解认识的基础上，厘清其多维功能内涵之间复杂的逻辑关系和影响机制，是构建涵盖全面、结构清晰指标体系的关键所在，而国内外关于区域发展的相关研究视角及大量成果，是本书建立国家高新区三维分析模型和构建评价指标体系的坚实支撑。广泛吸收和参考借鉴区域发展领域的经典理论，以及驱动因素、影响机制和新兴理念方面的学术积淀，将有利于强化指标体系的科学性、逻辑性和前瞻性。因此，立足理论支撑和政策导向，既是构建国家高新区发展评价指标体系的内在要求，也使得指标体系及评价分析兼具理论研究和政策评估的双重属性。

（2）系统性与层次性相结合。基于本书构建的国家高新区三维分析模型，突出系统性和层次性相结合构建指标体系。在这一过程中，需要从全局性、结构性和逻辑性角度分层解构各版块的关键表征，从而形成层级科学、逻辑严密、内涵完善、指标简洁的指标体系，以确保指标体系的完备性和层次关系的清晰性。

（3）科学性与可操作性相结合。基于国家高新区三维分析模型及其四个维度，解构各维度的核心内涵及其逻辑结构，在此基础上选取具体指标并准确定义指标含义，科学合理地确定各指标的权重，然后通过规范的统计渠道或权威的第三方资料形成基础数据库，最后形成客观公正的评价结果和解读分析，以确保评价体系和评价过程的科学性。同时，在实际操作中，从评价工作的可操作性角度，适当选用某些可获得客观数据进行替代，以此进行实用性的统筹权衡和调整妥协。

5.2　指标体系与指标筛选

5.2.1　指标体系

基于本书提出的国家高新区三维分析模型，国家高新区综合发展评价指标体系由创新发展、绿色发展、集约发展和智慧发展四个一级指标组成，由此构成融创新驱动、空间集约、绿色园区和智慧园区于一体的评价体系，如表 5.1 所示。

表5.1　国家高新区发展综合评价指标体系

一级指标	二级指标	三级指标
创新发展	创新投入	研发人员占从业人员的比例
		研发经费投入强度
		每万名从业人员对应的国家级研发机构数
	创新产出	每万名从业人员对应的当年发明专利授权量
		新产品销售收入占营业收入的比例
		技术收入占营业收入的比例
	创新影响	人均增加值
		高新技术企业营业收入占营业收入的比例
		当年新注册企业数占当年园区企业总数的比例
		每万名从业人员对应的创业板和新三板企业数
		高新技术产品出口和技术服务出口占出口总额的比例

续表

一级指标	二级指标	三级指标
绿色发展	绿色经济	万元增加值综合能耗
		一般工业固体废弃物综合利用率
	绿色生活	污水处理厂集中处理率
		生活垃圾无害化处理率
		每万人拥有公共汽车数
	绿色环境	建成区绿化覆盖率
		PM2.5 年平均浓度
集约发展	经济集约	单位面积对应的净资产
		单位面积对应的增加值
		单位面积对应的实际上缴税费总额
	人才集约	单位面积对应的研究生学历人员
		单位面积对应的从业人员
	条件集约	单位面积对应的国家级孵化器面积
		人均道路面积
智慧发展	基础设施	人均互联网宽带接入用户数
		人均邮政电信业务收入
	智慧管理	门户网站综合影响力
	智慧经济	信息产业营业收入占园区营业收入的比例
		信息产业净利润率

5.2.2 创新发展指标

国家高新区创新发展最终体现为高新技术产业竞争力和经济发展质量效益的不断提升。为了实现这一目标，汇聚各类创新资源、增加科技创新投入、优化创新创业环境是构筑创新发展的基本条件和基础支撑。国内外学术研究普遍认为，科技创新对区域创新发展具有显著推动作用，并使用国家、区域、城市等不同层次的统计数据进行了实证研究。大量研究结果表明，创新投入与创新产出之间存在正相关关系，科技创新与经济发展之间存在正相关关系，区域创新环境、创新合作网络、创新创业文化、产业发展基础等也是影响区域创新发展的重要因素。国内外区域创新评价实践也普遍将创新投入、创新资源和创新环境作为评价体系的重要组成部分。

此外，考虑到区域产业竞争优势和区域经济效益及活力才是区域创新发展的最终目标，所以衡量创新产出规模及质量、产业结构及经济效益是区域创新评价的核心内容，各类区域创新评价案例均有较为多元的评价维度和具体指标。统筹考虑国家高新区的实际情况和国内外相关研究的经验借鉴，本书将国家高新区创新发展解构为创新投入、创新产出、创新影响三个基本维度。

1. 创新投入

聚集科技资源、加大研发投入、营造创新环境是现实区域创新发展的原动力和支撑力，本书从人、财、物角度选取研发人员、研发经费和高层次研发机构三个最典型的指标，同时考虑到不同园区经济规模差异、国内外相关案例普遍使用效率性指标等因素，创新投入方面确定“研发人员占从业人员的比例”“研发经费投入强度”“每万名从业人员对应的国家级研发机构数”三个具体指标。

“研发人员占从业人员的比例”指从业人员结构中从事技术研发及创新活动人员的比重，从人力资源角度反映对科技创新的重视程度和投入强度，这是创新评价研究中最常用的指标之一。同时，对以培育高新技术企业和发展高新技术产业为政策目标的国家高新区而言，研发人员的规模和比重始终是高新技术企业的重要特征和基本要求。2016 年最新版《高新技术企业认定管理办法》中高度重视该指标，认为“企业从事研发和相关技术创新活动的科技人员占企业当年职工总数的比例不低于 10%”是必须满足的基本条件。因此，选取该指标，既与国内外相关研究保持了一致性，又高度紧扣评价对象的功能内涵。

“研发经费投入强度”从资金角度反映对技术研发的投入强度，也是国内外最常用、最重要的指标之一。我国《“十三五”国家科技创新规划》中提出，2020 年全国研究与试验发展经费投入强度要达到 2.5%，规模以上工业企业研发经费支出与主营业务收入之比达到 1.1%，因此，选取该指标既体现与国家科技创新发展目标的一致性，又能突出对创新资金投入的引导性。

“每万名从业人员对应的国家级研发机构数”从高层次载体平台角度反映技术创新的能力和实力。纵观全球领先的科技园区或创新区域，高层次的创新平台或机构均发挥着较为重要的创新集聚作用和技术溢出作用，是其实现创新发展的核心驱动力。例如，北卡三角园区拥有国家健康统计实验室中心、国家环境健康科学中心、微电子研究中心、生物技术研究中心等机构；新竹科技工业园区拥有工业技术研究院、台湾“清华大学”、交通大学、新竹师范学院、精密仪器发展中心、大企业的研发总部等，这些机构在产业集聚、人才培养、技术创新、企业孵化等方面对园区产业发展起到关键性作用。“中关村指数2016”、《北卡罗来纳创新指数2013》、《国家高新区创新能力评价报告（2016）》、《中国区域创新能力评价报告2015》中均使用了创新机构的相关指标。结合国家发展和改革委员会、科技部、中国科学院等部门的国家级创新平台建设布局情况，本书将国家级的研究院所、重点实验室、企业技术中心、工程技术研究中心、工程实验室统一归纳为国家级研发机构，作为评价国家高新区科技创造能力和创新驱动能力的重要指标。

2. 创新产出

以科技创新形成新技术和新产品，以创新为支撑形成产业技术优势和市场领先优势，是区域创新发展实力和水平的直接体现。结合统计数据支撑情况和相关案例经验借鉴，本书从知识产权、新产品和技术服务三方面评估创新产出情况，并且最终选取“每万名从业人员对应的当年发明专利授权量”“新产品销售收入占营业收入的比例”“技术收入占营业收入的比例”三个具体指标。

“每万名从业人员对应的当年发明专利授权量”反映国家高新区知识产权产出效率，并且发明专利作为解决某一特定问题的技术方案，是我国最具含金量的专利类型。知识产权也是国内外使用最为普遍的衡量创新产出的量化指标，例如，《欧盟区域创新记分牌2014》将知识产权作为8个评价维度之一，并设计了专利合作条约（patent cooperation treaty，PCT）专利申请、欧盟商标及欧盟设计等多个具体指标；《中国区域创新能力评价报告2015》则从规模、增速、人均等方面多角度使用了知识产权指标。本书选用该指标既抓住了知识产权中最重要的部分，又能从规避园区不同规模因素来衡量其创新产出效率。

“新产品销售收入占营业收入的比例”反映营业收入中创新性产品的所占份额和贡献程度。新产品强调采用新技术原理、新设计构思研制生产出新产品，或提高产品性能，或增强使用功能，通常是在一定区域或行业范围内具有先进性、新颖性和适用性的产品。

“技术收入占营业收入的比例”反映企业利用技术优势和创新能力直接形成的经济收益情况，即知识和技术直接转化为经济效益的能力。按照国家火炬中心企业统计标准，技术收入是指企业从事技术转让、技术承包、技术咨询与服务、技术入股、中试产品收入，以及接受外单位委托的科研收入，《欧盟区域创新记分牌 2014》也使用了专利技术许可收入等类似指标。

3. 创新影响

创新影响是创新驱动经济发展绩效的最终体现。本书从价值创造效率、产业结构、创业活力、创业绩效、国际竞争五方面，选取了“人均增加值”“高新技术企业营业收入占营业收入的比例”“当年新注册企业数占当年园区企业总数的比例”“每万名从业人员对应的创业板和新三板企业数”“高新技术产品出口和技术服务出口占出口总额的比例”五个具体指标。

“人均增加值”用于反映技术进步、组织创新、专业化和过程创新所创造的新增价值效率，与人均生产总值、全要素生产率较为接近，其中增加值由劳动者报酬、生产税净额、固定资产折旧和营业盈余构成。

“高新技术企业营业收入占营业收入的比例”反映产业结构中科技创新企业的所占份额，高新技术企业经过政府部门的认定，在研发投入、研发人员、知识产权等方面业已达到较高水平，因此本书借助高新技术企业来刻画创新型企业群体的规模情况。类似的，《欧盟区域创新记分牌 2014》中使用的知识密集型产业的就业、中高技术和高技术产品的出口等指标，《2014 美国新经济指数》中使用的信息技术产业就业等指标，与该指标所要测度的内容具有高度一致性。

“当年新注册企业数占当年园区企业总数的比例”从新创企业视角反映国家高新区创新创业活力，是结合国家高新区培育科技创新企业、发展高新技术产业的功能导向而特别设立的，同时也是对国家“大众创业、万众创新”的积极响应，具有较强的针对性。另外，关注新创企业也是区域新经济评价的重要方面，《北卡罗来纳创新指数 2013》《国家高新区创新能力评价报告（2016）》《2014 美国新经济指数》等均设计了新创企业和高成长型科技企业的相关指标，分别从创业人员、新创企业数、获得风险投资和天使投资等方面进行测度。

“每万名从业人员对应的创业板和新三板企业数”反映国家高新区创新型、创业型、成长型中小微企业的培育发展情况。选用创业板和新三板上市企业，主要是考虑过滤掉国有上市企业、聚焦创新创业企业、突出新产业和新业态。

“高新技术产品出口和技术服务出口占出口总额的比例”直接对应国家高新区“四位一体”战略定位中的“高新技术企业‘走出去’参与国际竞争的服务平台，抢占世界高新技术产业制高点的前沿阵地”，通过高新技术产品出口和技术服务出口来反映园区高新技术产业的国际竞争能力。

5.2.3 绿色发展指标

作为经济引擎和科技新城承载平台的国家高新区，其绿色发展主要聚焦于经济发展的绿色化、园区人居环境的生态化、生活方式的低碳化三个方面，在经济增长和碳减排、资源节约及环境改善之间形成相互促进、良性协调的可持续发展模式。基于这样的理解认知，本书将国家高新区绿色发展解构为三个二级指标——“绿色经济”“绿色生活”“绿色环境”。

1. 绿色经济

国家高新区经济发展的绿色化，主要体现在国家高新区减少能源或资源消耗、减少气候变化和环境污染、开发绿色技术和使用清洁能源、实现园区绿色增长的能力。本书从能耗水平和工业废弃物回收利用两个角度，选取“万元增加值综合能耗”“一般工业固体废弃物综合利用率”两个具体指标。

“万元增加值综合能耗”反映国家高新区单位价值创造的能源消耗水平，即单位资源消耗的价值创新效率，是较为通用的评价指标，联合国环境规划署的《绿色经济测度指标体系》《美国加州绿色创新测度体系 2012》《2015 中国绿色发展指数报告》中均使用了相关评价指标。

“一般工业固体废弃物综合利用率”指工业固体废物综合利用量占工业固体废物产生量的百分比，是区域和城市培育壮大绿色低碳经济结构、促进循环经济发展、提高资源利用效率、促进节能降耗和减排治污的重要指标，国家和相关省、市部门也纷纷制定实施了工业固体废物综合利用相关规划或行动方案，足以显示出该指标的重要性。

2. 绿色生活

绿色生活是我国生态文明建设的重要内涵，也是国家高新区绿色发展的重要方面，与绿色经济相辅相成、有机融合。国家高新区要引导并保障园区居民实现低碳、环保、循环的绿色生活方式，特别是为居民的绿色生活模式建设必要的配套基础设施和构建高效运行的体制机制。本书从污水处理、垃圾处理和绿色交通三个角度选取了“污水处理厂集中处理率”“生活垃圾无害化处理率”“每万人拥有公共汽车数”三个具体指标。

“污水处理厂集中处理率”指经过城市集中污水处理厂二级或二级以上处理且达到排放标准的城市生活污水量与城市生活污水排放总量的百分比。

“生活垃圾无害化处理率”指无害化处理的城市市区生活垃圾数量占市区生活垃圾产生总量的百分比。

“每万人拥有公共汽车数”反映园区绿色交通情况，该指标数值越高，越有助于提升绿色交通方式在居民交通中的所占份额，也就能够降低交通工具的污染排放总量。

3. 绿色环境

注重自然环境与产业布局、新城开发相协调，并且实现生态环境的优化和重塑进而构建绿色化、生态化的城市空间，是宜居宜业和保持活力的根本所在。本书从园区绿色和空气质量角度，选取“建成区绿化覆盖率”“PM2.5 年平均浓度”两个具体指标来反映国家高新区的绿色环境情况。

“建成区绿化覆盖率”是衡量一个城市或城区绿化水平的主要指标，指包括公共绿地、街道绿地、庭院绿地、专用绿地等在内的各类绿地面积之和占城市或城区总面积的比率。

“PM2.5 年平均浓度”反映园区年度综合空气质量情况。

5.2.4　集约发展指标

作为城市经济增长极和城市化进程的重要载体，伴随着经济快速发展和城市功能的提升，包括国家高新区在内的各类园区的规划面积无序蔓延和土地集约利用问题也受到广泛关注。本书将集约发展主要界定在园区土地的经济集约利用效率和园区城市化发展的综合集约程度上，既突出了园区作为经济增长极和创新发展高地的导向地位，又充分考虑到园区作为城市化承载平台的城市空间综合集约和混合发展特征，突破了国内外关于工业园区土地利用评估中片面强调经济集约的局限性。同时，本书侧重于从区域发展层面研究评估国家高新区的集约发展，淡化了从土地供应及使用过程管理的维度进行评估，因为这些更应该是土地资源管理领域的研究议题。因此，本书从土地开发利用效率、城区人口承载密度和集约发展的条件及平台三个方面，将国家高新区集约发展解构为经济集约、人才集约、条件集约三个二级指标。

1. 经济集约

园区土地的经济集约关注单位土地的经济规模和经济发展活力，从经济集约角度反映国家高新区的土地集约利用程度，是衡量土地开发效率的普遍性指标，主要有投资强度、价值创造强度、税收强度等指标。考虑到国家高新区的功能特征和数据可获取性，本书选择“单位面积对应的净资产”“单位面积对应的增加值”“单位面积对应的实际上缴税费总额”三个具体指标。

“单位面积对应的净资产”从资本规模、园区吸引力和发展潜力角度，反映国家高新区单位面积的经济集约程度，也借鉴一般性的工业用地集约评价中的土地投入强度指标，鉴于难以获得园区当年新增建设用地面积所对应的新增投资额数据，采用该指标来反映园区的投资强度和经济密度。与国土资源部《开发区土地集约利用评价规程（试行）》中使用的“固定资产投资强度”对比而言，该指标聚焦于产业和企业层面市场化的新增投资情况，弱化了公共性的市政建设投入，这更能反映园区经济集约水平。通过该指标能够大体描述各国家高新区的土地利用程度和经济承载度，从而突破仅从经济总量认知国家高新区经济发展程度的局限性。

“单位面积对应的增加值”反映国家高新区土地空间的经济价值创造效率。该指标将净利润、从业人员薪酬等各种新创造价值全部纳入，以便更全面地反映单位面积的价值创造整体效率。

“单位面积对应的实际上缴税费总额”从土地资源的税收贡献角度反映土地集约利用程度，是国内外土地集约利用评价的通用性指标，国土资源部发布的《开发区土地集约利用评价规程（试行）》中也采用了类似指标。

2. 人才集约

包括国家高新区在内的各类开发区，以及新城区的人口承载密集程度是反映园区或新城区空间规划及发展程度的重要指标，人口密度偏低被认为是开发区和新城区无序蔓延、不够集约的主要特征，受到了国家宏观决策部门的高度重视。另外，聚集创新创业人才也是国家高新区经济发展和科技创新过程中重要的资源要素，关注创新创业人才的集聚密度是国家高新区集约发展的重要方面。因此，本书选择“单位面积对应的从业人员”和“单位面积对应的研究生学历人员”两个具体指标反映国家高新区的人才集约情况。

“单位面积对应的从业人员”反映园区内吸纳就业人口的密度，这既与国家大力促进就业的宏观政策相呼应，又充分体现国家高新区人口承载的功能特征，更是考虑国家高新区常住人口数据难以获取的替代性指标。例如，香港工业区规划中土地控制方面也使用过类似的“工人密度”指标。

“单位面积对应的研究生学历人员”反映园区高端创新创业人才的集聚密度，是基于国家高新区功能特征的更高层次的人才集约指标。

3. 条件集约

国家高新区正在或者已经成为所在城市的重要版块或区域城市化过程中的重要载体，需要从城市综合集约程度和土地综合利用推进力度方面形成测度集约条件及集约平台方面的评价指标，本书选择“单位面积对应的国家级孵化器面积”和“人均道路面积”两个具体指标反映国家高新区的条件集约水平。

“单位面积对应的国家级孵化器面积”反映国家高新区内土地集约利用载体的发展情况。笔者在研究中发现，建设标准厂房、孵化器、加速器，以及发展楼宇经济是国家高新区土地集约利用的重要模式和典型经验，具有较强的借鉴性和可引导性。考虑到标准厂房数据难以获取，本书以科技部年度公布的享受孵化器税收优惠政策的国家级孵化器面积替代，笔者基于大量的实地调研发现，各国家高新区内国家级孵化器的规模与其承载创业企业及中小企业的标准厂房面积具有较高的一致性。

“人均道路面积”反映城区交通运输便捷程度和经济发达程度，从城市路网密度角度描述城市的综合集约水平。

5.2.5 智慧发展指标

结合国家高新区的功能定位和发展导向，本书认为，智慧发展应该突出智慧城市建设和智慧经济发展相结合，重点关注信息通信基础设施建设、利用智慧化方式提升城市治理能力与发展服务能力、培育发展智慧经济与智慧产业等方面。一方面，从城市开发建设和园区社会治理角度，国家高新区需要积极响应智慧技术应用发展为城市运行管理所带来的重大变革，从顶层规划、基础设施建设、建设及治理模式创新等方面主动引领智慧城市建设，因为国家高新区作为新兴城区和经济引擎具有发展空间较大、改革阻力较小、经济基础较好、体制机制灵活等诸多优势。另一方面，国家高新区作为我国互联网及电子信息产业的重要载体，具备雄厚的智慧经济和智慧产业发展基础，大力发展并积极引领全国乃至全球智慧产业发展，既符合其产业演化迭代的客观规律，也是抓住智慧城市发展构建智慧产业竞争优势的必然取向。基于以上分析，本书将国家高新区智慧发展解构为三个维度：智慧发展的新基础设施、智慧化的公共管理与社会服务、智慧型产业与经济发展，即基础设施、智慧管理、智慧经济三个二级指标。

1. 基础设施

智慧化的新基础设施是智慧城市和智慧经济赖以发展的物理平台，规划合理、性能优越和开放共享的硬件设施是国家高新区智慧发展初期的基础性任务和保障。本书选取“人均互联网宽带接入用户数”和“人均邮政电信业务收入”两个具体指标。

“人均互联网宽带接入用户数”反映互联网基础设施的基本状态，这既是与国家“宽带中国”战略中宽带网络覆盖率目标的主动对接，也是国内外相关评价案例中的通用指标。例如，《2014 美国各州新经济指数》中使用了“个人宽带使用率和平均下载速度的加权测度”指标反映各州的宽带通信情况，《中国区域创新能力评价报告 2015》中使用了“国际互联网络用户数”和“每百人平均国际互联网络用户数”指标。

“人均邮政电信业务收入”反映邮政业务和通信业务的发展程度，用实际发生的人均业务收入反映信息服务和物流服务的发育水平，是反映区域信息化和智慧化发展水平的通用性指标。邮政、电信业务收入取自于邮电、通信企业通过生产经营活动所取得的全部业务收入，包括邮政、长途电信、本地电话等各项主营业务收入和地方国有通信收入。

2. 智慧管理

智慧化的城市管理和公务服务是提升我国城市运行治理体系的关键环节，运用智慧技术提升公共资源的配置效率、优化公共服务的流程及效率、提升市民和企业获得感和体验感是智慧城市建设的重中之重。例如，我国《新型智慧城市评价指标（2016年）》强调智慧城市的应用效果和民众感受，让智慧城市建设成果惠及全体市民。本书选取“门户网站综合影响力”这一综合性指标进行描述。

“门户网站综合影响力”用于评估国家高新区管理机构的电子政务水平，强调智慧园区建设给市民带来的便捷和高效的感受度，从电子平台的政务信息资源汇聚情况、公共服务渠道的集成化程度、网络化的行政服务供给情况等角度综合打分。2012年起，《中国高新技术产业导报》、中国信息化研究与促进网和高新区网站联盟已经连续多年开展了国家高新区门户网站综合影响力评估活动，从信息公开、网上办事、互动交流、产业促进、网站管理、公众评议等方面构建了90多个具体指标，具有一定的综合性，因此该指标采用该评估结果。

3. 智慧经济

培育智慧产业、发展智慧经济、形成智慧产业竞争优势是国家高新区实现智慧发展的重要内涵，是创新驱动发展中新兴技术产业发展的重要构成。本书从产业规模和产业盈利能力角度确定两个具体指标。

“信息产业营业收入占园区营业收入的比例”反映国家高新区智慧经济的所占份额，这是基于现有统计数据支撑而选择的替代性指标，这也是相关案例中普遍使用的指标。例如，《硅谷指数2016》关注信息技术及服务等相关产业领域的就业变化情况，《2014美国各州新经济指数》则将数字经济作为五个一级指标之一，《中国区域创新能力评价报告2015》中使用了“信息产业主营业务收入”“信息产业主营业务收入占生产总值的比重”“信息产业主营业务收入增长率”三个相关指标。结合产业分类和统计数据支撑情况，该指标的数据界定在电子及通信设备制造业、计算机及办公设备制造业、信息服务业、电子商务服务业。

“信息产业净利润率”评估国家高新区智慧产业的盈利能力，是反映其产业结构和产业竞争力的重要指标。

5.3 评价方法

5.3.1 数据获取

该指标体系共计 30 个三级指标，其中，21 个指标的原始数据来源于国家火炬计划统计数据库、科技部火炬中心公开数据、专业机构评估数据。另外，有 9 个三级指标的原始数据采用城市数据替代，其中，8 个指标的原始数据来源于《中国城市统计年鉴 2016》，1 个指标的原始数据来源于绿色和平组织，如表 5.2 所示。

表5.2 三级指标数据来源情况

三级指标	数据来源
研发人员占从业人员的比例	火炬统计
研发经费投入强度	火炬统计
每万名从业人员对应的国家级研发机构数	火炬统计
每万名从业人员对应的当年发明专利授权量	火炬统计
新产品销售收入占营业收入的比例	火炬统计
技术收入占营业收入的比例	火炬统计
人均增加值	火炬统计
高新技术企业营业收入占营业收入的比例	火炬统计
当年新注册企业数占当年园区企业总数的比例	火炬统计
每万名从业人员对应的创业板和新三板企业数	火炬统计
高新技术产品出口和技术服务出口占出口总额的比例	火炬统计
万元增加值综合能耗	火炬统计
一般工业固体废弃物综合利用率	《中国城市统计年鉴 2016》
污水处理厂集中处理率	《中国城市统计年鉴 2016》
生活垃圾无害化处理率	《中国城市统计年鉴 2016》
每万人拥有公共汽车数	《中国城市统计年鉴 2016》
建成区绿化覆盖率	《中国城市统计年鉴 2016》
PM2.5 年平均浓度	绿色和平组织

续表

三级指标	数据来源
单位面积对应的净资产	火炬统计、国家高新区网站
单位面积对应的增加值	火炬统计、国家高新区网站
单位面积对应的实际上缴税费总额	火炬统计、国家高新区网站
单位面积对应的研究生学历人员	火炬统计、国家高新区网站
单位面积对应的从业人员	火炬统计、国家高新区网站
单位面积对应的国家级孵化器面积	科技部火炬中心文件、国家高新区网站
人均道路面积	《中国城市统计年鉴 2016》
人均互联网宽带接入用户数	《中国城市统计年鉴 2016》
人均邮政电信业务收入	《中国城市统计年鉴 2016》
门户网站综合影响力	《中国高新技术产业导报》等
信息产业营业收入占园区营业收入的比例	火炬统计
信息产业净利润率	火炬统计

5.3.2　原始数据标准化

鉴于各指标之间量纲不同而造成无法进行多指标汇总问题，对原始数据进行无量纲化处理是多指标综合评价过程中的重要环节，并且已经形成若干较为常用的无量纲化方法。无量纲化处理将不同量纲描述的原始指标值转化成无量纲的相对值，并且需要表明不同评价对象之间的相对位置，要求标准化过程必须尽量保留各变量原始数据之间变异程度的信息。同时，标准化之前，需要将各指标划分为正向指标和逆向指标，指标值越大越好的为正向指标，指标值越小越好的为逆向指标，并将逆向指标进行正向化处理。借鉴参考国内外相关评价研究案例所使用的标准化方法，本书选用使用最为广泛、运算过程简单的极差变换法（也称“0-1 标准化”），正向指标标准化公式如下：

$$y_{ij}=\frac{x_{ij}-\min x_{ij}}{\max x_{ij}-\min x_{ij}}$$

逆向指标的标准化公式为

$$y_{ij}=\frac{\max x_{ij}-x_{ij}}{\max x_{ij}-\min x_{ij}}$$

通过标准化，原始数据转化为无量纲化的评价值，评价值随原始值增大而增大，指标最小值的评价值为 0，指标最大值的评价值为 1，同一指标的评价值均在［0，1］。

5.3.3 指标赋权

关于指标权重确定方法，总体上包括主观赋权法、客观赋权法、主客观结合赋权法三个大类。主观赋权法中最常用的是专家打分法和层次分析法（analytic hierarchy process，AHP），均由专家根据个人经验及综合评估通过主观打分为各指标赋权。客观赋权法较为常用的是熵值法和主成分分析法，均从评价指标定量数据中提取确定各指标权重，从而避免了个人因素的主观影响。主客观相结合方法试图统筹考虑主观法与客观法的优缺点，通过一定方法将两种方法结合在一起得出各指标权重，希望最大限度地提升赋权的科学性和合理性，但是其结合方法仍受到主观影响，实际评价案例中并不经常使用。在对各种赋权方法综合对比分析的基础上，本书选取层次分析法进行赋权。

层次分析法是 20 世纪 70 年代由著名运筹学家、美国匹兹堡大学教授萨蒂（Saaty）等提出的一种多准则决策方法，该方法通过对复杂多维评价目标的系统化、结构化、层次化、数量化，构建出解决多目标、多准则评价或决策的结构模型，具有定性与定量相结合、使用定量信息较少、简便易行的典型特点，要求评价者对评价对象的本质、内涵及其内在逻辑关系具有深刻、透彻的理解和把握。运用层次分析法一般遵循以下四个基本步骤。

1. 构建层次结构模型

构建层次结构主要是将综合评价目标进行不同层次、不同维度的梳理解构，以形成逻辑清晰、层次明确、内涵完整的递阶层级结构模型。在本书模型中，综合评价目标被分解为构成该目标的多级指标，这些指标又依据各自属性及相互逻辑关系被划分为若干层次，上一层级的指标作为准则，对下一层级指标起主导作用，层次结构模型一般包括三个层级：最高层（也称目标层）仅有一个指标，表示评价者所关注的最终目标；中间层（也称准则层）是为实现最终评价目标所涉及的中间环节，一般由若干维度组成，也是综合评价过程中所需考虑的准则或子准则；方案层（也称措施层）主要是体现最终评价目标的各种具体要素、措施或方案。

2. 构造判断矩阵

层级结构模型反映了各指标的相互关系，要求评价者在此基础上对同一层次内各指标之间的相对重要性进行判断，从而形成体现各指标重要程度的定量化表征。萨蒂等为此提出了一致矩阵法，即不把所有指标放在一起比较，而是两两之间进行比较判断，这些判断采用相对尺度的标度用数值表示出来，由此构造出判断矩阵。

$$A=\begin{bmatrix} a_{11} & a_{12} & \cdots & a_{1n} \\ \vdots & \vdots & & \vdots \\ a_{n1} & a_{n2} & \cdots & a_{nn} \end{bmatrix}$$

其中，a_{ij} 表示针对上层指标而言，属于同一上层的指标 i 相对于指标 j 重要程度的数值，即重要性的标度，反映了两个指标之间的相当重要程度，一般采用专家评估或专家打分的方式，通常 a_{ij} 采用 1～9 标度，如表 5.3 所示。

表5.3　1～9标度表

标度	定义	含义
1	同等重要	两元素对某属性同样重要
3	稍微重要	对某属性，一个元素比另一元素稍微重要
5	明显重要	对某属性，一个元素比另一元素明显重要
7	强烈重要	对某属性，一个元素比另一元素强烈重要
9	极端重要	对某属性，一个元素比另一元素极端重要
2，4，6，8	相邻标度中值	两标度之间折中的标度
以上各标度倒数	反比较	元素 i 对元素 j 的标度为 a_{ij}，反之则为 $1/a_{ij}$

3. 一致性检验

判断矩阵需要进行一致性检验的原因在于，专家在判断指标之间的相对重要性中应保持协调一致、不出现相互矛盾，但是实际操作中当指标大于两个时就可能出现不一致的情况，该步骤就是要确保矩阵的一致性。基于矩阵理论，判断矩阵偏离一致性的度量指标为 $\mathrm{CI}=\dfrac{\lambda_{\max}-n}{n-1}$，当矩阵具有完全一致性时，CI=0；当 CI $\neq$ 0 时，则矩阵不具有完全一致性。但是，衡量不同阶数的判断矩阵是否通过一致性检验，还需引用矩阵的平均随机一致性指标 RI 值，1 ～ 9 阶判断矩阵的 RI 值见表 5.4，其中，因为 1 阶和 2

阶的判断矩阵总具有完全一致性，RI 只是形式上的，当矩阵阶数大于 2 时，判断矩阵的一致性指标 CI 与同阶平均随机一致性指标 RI 之比称为随机一致性比率，记为 CR，只有 $CR=\frac{CI}{RI}<0.10$ 时，可认为判断矩阵具有满意的一致性，否则需要调整判断矩阵，使之具有满意的一致性。

表5.4 RI指标变化值

阶数	1	2	3	4	5	6	7	8	9
RI	0	0	0.58	0.90	1.12	1.24	1.32	1.41	1.45

4. *层次单排序和层次总排序*

层次单排序是指根据判断矩阵计算对上一层指标而言，该层次各指标重要性次序的权重。层次总排序是依次层次结构模型由上而下逐层计算，即可计算出最低层指标相对于最高层（目标层）的相对重要性，即各指标对目标层的权重。需要指出的是，层次总排序也需要进行一致性检验，检验是从高层到低层进行的。但实际操作中，总排序一致性检验常常可以省略（杜栋和庞庆华，2005）。

本书采用层次分析法和专家打分法相结合最终确定各级指标的权重。首先，采用层次分析法，构建层次结构模型，最高层是国家高新区综合发展（称为 A），中间层是为创新发展、绿色发展、集约发展和智慧发展（称为 B），方案层为二级指标（称为 C），三级指标进行等权、不纳入层次结构模型；其次通过构建 5 个判断矩阵，由 5 位高新区研究专家组成的指标之间相对重要性的权重确定小组，即矩阵判断权重小组，采取共同讨论的方式来确定指标两两重要性比较值；在此基础上，构造指标两两重要性比较值的判断矩阵，并运用 YAAHP version 7.50 软件测算出各指标权重；最后再结合专家综合判断进行打分赋权。一级指标、二级指标具体权重如表 5.5 所示，三级指标采用等权，未在表中列出。

表5.5 一级指标和二级指标权重情况

一级指标	权重	二级指标	权重
创新发展	0.35	创新投入	0.20
		创新产出	0.30
		创新影响	0.50

续表

一级指标	权重	二级指标	权重
绿色发展	0.25	绿色经济	0.40
		绿色生活	0.30
		绿色环境	0.30
集约发展	0.25	经济集约	0.40
		人才集约	0.30
		条件集约	0.30
智慧发展	0.15	基础设施	0.30
		智慧管理	0.30
		智慧经济	0.40

第六章 实证研究

6.1 研究对象

综合考虑各国家高新区的发展程度和数据可获得性，实证研究的分析对象选取 2009 年以前批准设立的 56 家国家高新区（包括 2006 年纳入国家高新区管理序列的苏州工业园区，但鉴于杨凌农业高新区的特殊性未将其纳入研究对象，以下为 56 家国家高新区）。

从区域分布来看，56 家国家高新区广泛分布于我国境内除西藏自治区、青海省、宁夏回族自治区之外的 28 个省级行政区，其中，江苏省和广东省均 6 家，山东省为 5 家，辽宁省和湖南省均为 3 家，河北省、吉林省、黑龙江省、浙江省、福建省、河南省、湖北省、广西壮族自治区、四川省、陕西省均为 2 家，北京市、天津市、内蒙古自治区、山西省、上海市、安徽省、江西省、海南省、重庆市、贵州省、云南省、甘肃省、新疆维吾尔自治区各 1 家。

6.2 实证结果

结合本书构建的国家高新区发展综合评价指标体系和评价方法，采用 2015 年度数据对 56 家国家高新区进行了实证研究，本节从综合发展、创新发展、绿色发展、集约发展和智慧发展五个方面进行分别阐述。

6.2.1 综合发展结果

根据测算结果（表 6.1），深圳高新区、中关村科技园区、合肥高新区、上海张江高新区、杭州高新区、长沙高新区位居前 6 位，而吉林高新区、泰州医药高新区、包头稀土高新区、乌鲁木齐高新区、桂林高新区、太原高新区、绵阳高新区、兰州高新区、大庆高新区、南宁高新区排在最后 10 位。

表6.1 国家高新区综合发展评价结果

排名	名称	数值
1	深圳高新区	100.00
2	中关村科技园区	88.73
3	合肥高新区	87.09
4	上海张江高新区	82.56
5	杭州高新区	82.30
6	长沙高新区	75.71
7	济南高新区	62.58
8	广州高新区	61.52
9	青岛高新区	61.27
10	珠海高新区	61.12
11	厦门火炬高新区	59.62
12	海口高新区	59.35
13	南京高新区	57.95
14	成都高新区	57.74
15	株洲高新区	57.31
16	武汉东湖高新区	57.04
17	石家庄高新区	56.09
18	西安高新区	55.18
19	苏州工业园区	52.11
20	大连高新区	51.28
21	长春高新区	49.36
22	保定高新区	49.07
23	郑州高新区	47.66
24	福州高新区	47.39
25	潍坊高新区	46.93
26	重庆高新区	46.70

续表

排名	名称	数值
27	常州高新区	45.58
28	鞍山高新区	44.69
29	沈阳高新区	44.45
30	威海火炬高新区	44.32
31	洛阳高新区	43.92
32	宁波高新区	43.46
33	天津滨海高新区	43.35
34	苏州高新区	42.58
35	淄博高新区	39.99
36	哈尔滨高新区	38.31
37	昆明高新区	36.88
38	无锡高新区	36.85
39	南昌高新区	35.64
40	襄阳高新区	34.91
41	佛山高新区	34.12
42	宝鸡高新区	33.35
43	惠州仲恺高新区	33.27
44	湘潭高新区	32.97
45	贵阳高新区	31.32
46	中山火炬高新区	28.19
47	南宁高新区	27.76
48	大庆高新区	27.72
49	兰州高新区	27.41
50	绵阳高新区	27.12
51	太原高新区	25.64
52	桂林高新区	21.89
53	乌鲁木齐高新区	18.71
54	包头稀土高新区	15.49
55	泰州医药高新区	11.95
56	吉林高新区	0.00

通过开展国家高新区综合发展水平与其经济规模的对比分析可以发现（图 6.1），总体上经济规模较大国家高新区的综合发展水平也较好。同时，综合发展水平处于最后 10 位的国家高新区经济规模普遍较小，其中，除大庆高新区和乌鲁木齐高新区的营业收入达到 2400 亿元以外，其余 8 家国家高新区的营业收入均低于 2000 亿元，并且有 5 家国家高新区属于全部国家

高新区中营业收入最少的 8 家园区，另外，这 10 家国家高新区中有 9 家位于西部地区和东北地区，而唯一位于东部地区的是成立时间较晚的泰州医药高新区。

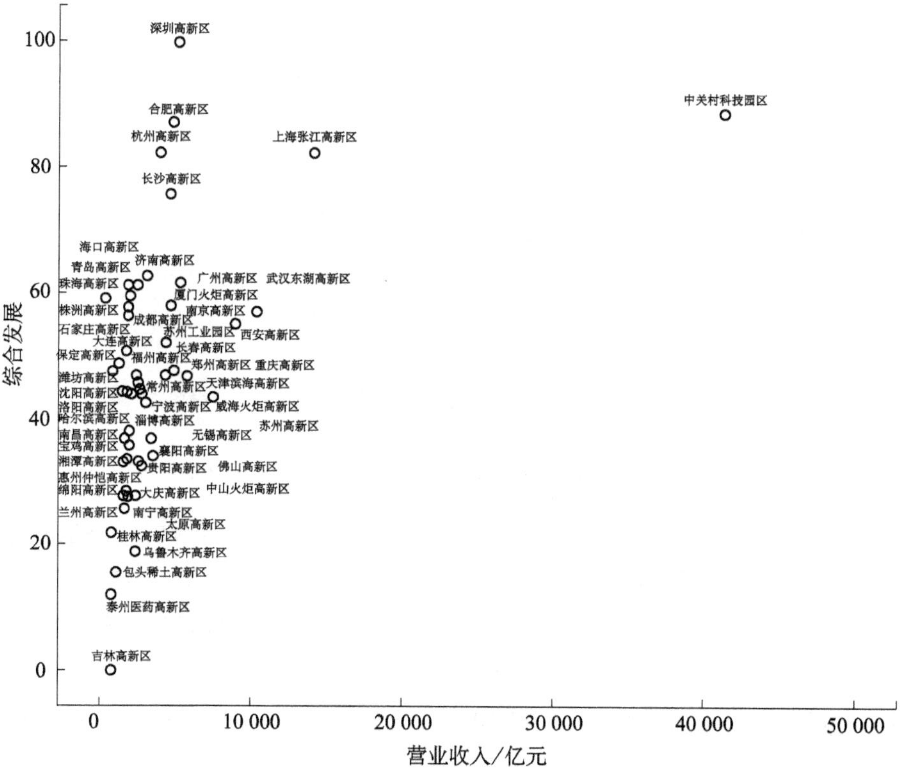

图 6.1 国家高新区综合发展水平与营业收入对照图

从 6 家创建世界一流高科技园区的国家高新区来看（图 6.2），深圳高新区表现突出，不仅综合发展排名第 1 位，而且各一级指标排名比较均衡，均位居国家高新区前列；中关村科技园区仅次于深圳高新区，集约发展水平排名第 1 位，创新发展和智慧发展也位居国家高新区前列，绿色发展在 6 家园区中排名垫底；上海张江高新区排名全国第 4 位，创新发展和集约发展均处于国家高新区前 3 位，绿色发展和智慧发展分别为第 20 位和第 17 位；成都高新区、武汉东湖高新区和西安高新区分别排名全国第 14 位、第 16 位和第 18 位。

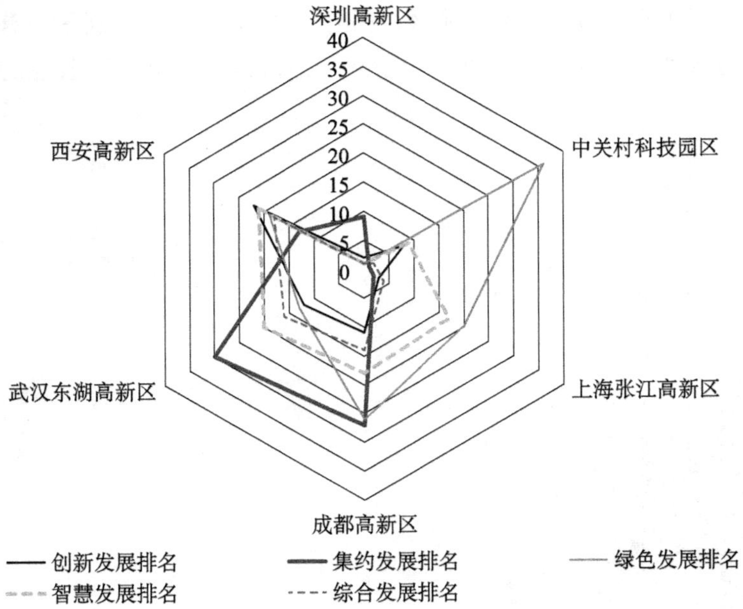

图 6.2　6 家世界一流高科技园区综合发展排名情况

值得注意的是，合肥高新区、杭州高新区、长沙高新区 3 家园区表现抢眼，3 家园区的创新发展水平和集约发展水平均位居国家高新区前 10 位，整体呈现出内生增长动力强劲、创新创业较为活跃的基本特征。从具体指标来看，3 家园区的营业收入均在 4000 亿元左右，创业板上市企业数均位居国家高新区前 10 位，实际管辖面积在 90 ～ 130 平方千米。

6.2.2　创新发展结果

根据测算结果（表 6.2），排在前 10 位的国家高新区均处于东部地区和中部地区，其中合肥高新区、深圳高新区、上海张江高新区、长沙高新区和杭州高新区创新发展指数排在前 5 位，株洲高新区、青岛高新区、中关村科技园区、南京高新区和济南高新区排在第 6 ～第 10 位。排在最后 10 位的国家高新区中有 8 家地处西部地区或东北地区，其中吉林高新区、泰州医药高新区、乌鲁木齐高新区、中山火炬高新区、大庆高新区排在最后 5 位。

表6.2 国家高新区创新发展评价结果

排名	名称	数值
1	合肥高新区	100.00
2	深圳高新区	91.98
3	上海张江高新区	83.32
4	长沙高新区	81.60
5	杭州高新区	80.70
6	株洲高新区	75.41
7	青岛高新区	72.96
8	中关村科技园区	71.27
9	南京高新区	70.63
10	济南高新区	69.60
11	成都高新区	64.28
12	武汉东湖高新区	63.03
13	保定高新区	61.16
14	石家庄高新区	59.04
15	海口高新区	57.60
16	广州高新区	56.60
17	大连高新区	55.93
18	苏州工业园区	55.15
19	常州高新区	54.08
20	珠海高新区	51.83
21	洛阳高新区	51.69
22	西安高新区	51.64
23	长春高新区	51.16
24	福州高新区	47.18
25	厦门火炬高新区	46.85
26	襄阳高新区	46.08
27	昆明高新区	44.49
28	沈阳高新区	43.79
29	淄博高新区	43.74
30	威海火炬高新区	42.55
31	潍坊高新区	40.89
32	苏州高新区	39.56
33	哈尔滨高新区	38.64
34	鞍山高新区	36.77
35	天津滨海高新区	36.31
36	宝鸡高新区	35.04

续表

排名	名称	数值
37	兰州高新区	34.75
38	南昌高新区	34.67
39	佛山高新区	34.57
40	郑州高新区	33.81
41	宁波高新区	31.39
42	湘潭高新区	29.84
43	贵阳高新区	28.43
44	重庆高新区	23.70
45	无锡高新区	22.91
46	惠州仲恺高新区	21.23
47	绵阳高新区	20.09
48	南宁高新区	19.37
49	太原高新区	19.14
50	桂林高新区	17.94
51	包头稀土高新区	17.44
52	大庆高新区	17.21
53	中山火炬高新区	15.60
54	乌鲁木齐高新区	12.21
55	泰州医药高新区	4.05
56	吉林高新区	0.00

从二级指标排名来看，处于创新投入排名前三位的依次是杭州高新区、青岛高新区和长沙高新区，处于创新产出排名前三位的依次是深圳高新区、合肥高新区和杭州高新区，处于创新影响排名前三位的依次是合肥高新区、深圳高新区和长沙高新区。

通过开展国家高新区创新发展水平与其经济规模的对比分析可以发现（图 6.3），总体上经济规模较大国家高新区的创新发展水平也较好。其中，除株洲高新区以外，排名前 10 位的国家高新区中有 9 家的营业收入均在 3700 亿元以上，即这 9 家国家高新区的营业收入排名均在全国前 17 位以内。而排名处于后 10 位的国家高新区中，除大庆高新区和乌鲁木齐高新区外，其余 8 家国家高新区的营业收入均在 2000 亿元以下，其中更有 5 家国家高新区的营业收入处于全部国家高新区的最后 10 位以内。

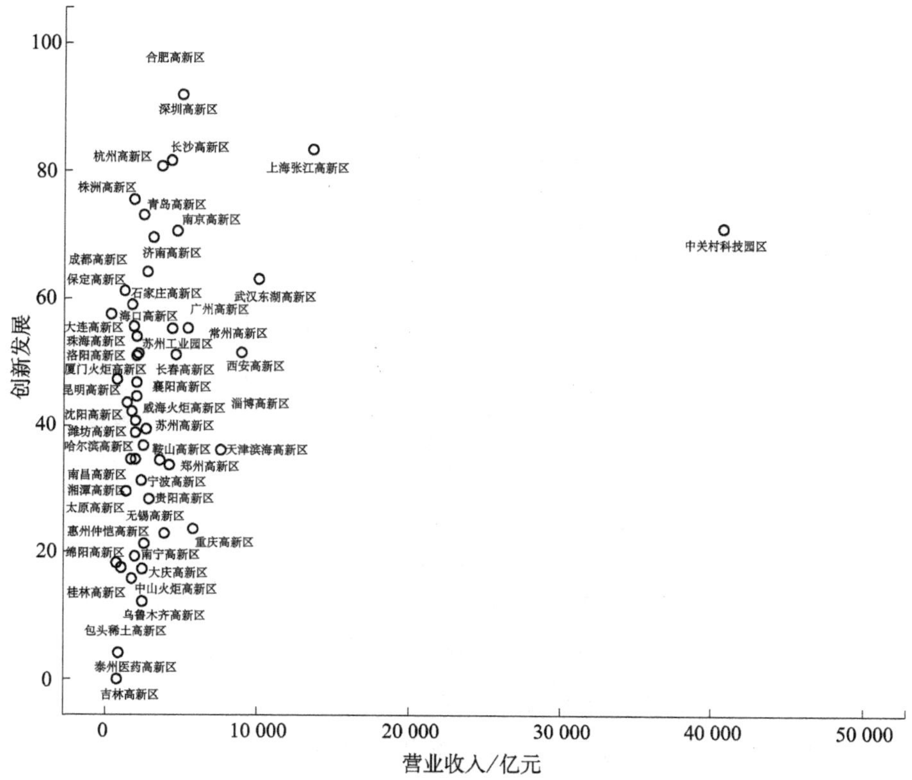

图 6.3 国家高新区创新发展水平与营业收入对照图

从 6 家创建世界一流高科技园区的国家高新区创新发展指数来看（图 6.4），深圳高新区表现突出，不仅创新发展排名第 2 位，并且二级指标中创新产出和创新影响分别排在第 1 位和第 2 位，创新投入排名第 13 位，这也一定程度上表明深圳高新区创新绩效非常突出；上海张江高新区排名第 3 位，各二级指标排名比较均衡、均位居国家高新区前列，创新投入、创新产出和创新影响分别为第 6 位、第 7 位和第 4 位；中关村科技园区排名第 8 位，创新投入和创新产出分别排在第 15 位和第 14 位；成都高新区和武汉东湖高新区分别排名第 11 位和第 12 位；西安高新区排名第 22 位，尤其是其创新产出和创新影响分别排在第 23 位和 31 位。

6.2.3 绿色发展结果

根据测算结果（表 6.3），排在前 10 位的国家高新区大部分处于东部沿海地区，其中深圳高新区、珠海高新区、海口高新区、惠州仲恺高新区、

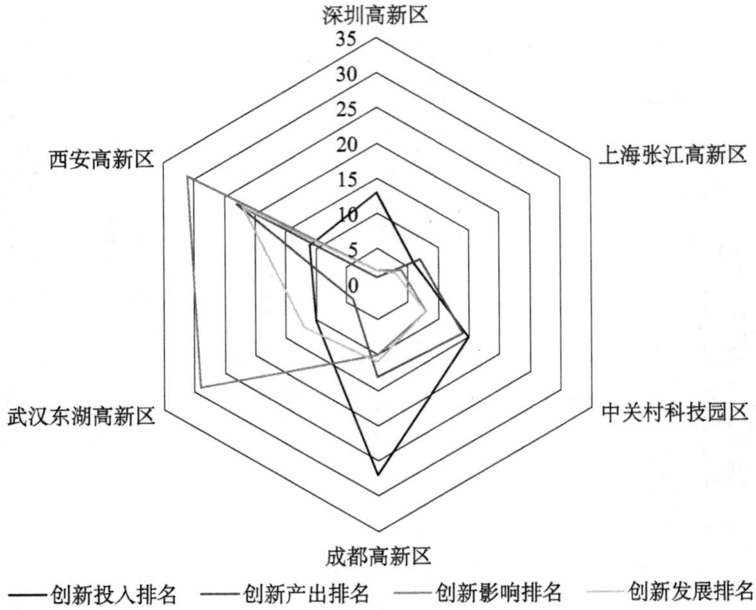

图 6.4　6 家世界一流高科技园区创新发展排名情况

厦门火炬高新区绿色发展指数排在前 5 位，威海火炬高新区、福州高新区、广州高新区、南昌高新区和青岛高新区排在第 6～第 10 位。排在最后 10 位的国家高新区绝大部分地处内陆，其中吉林高新区、包头稀土高新区、鞍山高新区、兰州高新区和南京高新区排在最后 5 位。需要指出的是，大部分国家高新区之间绿色发展指数得分差距较小。

表6.3　国家高新区绿色发展评价结果

排名	名称	数值
1	深圳高新区	100.00
2	珠海高新区	82.36
3	海口高新区	79.20
4	惠州仲恺高新区	75.13
5	厦门火炬高新区	72.51
6	威海火炬高新区	70.32
7	福州高新区	69.92
8	广州高新区	66.14
9	南昌高新区	65.26
10	青岛高新区	64.48
11	大庆高新区	63.07

续表

排名	名称	数值
12	佛山高新区	62.33
13	武汉东湖高新区	62.30
14	合肥高新区	61.50
15	大连高新区	61.38
16	杭州高新区	61.06
17	常州高新区	59.10
18	株洲高新区	58.78
19	西安高新区	58.68
20	上海张江高新区	58.60
21	中山火炬高新区	58.53
22	绵阳高新区	57.37
23	沈阳高新区	57.12
24	潍坊高新区	56.69
25	无锡高新区	56.65
26	成都高新区	56.42
27	长沙高新区	56.24
28	苏州工业园区	56.11
29	南宁高新区	55.73
30	长春高新区	55.22
31	石家庄高新区	54.61
32	宁波高新区	54.57
33	济南高新区	54.49
34	天津滨海高新区	54.47
35	苏州高新区	54.14
36	中关村科技园区	54.02
37	重庆高新区	52.89
38	哈尔滨高新区	49.30
39	淄博高新区	46.23
40	桂林高新区	46.13
41	郑州高新区	44.67
42	贵阳高新区	42.10
43	乌鲁木齐高新区	41.35
44	昆明高新区	40.64
45	太原高新区	38.23
46	洛阳高新区	37.61
47	泰州医药高新区	35.43
48	保定高新区	34.38

续表

排名	名称	数值
49	襄阳高新区	33.22
50	宝鸡高新区	33.07
51	湘潭高新区	32.01
52	南京高新区	26.49
53	兰州高新区	25.05
54	鞍山高新区	21.11
55	包头稀土高新区	18.06
56	吉林高新区	0.00

根据国家高新区绿色发展水平与其空气质量的对比分析可以发现（图 6.5），绿色发展水平与 PM2.5 年平均浓度呈现一定的负相关关系，这说明国家高新区绿色发展水平与其地理区位因素和区域经济发展水平有更为密切的联系。

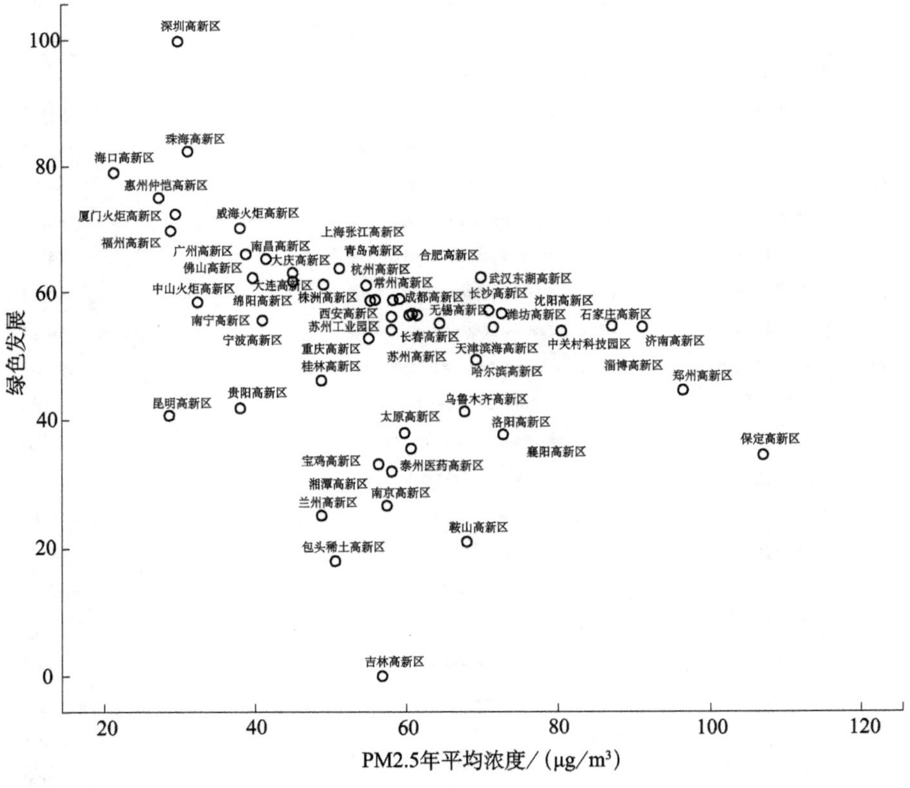

图 6.5 国家高新区绿色发展与空气质量对照图

从6家创建世界一流高科技园区的国家高新区绿色发展指数来看（图6.6），深圳高新区一枝独秀，不仅绿色发展排名第1位，并且二级指标中绿色产业和绿色生活均排名第1位，绿色环境排第3位；另外，武汉东湖高新区、西安高新区和上海张江高新区均在第13～第20位，成都高新区排在第26位，中关村科技园区排在第36位。

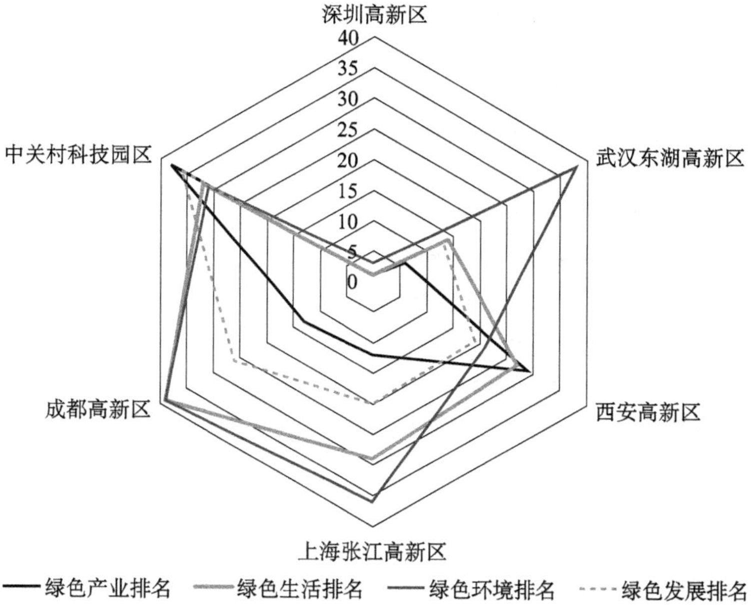

图6.6　6家世界一流高科技园区绿色发展排名情况

6.2.4 集约发展结果

根据测算结果（表6.4），排在前10位的国家高新区大部分处于东部地区和中部地区，其中中关村科技园区、上海张江高新区、重庆高新区、鞍山高新区和杭州高新区集约发展指数排在前5位，合肥高新区、长沙高新区、郑州高新区、深圳高新区和海口高新区排在第6～第10位。排在最后10位的国家高新区广泛地分布在东部地区、中部地区和西部地区，其中常州高新区、佛山高新区、惠州仲恺高新区、绵阳高新区和桂林高新区排在最后5位。

表6.4 国家高新区集约发展评价结果

排名	名称	数值
1	中关村科技园区	100.00
2	上海张江高新区	60.85
3	重庆高新区	60.62
4	鞍山高新区	58.27
5	杭州高新区	54.92
6	合肥高新区	46.71
7	长沙高新区	46.59
8	郑州高新区	46.57
9	深圳高新区	45.68
10	海口高新区	34.72
11	宁波高新区	34.68
12	广州高新区	33.97
13	西安高新区	32.34
14	厦门火炬高新区	31.32
15	湘潭高新区	30.54
16	石家庄高新区	30.16
17	珠海高新区	30.01
18	无锡高新区	27.11
19	南京高新区	26.99
20	长春高新区	26.87
21	潍坊高新区	25.58
22	济南高新区	22.98
23	太原高新区	21.83
24	宝鸡高新区	20.64
25	洛阳高新区	20.46
26	天津滨海高新区	20.11
27	成都高新区	19.99
28	保定高新区	18.71
29	苏州工业园区	17.20
30	武汉东湖高新区	16.04
31	贵阳高新区	15.52
32	淄博高新区	14.94
33	大连高新区	14.43

续表

排名	名称	数值
34	沈阳高新区	14.43
35	苏州高新区	14.16
36	哈尔滨高新区	13.90
37	威海火炬高新区	12.34
38	南宁高新区	10.17
39	兰州高新区	9.25
40	福州高新区	8.35
41	昆明高新区	7.76
42	大庆高新区	7.09
43	中山火炬高新区	6.60
44	青岛高新区	5.39
45	株洲高新区	5.05
46	包头稀土高新区	4.22
47	泰州医药高新区	3.90
48	襄阳高新区	3.47
49	南昌高新区	3.25
50	乌鲁木齐高新区	2.75
51	吉林高新区	2.45
52	桂林高新区	1.08
53	绵阳高新区	1.08
54	惠州仲恺高新区	0.56
55	佛山高新区	0.44
56	常州高新区	0.00

通过国家高新区集约发展水平与管辖面积对比分析可以发现（图 6.7），总体上两者呈负相关关系。集约发展水平排在前 10 位的国家高新区中，有 7 家国家高新区的管辖面积在 130 平方千米以下，另外 3 家分别是排名第 1 位的中关村科技园区（488 平方千米）、排名第 2 位的上海张江高新区（296 平方千米）和排名第 10 位深圳高新区（185.6 平方千米），说明这三家园区虽然面积较大，但集约发展水平仍然较好。另外，排名在最后 10 位的国家高新区中，有 8 家管辖面积超过 150 平方千米。

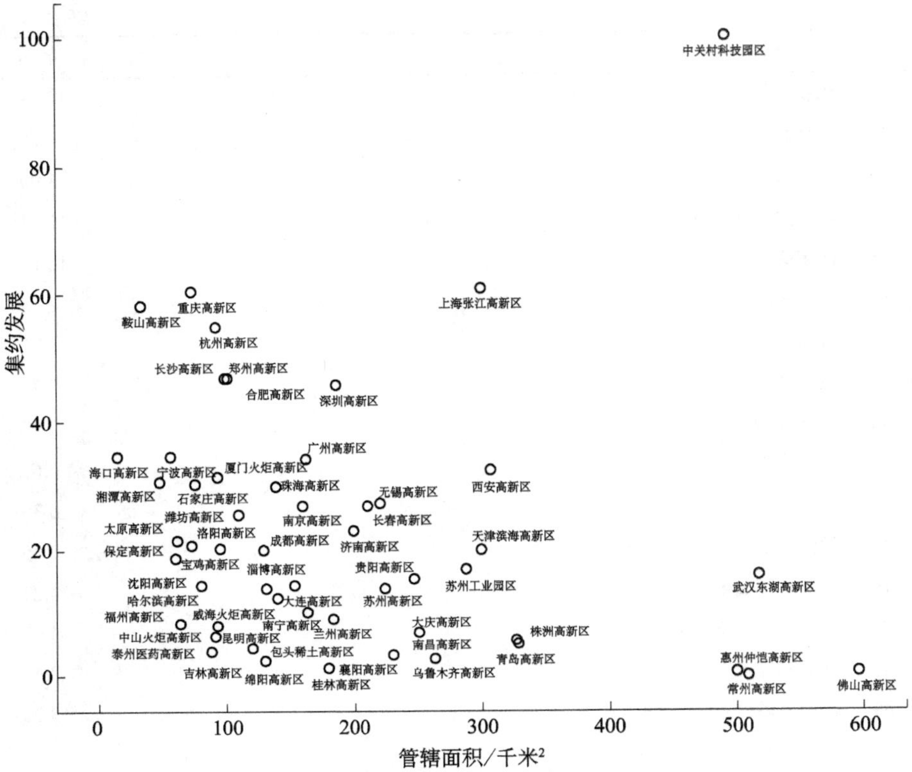

图 6.7 国家高新区集约发展水平与管辖面积对照图

从6家创建世界一流高科技园区的国家高新区集约发展指数来看（图6.8），中关村科技园区表现突出，不仅集约发展排名第1位，并且二级指标中经济集约和人才集约均排名第1位；上海张江高新区排名第2位，经济集约和人才集约均排名第3位，条件集约排在第12位；深圳高新区排名第9位，各二级指标排名比较均衡，经济集约、人才集约和条件集约分别为第12位、第6位和第7位；另外，西安高新区排名第13位，成都高新区和武汉东湖高新区分别排名第27位和第30位，这三家园区的集约发展水平亟待改善提升。

6.2.5 智慧发展结果

根据测算结果（表6.5），排在前10位的国家高新区全部位于东部地区，其中深圳高新区、厦门火炬高新区、杭州高新区、青岛高新区和天津滨海高新区排在前5位，惠州仲恺高新区、中山火炬高新区、济南高新区、中

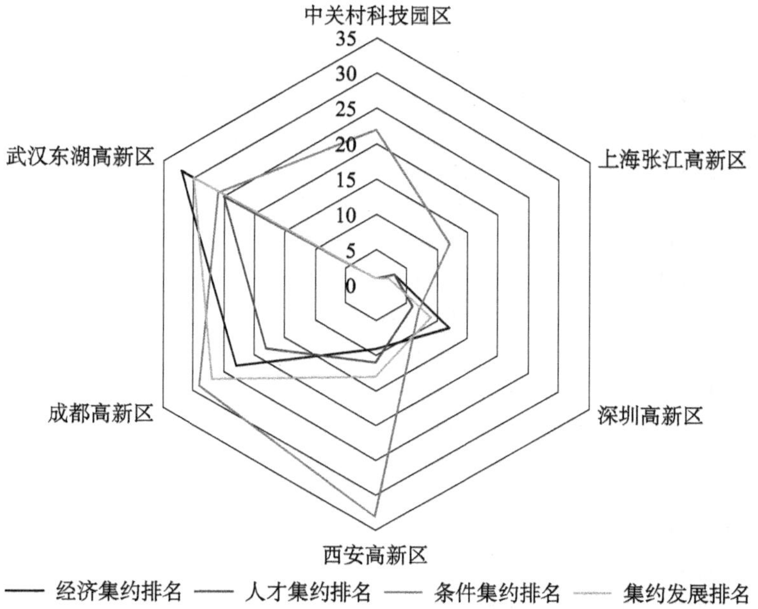

图 6.8 6 家世界一流高科技园区集约发展排名情况

关村科技园区和南京高新区排在第 6 ～第 10 位。排在最后 10 位的国家高新区绝大部分地处中部地区或西部地区，其中海口高新区、湘潭高新区、太原高新区、吉林高新区、兰州高新区排在最后 5 位。

表6.5 国家高新区智慧发展评价结果

排名	名称	数值
1	深圳高新区	100.00
2	厦门火炬高新区	68.36
3	杭州高新区	58.55
4	青岛高新区	49.18
5	天津滨海高新区	49.01
6	惠州仲恺高新区	48.57
7	中山火炬高新区	48.05
8	济南高新区	47.00
9	中关村科技园区	46.97
10	南京高新区	46.85
11	广州高新区	45.90
12	苏州高新区	44.79
13	珠海高新区	44.38
14	郑州高新区	43.41

续表

排名	名称	数值
15	苏州工业园区	40.17
16	潍坊高新区	39.10
17	上海张江高新区	38.82
18	成都高新区	36.72
19	绵阳高新区	36.65
20	武汉东湖高新区	36.22
21	西安高新区	35.94
22	福州高新区	35.71
23	沈阳高新区	35.11
24	无锡高新区	34.87
25	宁波高新区	33.91
26	长沙高新区	33.80
27	合肥高新区	32.82
28	常州高新区	32.71
29	乌鲁木齐高新区	30.11
30	重庆高新区	29.26
31	大庆高新区	28.34
32	大连高新区	28.09
33	保定高新区	26.07
34	桂林高新区	25.79
35	哈尔滨高新区	25.31
36	南宁高新区	24.68
37	石家庄高新区	24.05
38	贵阳高新区	24.04
39	襄阳高新区	22.43
40	佛山高新区	21.34
41	威海火炬高新区	21.27
42	包头稀土高新区	20.89
43	泰州医药高新区	20.83
44	鞍山高新区	20.50
45	昆明高新区	20.26
46	南昌高新区	20.19
47	株洲高新区	19.44
48	淄博高新区	19.25
49	洛阳高新区	16.91
50	宝鸡高新区	14.55
51	长春高新区	13.32

续表

排名	名称	数值
52	兰州高新区	13.24
53	吉林高新区	13.24
54	太原高新区	11.18
55	湘潭高新区	10.77
56	海口高新区	0.00

通过对国家高新区智慧发展水平与信息产业规模的对比分析可以发现（图 6.9），两者呈现一定的正相关关系。智慧发展水平排名前 10 位的国家高新区中，有 9 家的信息产业营业收入排在前 18 位以内。同时，智慧发展水平排名最后 10 位的国家高新区，它们信息产业营业收入全部排在最后 15 位以内。

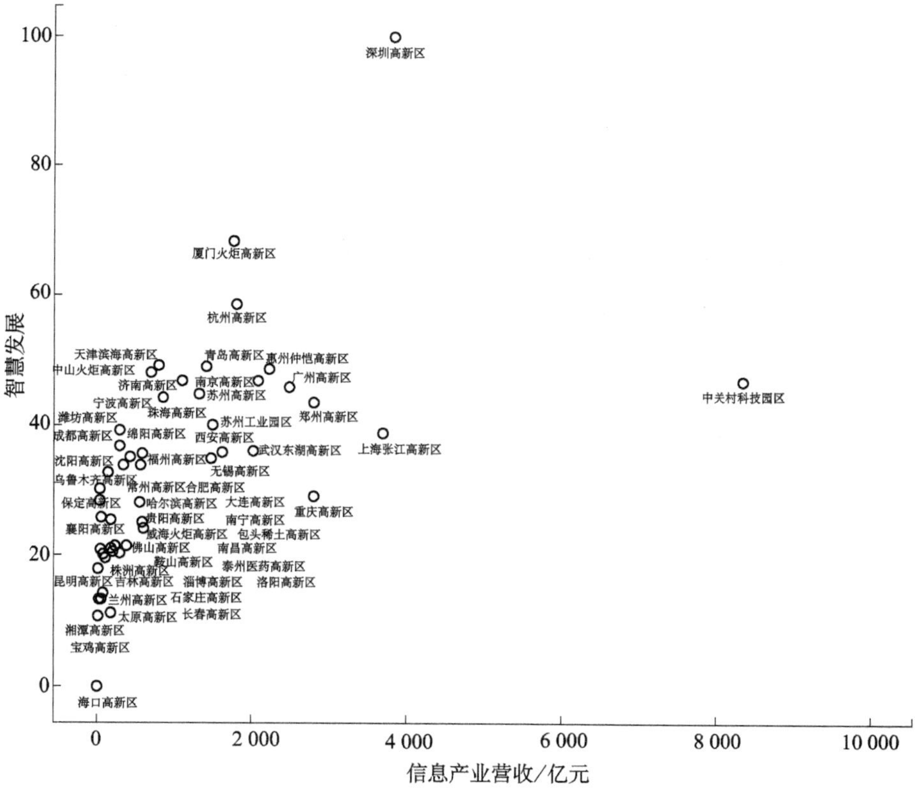

图 6.9　国家高新区智慧发展水平与信息产业规模对照图

从 6 家创建世界一流高科技园区的国家高新区智慧发展指数来看

（图 6.10），深圳高新区智慧发展排名第 1 位，二级指标中基础设施和智慧经济均排名第 1 位，智慧管理排第 33 位；中关村科技园区排第 9 位，基础设施、智慧管理和智慧经济分别为第 6 位、第 3 位和第 28 位；另外 4 家均排在第 20 位左右。

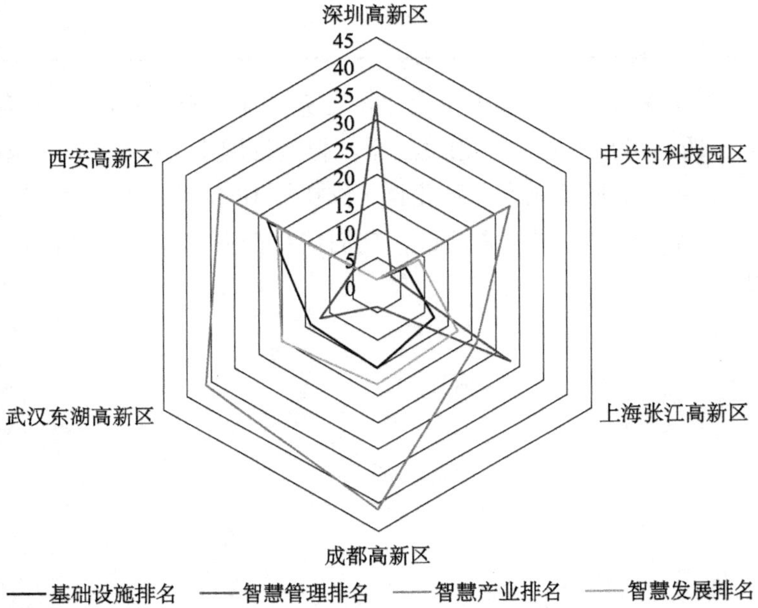

图 6.10　6 家世界一流高科技园区智慧发展排名情况

第七章

主要结论与研究展望

7.1 主要结论

作为国家重要政策工具和区域发展的重要载体，国家高新区肩负着推动区域科技创新、经济增长、社会进步、体制创新等多重使命，其内涵已远远超出当初的战略设计。国家高新区经历了从“发展高技术、实现现代化”的科技成果转移转化基地，到产城融合的综合性新型城市功能区的演化进程。针对国家高新区发展中存在的“重规模扩张、轻内涵发展，重产业发展、轻生态环境，重技术应用、轻创新创造，重经济增长、轻社会进步”等突出问题，本书从区域发展理论出发，系统分析了国家高新区演化发展历程，构建了创新发展、绿色发展、集约发展和智慧发展的区域发展理论分析框架，研究提出了国家高新区发展三维分析模型，主要研究结论如下。

（1）从创新发展、绿色发展、集约发展和智慧发展四个方面建立了区域发展理论分析框架，对区域发展研究与相关政策制定具有启发作用和现实指导意义。

本书在研究识别区域发展新机遇和新挑战的现实场景基础上，构建了以创新、绿色、集约、智慧融合发展为本质内涵的区域发展理论分析框架，为推动区域发展政策研究提供了系统化的分析工具。这主要表现在：①将创新驱动、自然环境约束、土地资源承载，以及信息通信技术牵引等当前影响区域发展的关键因素综合纳入研究范畴，提供了一个更为全面的分析视角；②区域发展内涵主要体现为创新发展、绿色发展、集约发展、智慧发展的融合，创新是区域发展的根本动力，是夯实区域发展动力、构筑区域发展优势、实现区域绿色发展、集约发展和智慧发展的关键手段。绿色、集约和智慧是区域发展的必然要求，体现了当今科技和创新的方向，既是创新的目标，又需要通过创新活动来实现。智慧发展也为实现创新发展、绿色发展和集约发展提供了必要的技术保障，为区域发展研究提供了新的、更为系统的理论分析框架。

（2）从发展内涵、发展主体、发展要素三个维度构建了国家高新区发展三维分析模型，对国家高新区发展战略研究和政策制定具有决策参考价值。

国家高新区发展三维分析模型由发展内涵、发展主体、发展要素三个维度构成，是研究国家高新区发展的普适性分析框架，能够为国家高新区发展战略和相关政策的制定提供决策参考。

第一，模型由发展内涵、发展主体、发展要素三个维度构成。由于框架的三维特性，固定一个维度，其余两个维度的组合都可以得到一个国家高新区发展分析的子框架。例如，对不同发展内涵的具体分析，可以识别影响国家高新区发展的主体和要素约束，形成关于国家高新区特定内涵的分析框架，能够全面解释不同发展要素和发展主体在国家高新区不同发展内涵下相互作用的动态关系。

第二，模型将发展内涵作为影响高新区未来发展的重要变量，强调创新发展、绿色发展、集约发展、智慧发展的协同，弥补了现有研究对国家高新区发展内涵研究不全面、不系统等问题。以往文献对国家高新区内涵的研究不足，主要停留在经济发展方面，强调增长、科技成果转化、创新等方面的功能作用，近年来逐渐开始将国家高新区作为产业新城，从产城融合、集约、可持续发展等角度开展研究，但缺乏对国家高新区内涵的系统性研究探讨。在国家高新区发展过程中系统化、全面性地考虑其发展内涵，能够有效引导国家高新区形成综合性的发展导向，为国家高新区发展战略与路径选择提供了理论支撑。

第三，模型研究了不同主体在创新、绿色、集约、智慧发展内涵下的功能作用，有助于识别不同主体的发展需求与问题，提高政策制定的针对性与可行性。国家高新区的发展主体包括各级政府部门、企业、高校科研院所和中介服务组织等，以往研究通常强调各主体在创新和经济发展中的作用，较少分析不同主体在绿色发展和智慧发展中的定位与作用。在国家高新区发展过程中，结合不同发展内涵对各类发展主体进行具体分析，能够识别各类主体在发展过程中的关键问题，从而提出有针对性的政策建议。

第四，模型识别了区位、基础设施、先进技术、资本投入、资源能源、人力资源、制度与政策等不同发展要素对创新、绿色、集约、智慧发展的影响，突破了以往关于国家高新区影响因素研究仅关注各类要素对区域创新和经济增长影响的制约，弥补了现有影响因素对绿色发展、集约发展和智慧发展研究的不足。

（3）历史研究表明，国家高新区虽然在创新、绿色、集约、智慧方面实现了不同程度的发展，但仍存在缺乏综合性发展理念指导、发展程度不均衡的问题，从实践层面验证了构建国家高新区三维分析模型的重要性。

一方面，创新发展逐步成为国家高新区的基本发展理念，国家高新区创新能力显著增强，但仍然需要持续提升；另一方面，虽然国家高新区绿色发展、集约发展和智慧发展也表现出良好态势，但是仍存在发展理念不够清晰、处于初期发展阶段、发展水平不够均衡等状况。国家高新区发展演化研究表明，构建国家高新区三维分析模型具有重要的实践指导意义。

（4）构建了国家高新区综合发展评价体系，能够作为监测国家高新区发展现状和识别关键问题的有效工具，对国家高新区未来发展方向具有重要引导作用。

本书以“引领发展方向、体现综合发展、突出发展绩效”为价值取向，以“理论支撑与政策导向相结合、系统性与层次性相结合、科学性与实用性相结合”为基本原则，构建了包含 4 个一级指标、12 个二级指标和 30 个具体指标组成的国家高新区综合发展评价体系，是科学评估国家高新区综合发展水平、识别发展过程中的关键问题，引导未来发展方向的有效工具。4 个一级指标为创新发展、绿色发展、集约发展和智慧发展。其中，创新发展主要考虑创新投入、创新产出、创新影响；绿色发展主要考虑绿色经济、绿色生活和绿色环境；集约发展主要考虑经济集约、人才集约、条件集约；智慧发展主要考虑基础设施、智慧管理和智慧经济。

（5）实证研究发现，综合发展水平排名靠前的国家高新区普遍具有经济规模相对较大、内生增长动力较强、创新创业较为活跃、管辖面积较为适度等特征。

第一，评价结果表明，综合评价排名相对靠前的园区，其经济体量较大，所在区域经济发展水平相对较高，园区自身创新发展水平较高，内生增长动力相对较强，创新创业较为活跃，经济、社会和环境的绿色化程度相对较高，管辖面积也相对适度，在带动区域经济社会发展中发挥着重要作用，已经成为区域发展的重要引擎。其中，深圳高新区、中关村科技园区、合肥高新区、上海张江高新区、杭州高新区、长沙高新区位居前 6 位；而吉林高新区、泰州医药高新区、包头稀土高新区、乌鲁木齐高新区、桂林高新区排在最后 5 位。从 6 家创建世界一流高科技园区的国家高新区来看，深圳高新区表现突出，各项指标发展较为均衡；而西安高新区发展相对较差，排在第 18 位。

第二，创新发展评价结果显示，排在前 10 位的国家高新区均处于东部地区和中部地区。其中，合肥高新区、深圳高新区、上海张江高新区、长沙高新区和杭州高新区创新发展水平排在前 5 位；排在最后 10 位的国家高新区中有 8 家地处西部地区或东北地区，其中吉林高新区、泰州医药高新区、乌鲁木齐高新区、中山火炬高新区、大庆高新区排在最后 5 位。从 6 家创建世界一流高科技园区的国家高新区创新发展水平来看，深圳高新区表现突出，创新发展排名居第 2 位；西安高新区创新发展相对较差，创新发展评价排名居第 22 位。

第三，绿色发展评价结果显示，排在前 10 位的国家高新区大部分处于东部沿海地区，其中深圳高新区、珠海高新区、海口高新区、惠州仲恺高新区、厦门火炬高新区绿色发展指数排在前 5 位；而排在最后 10 位的国家高新区绝大部分地处内陆地区，其中吉林高新区、包头稀土高新区、鞍山高新区、兰州高新区和南京高新区排在最后 5 位。从 6 家创建世界一流高科技园区的国家高新区绿色发展水平来看，深圳高新区一枝独秀，绿色发展排名第 1 位；而中关村科技园区绿色发展相对较差，排在第 36 位。

第四，集约发展评价结果显示，中关村科技园区、上海张江高新区、重庆高新区、鞍山高新区和杭州高新区集约发展指数排在前 5 位；常州高新区、佛山高新区、惠州仲恺高新区、绵阳高新区和桂林高新区排在最后5位。值得指出的是，尽管中关村科技园区、上海张江高新区、深圳高新区的管辖面积较大，但是三家国家高新区的集约发展排名仍居前10位以内，表明这三家国家高新区集约发展水平较高。

第五，智慧发展评价结果显示，排在前10位的国家高新区全部位于东部地区，其中深圳高新区、厦门火炬高新区、杭州高新区、青岛高新区和天津滨海高新区排在前5位；排在最后10位的国家高新区绝大部分地处中部地区或西部地区，其中海口高新区、湘潭高新区、太原高新区、吉林高新区、兰州高新区排在最后5位。除深圳高新区外（排名第1），另外5家创建世界一流高科技园区的国家高新区智慧发展水平均不高，其中中关村科技园区排第9位，另外4家均排在第20位左右。

7.2　研究展望

本书尝试拓展区域发展研究的认知维度和分析视角，研究提出区域发展理论分析框架，建立了国家高新区三维分析模型，构建了国家高新区综合发展评价体系，并运用定量数据进行了实证研究，但仍存在着一些不足。本书虽然提出了包含创新发展、绿色发展、集约发展和智慧发展的区域发展研究分析框架，但是，创新发展、绿色发展、集约发展、智慧发展之间的相互关系有待深入研究。另外，本书提出了国家高新区三维分析模型，仍需要进一步开展实践应用和具体分析，特别是，立足不同国家高新区的具体情况，对其发展情况进行深入分析，结合其他材料深度剖析其基础优势和瓶颈问题，在此基础上形成对相关国家高新区的发展战略研究和对策建议，进一步提升研究的实践指导价值。

参考文献

安虎森．1997. 增长极理论评述．南开经济研究，（1）：31-37.

班茂盛，方创琳，宋吉涛．2007. 国内外开发区土地集约利用的途径及其启示．世界地理研究，16（3）：45-50.

北京师范大学经济与资源管理研究院等．2015. 2015 中国绿色发展指数报告：区域比较．北京：北京师范大学出版社．

北京市社会科学院，中关村创新发展研究院，北京方迪经济发展研究院．2014. 中关村指数 2014.

北京市社会科学院，中关村创新发展研究院，北京方迪经济发展研究院．2015. 中关村指数 2015.

蔡彬清，陈国宏．2012. 复杂网络视角下链式产业集群竞争优势分析——以柳市低压电器产业集群为例．经济地理，32（10）：83-88.

曹贤忠，曾刚．2014. 国内外城市开发区转型升级研究进展与展望．世界地理研究，（3）：83-91.

查理得 · T. 伊利，爱德华 · W. 莫尔豪斯 .1982. 滕维藻译．土地经济学．北京：商务印书馆．

陈递宁．2011. 西安高新区建设用地供应效率分析及优化配置研究．西南交通大学博士学位论文．

陈宏军．2012. 供应链绿色驱动机理与驱动强度评价方法研究．吉林大学博士学位论文．

陈家祥．2009. 国家高新区功能演化与发展对策研究——以南京高新区为例．人文地理，24（2）：78-83.

陈家祥．2009. 国家高新区功能异化偏离的测定与评价．科技进步与对策，26（20）：134-138.

陈家祥．2006. 中国国家高新区功能偏离与回归分析．城市规划，30（6）：22-28.

陈柳，刘志彪．2006. 本土创新能力、FDI 技术外溢与经济增长．南开经济研究，（3）：90-101.

陈强，余伟，等．2015. 创新驱动发展国际比较研究．上海：同济大学出版社．

陈伟．2012. 区域创新系统绩效评价研究．华中科技大学博士学位论文．

陈文福．2004. 西方现代区位理论述评．云南社会科学，（2）：62-66.

陈益升，欧阳资力，陆容安．1996. 国家高新区考核评价指标体系设计．科研管理，17（6）：1-7.

陈逸，黄贤金，陈志刚，等．2008. 城市化进程中的开发区土地集约利用研究——以苏州高新区为例．中国土地科学，（6）：11-16.

陈征．1995. 社会主义城市级差地租．中国社会科学，（1）：39-52.

陈作章，贝政新，周晨．2013. 商业银行科技支行业务创新案例研究．中国软科学，（1）：61-71.

程凌华，李享，谷潇磊，等．2016a. 2015 年国家高新区综合发展与数据分析报告（上）．中国高新区，（10）：11-20.

程凌华，李享，谷潇磊，等．2016b. 2015 年国家高新区综合发展与数据分析报告（下）．中国高新区，（11）：9-19.

程凌华，李享，牟丹娅，等．2015. 2014 年国家高新区综合发展与数据分析报告．中国科技产业，（10）：22-42.

程郁，陈雪．2013. 创新驱动的经济增长——高新区全要素生产率增长的分解．中国软科学，（11）：26-39.

大卫·皮尔斯．绿色经济的蓝图．李巍，曹利军，王淑华，等，译．北京：北京师范大学出版社，1997.

代瑞红．2009. 基于产业集群的高新技术产业园区发展研究．天津大学博士学位论文．

杜栋，庞庆华．2005. 现代综合评价方法与案例精选．北京：清华大学出版社．

范柏乃．2003. 国家高新区技术创新能力的评价研究．科学学研究，（6）：667-671.

范硕．2010. 英国“剑桥现象”及其形成机理研究．吉林大学博士学位论文．

方创琳，祁巍锋．2007. 紧凑城市理念与测度研究进展及思考．城市规划学刊，（4）：65-73.

方亮，徐维祥．2015. 组织学习，国家高新区创新与园区经济增长关系研究．软科学，29（11）：16-19.

方新，柳卸林．2004. 我国科技体制改革的回顾及展望．求是，（5）：43-45.

方玉梅．2010. 高新区创新能力形成机理研究．科技管理研究，（12）：1-3.

方玉梅，刘凤朝．2014. 我国国家高新区创新能力评价研究．大连理工大学学报：社会科学版，35（4）：26-32.
冯海红，牟丹娅．2012. 国家高新区评价：历史演进与未来趋势．中国高新区，（10）：128-131.
冯之浚，周荣．2010. 低碳经济：中国实现绿色发展的根本途径．中国人口·资源与环境，20（4）：1-7.
高丽娜，卫平．2011. 科技中介机构的异质性对区域创新能力的影响．中国科技论坛，（5）：86-90.
盖文启，王缉慈．1999. 从硅谷的成功看中国高新区的发展．中国工业经济，（12）：38-42.
辜胜阻，王敏．2012. 智慧城市建设的理论思考与战略选择．中国人口·资源与环境，22（5）：74-80.
辜胜阻，郑凌云，张昭华．2006. 区域经济文化对创新模式影响的比较分析——以硅谷和温州为例．中国软科学，（4）：8-14.
官建成，何颖．2005. 基于 DEA 方法的区域创新系统的评价．科学学研究，（4）：265-272.
官建成，刘顺忠．2003. 区域创新系统测度的研究框架和内容．中国科技论坛，（2）：24-26.
国土资源部．2014. 开发区土地集约利用评价规程．
国土资源部.2016. 国家级开发区土地集约利用评价情况通报（2016 年度）. http：//www.mlr.gov.cn/zwgk/zytz/201701/t20170110_1426459.htm[2016-10-26].
韩伯棠，朱美光，李强．2005. 高新区“二次创业”发展战略与政策建议．科技进步与对策，22（9）：46-48.
韩纪江，郭熙保．2014. 扩散－回波效应的研究脉络及其新进展．经济学动态，（2）：117-125.
郝云宏，李文博，曲亮．2008. 国家高新区经济效益的综合评价．经济地理，28（2）：261-264.
何丹，蔡建明，周璟．2008. 天津开发区与城市空间结构演进分析．地理科学进展，27（6）：97-103.
贺德方．2014. 创新型国家评价方法体系构建研究．中国软科学，（6）：117-128.
洪银兴．2009. 向创新型经济转型——后危机阶段的思考．南京社会科学，（11）：1-5.
洪银兴．2011. 科技创新与创新型经济．管理世界，（7）：1-8.

洪银兴．2013. 论创新驱动经济发展战略．经济学家，(1)：5-11.
胡鞍钢，周绍杰．2014. 绿色发展：功能界定、机制分析与发展战略．中国人口·资源与环境，24（1）：14-20.
胡鞍钢 .2012. 中国：创新绿色发展．北京：中国人民大学出版社．
胡钢．2010. 国外科技园区的研究综述．科技管理研究，(17)：42-46.
胡志坚，苏靖．1999. 区域创新系统理论的提出与发展．中国科技论坛，(6)：20-23.
黄春铃，余颖，黄卓．2005. 国家高新区产出效率的实证研究．科学学与科学技术管理，26（2）：100-104.
黄金贤，张安录．2008. 土地经济学．北京：中国农业大学出版社．
黄凯，刘平辉．2016. 江西省国家级高新园区土地集约利用评价对比研究．东华理工大学学报（社会科学版），35（2）：119-124.
黄鲁成，李晓英．2006. 北京市科技投入与经济增长关联的实证分析．科技管理研究，26（4）：39-41.
黄鲁成，张淑谦，王吉武．2007. 管理新视角——高新区健康评价研究的生态学分析．科学学与科学技术管理，28（3）：5-9.
黄鲁成．2000. 关于区域创新系统研究内容的探讨．科研管理，21（2）：43-48.
黄苹．2008. 中国省域 R&D 溢出与地区经济增长空间面板数据模型分析．科学学研究，26（4）：749-753.
季菲菲，陈雯，袁丰，等．2013. 高新区科技金融发展过程及其空间效应——以无锡新区为例．地理研究，32（10）：1899-1911.
简兆权，刘荣．2010. 基于科技中介的区域创新系统知识转移路径研究．科学学与科学技术管理，31（8）：97-101.
姜彩楼，曹杰，刘维树．2014. 中国高新区效率变动及影响因素研究——基于面板数据（1997—2012 年）的随机前沿分析．经济体制改革，(6)：52-56.
姜彩楼，徐康宁．2009. 区位条件、中央政策与高新区绩效的经验研究．世界经济，(5)：56-64.
姜彩楼，徐康宁，朱琴．2012. 中国高新区绩效的时空演化及贸易溢出效应研究．经济地理，32（2）：14.
杰里米·里夫金．2014. 赛迪研究院专家组译．零边际成本的社会：一个物联网、合作共赢的新经济时代．北京：中信出版社．
杰里米·里夫金．2012. 张体伟，孙豫宁译．第三次工业革命：新经济模式如何改变世界．北京：中信出版社．

金相郁 . 2004.20 世纪区位理论的五个发展阶段及其评述 . 经济地理，24（3）：294-298.
金祥荣，朱希伟 . 2002. 专业化产业区的起源与演化：一个历史与理论视角的考察 . 经济研究，（8）：74-82.
柯善咨 . 2009. 中国城市与区域经济增长的扩散回流与市场区效应 . 经济研究，（8）：85-98.
科技部火炬高技术产业开发中心，中国高新区研究中心 . 2015. 国家高新区创新能力评价报告（2014）. 北京：科学技术文献出版社 .
科技部火炬高技术产业开发中心，中国高新区研究中心 . 2016. 国家高新区创新能力评价报告（2016）. 北京：科学技术文献出版社 .
孔伟 . 2005.“东北现象”与“浙江现象”的创业文化比较分析 . 中国人力资源开发,（2）：15-18.
李劼 . 2015. 企业家城市理论下外国城市发展政策综述 . 城市发展研究，（2）：7-12.
李进波 . 2014. 城市开发区土地集约化利用研究——以昆明高新区为例 . 云南大学博士学位论文 .
李科 . 2008. 行业协会绩效评价研究 . 同济大学博士学位论文 .
李兰兰，诸克军，郭海湘 . 2011. 中国各省市科技进步贡献率测算的实证研究 . 中国人口资源与环境，21（4）：55-61.
李廉水 . 1999. 面对知识经济的高新区功能定位 . 东南大学学报（哲学社会科学版），（1）：40-41.
李梦玲，赵希男 . 1995. 高新技术产业开发区系统评价与分析 . 科研管理，16（1）：49-53.
李文彬，陈浩 . 2012. 产城融合内涵解析与规划建议 . 城市规划学刊，（7）：99-103.
李翔，靳相木 . 2009. 开发区土地集约利用评价中的指标理想值 . 社会科学研究，（5）：27-33.
李小芬，王胜光，冯海红 . 2010. 第三代科技园区及意外发现管理研究——基于硅谷和玮壹科技园的比较分析 . 中国科技论坛，（9）：154-160.
李小建，樊新生 . 2006. 欠发达地区经济空间结构及其经济溢出效应的实证研究 . 地理科学，26（1）：1-6.
李小建 . 1997. 新产业区与经济活动全球化的地理研究 . 地理科学进展，16（3）：16-23.
李晓西，胡必亮 . 2012. 中国：绿色经济与可持续发展 . 北京：人民出版社 .
李晓西，刘一萌，宋涛 . 2014. 人类绿色发展指数的测算 . 中国社会科学，（6）：69-95.
李扬，张晓晶 . 2015.“新常态”：经济发展的逻辑与前景 . 经济研究，50（5）：4-19.

李佐军 . 2012. 中国绿色转型发展报告 . 北京：中共中央党校出版社 .
李佐军 . 2014. 中国园区转型发展报告 . 北京：社会科学文献出版社 .
联合国开发计划署 . 2010. 中国人类发展报告 2009/10：迈向低碳经济和社会的可持续未来 . 北京：中国对外翻译出版公司 .
联合国开发计划署 . 2013. 中国对外翻译出版有限公司译 . 中国人类发展报告 2013：可持续与宜居城市 . 北京：中国对外翻译出版有限公司 .
林利剑，滕堂伟 . 2014. 世界一流科学园产城融合的分异、趋同及其启示——以硅谷与新竹科学工业园为例 . 科技管理研究，34（8）：33-37.
凌志军 . 2007. 中国的新革命 . 北京：新华出版社 .
刘督，万迪昉，庄梦周，等 . 2016. 天使投资改善了中小企业创新活动吗 ?. 科学学与科学技术管理，37（5）：96-104.
刘海燕，方创琳，班茂盛 . 2008. 北京市海淀科技园区土地集约利用综合评价 . 经济地理，28（2）：291-296.
刘鹤 . 2009. 我国高新技术产业开发区运行效率评价 . 科技进步与对策，26（10）：117-120.
刘瑾，耿谦，王艳 . 2012. 产城融合型高新区发展模式及其规划策略——以济南高新区东区为例 . 规划师，28（4）：58-64.
刘梦莎 . 2015. 提质扩容背景下湘潭高新区土地节约集约利用研究 . 湖南师范大学硕士学位论文 .
刘瑞翔，安同良 . 2012. 资源环境约束下中国经济增长绩效变化趋势与因素分析 . 经济研究，（11）：34-47.
刘双，胡动刚 . 2014. 武汉东湖高新区土地利用经济效益研究 . 湖北大学学报（哲学社会科学版），41（4）：124-128.
刘卫东，邹嘉龄 . 2014. 区域发展研究方向探讨 . 地域研究与开发，33（1）：1-5.
刘燕华 . 2010. 关于绿色经济和绿色发展若干问题的战略思考 . 中国科技奖励，（12）：49-50.
刘毅 . 2011. 区域循环经济发展模式评价及其路径演进研究 . 天津大学博士学位论文 .
刘玉 . 2008. 国家高新区创新发展探讨 . 人文地理，23（1）：65-68.
刘媛媛，孙慧 .2014. 新疆科技投入对区域经济增长的贡献度分析——基于扩展 C-D 生产函数和 DEA 分析法 . 科研管理，35（010）：26-32.
刘志春，陈向东 . 2015. 基于时滞效应的我国科技园区创新效率评价 . 管理学报，12（5）：727-732.

刘志华 . 2013. 区域科技协同创新绩效的评价及提升途径研究 . 湖南大学博士学位论文 .
柳卸林 . 2003. 区域创新体系成立的条件和建设的关键因素 . 中国科技论坛，（1）：18-22.
卢海峰 . 2015. 俄罗斯创新发展的路径选择研究 . 辽宁大学博士学位论文 .
芦锋，韩尚容 . 2015. 我国科技金融对科技创新的影响研究——基于面板模型的分析 . 中国软科学，（6）：139-147.
罗晖 . 2006. 我国高新区增长因素的实证分析 . 科研管理，27（2）：65-71.
罗慧，霍有光，胡彦华，等 . 2004. 可持续发展理论综述 . 西北农林科技大学学报（社会科学版），4（1）：35-38.
罗瑾琏，门成昊，钟竞，等 . 2014. 高校知识溢出对周边企业创新绩效的影响机制研究 . 科技进步与对策，31（10）：138-142.
罗静，曾菊新 . 2004. 城市化进程中的土地稀缺性与政府管制 . 中国土地科学，（5）：16-20.
吕薇 . 2015. 绿色发展：体制机制与政策 . 北京：中国发展出版社 .
吕薇等 . 2014. 区域创新驱动发展战略：制度与政策 . 北京：中国发展出版社 .
吕学都，王艳萍，黄超，等 . 2013. 低碳经济指标体系的评价方法研究 . 中国人口·资源与环境，23（7）：27-33.
吕政，张克俊 . 2006. 国家高新区阶段转换的界面障碍及破解思路 . 中国工业经济，（2）：5-12.
马海斌 . 2015. 中国高新区产业集聚的社会资源配置问题研究 . 吉林大学博士学位论文 .
马小友，李新举，刘宁 . 2005. 山东省高新区土地利用调查与思考 . 山东农业大学学报：社会科学版，7（1）：91-95.
买忆媛，李江涛，熊婵 . 2012. 风险投资与天使投资对创业企业创新活动的影响 . 研究与发展管理，24（2）：79-84.
曼纽尔·卡斯特 .2006. 夏铸九，等，译 . 网络社会的崛起 . 北京：社会科学文献出版社 .
毛彬，赵涛 . 2002. 高新技术产业开发区空间布局发展研究——兼谈武进市高新技术产业开发区南区规划实例 . 武汉大学学报（工学版），35（5）：76-80.
苗长虹 . 1999. 区域发展理论：回顾与展望 . 地理科学进展，18（4）：296-305.
苗长虹 . 2004. 马歇尔产业区理论的复兴及其理论意义 . 地域研究与开发，23（1）：1-6.
牟仁艳，解佳龙，胡树华 .2011. 基于“三力模型”的国家高新区发展非均衡评价研究 . 科学学与科学技术管理，32（10）：104-109.
穆荣平 . 2014. 深化科技和创新管理体制改革的若干建议 // 中国科学院 .2014 高技术发展报告 . 北京：科学出版社 .

宁晓明，李法义．1991. 城市土地区位与城市土地价值．经济地理，(4)：35-39.
牛文元．1994. 持续发展导论．北京：科学出版社．
牛文元．2006. 可持续发展的能力建设．中国科学院院刊，(1)：7-13.
牛文元．2007. 中国可持续发展总论．北京：科学出版社．
牛文元．2012. 中国可持续发展的理论与实践．中国科学院院刊，(3)：280-289.
欧光军，孙玉平，简利君．2013. 基于 DEA 分析的高新区发展对策研究——以湖北省为实证分析．技术经济与管理研究，(3)：108-111.
彭水军，包群．2006a. 环境污染、内生增长与经济可持续发展．数量经济技术经济研究，(9)：114-140.
彭水军，包群．2006b. 资源约束条件下长期经济增长的动力机制．财经研究，(6)：110-119.
彭斯震，孙新章．2014. 中国发展绿色经济的主要挑战和战略对策研究．中国人口资源与环境，24 (3)：1-4.
任寿根．2004. 新兴产业集群与制度分割——以上海外高桥保税区新兴产业集群为例．管理世界，(2)：56-62.
邵学清．2007. 关于我国高新区评价指标与方法的若干问题．中国科技论坛，(5)：54-58.
沈伟国，陈艺春．2007. 我国高新区二次创业阶段发展论与评价体系研究．科学学与科学技术管理，28 (9)：27-30.
施筱勇．2015. 创新驱动经济体的三大特征及其政策启示．中国软科学，(2)：44-56.
孙久文．2006. 区域经济学．3 版．北京：首都经济贸易大学出版社．
孙毅，景普秋 .2012. 资源型区域绿色转型模式及其路径研究．中国软科学，(12)：152-161.
唐相龙．2009. “精明增长”研究综述．城市问题，(8)：98-102.
唐燚．2008. 高新技术开发区功能评价与优化研究．武汉理工大学博士学位论文．
唐兆希．2012. 基于能源约束与内生增长的财政政策研究．浙江大学博士学位论文．
陶志红．2000. 城市土地集约利用几个基本问题的探讨．中国土地科学，14 (5)：1-5.
田为兴，何建敏，申其辉．2014. 智慧城市技术标准体系及其应用的金融支持研究．中国科技论坛，(12)：44-49.
王程韡．2011. 反思创新型城市：以印度硅谷班加罗尔为例．科学学研究，29 (4)：634-640.
王迪，聂锐，李强．2011. 江苏省能耗结构优化及其节能与减排效应分析．中国人口·资源与环境，21 (3)：48-53.

王峰 . 2010. 我国国家高新区自主创新能力培育与测度研究 . 吉林大学博士学位论文 .
王慧 . 2003. 开发区与城市相互关系的内在肌理及空间效应 . 城市规划，27（3）：20-25.
王缉慈 . 1994. 现代工业地理学 . 北京：中国科学技术出版社 .
王缉慈 . 1998. 简评关于新产业区的国际学术讨论 . 地理科学进展，17（3）：29-35.
王缉慈 . 2001a. 创新的空间：企业集群与区域发展 . 北京：北京大学出版社 .
王缉慈 . 2001b. 关于在外向型区域发展本地企业集群的一点思考——墨西哥和我国台湾外向型加工区域的对比分析 . 世界地理研究，10（3）：15-19.
王胜光，程郁，刘会武 . 2012. 高新区创新中国——对 20 年国家高新区发展的总结评价及对未来发展的思考 . 中国科学院院刊，27（6）：678-696.
王树海，李楠林 . 2004. 科技企业孵化器 2003 年发展报告 . 中国高新区，（6）：14-16.
王松，胡树华，牟仁艳 . 2013. 区域创新体系理论溯源与框架 . 科学学研究，31（3）：344-349.
王霞，苏林，郭兵，等 . 2013. 基于因子聚类分析的高新区产城融合测度研究 . 科技进步与对策，30（16）：26-29.
王霞，王岩红，苏林，等 .2014. 国家高新区产城融合度指标体系的构建及评价——基于因子分析及熵值法 . 科学学与科学技术管理，35（7）：79-88.
王霞，尤建新 .2004. 城市土地经济学 . 上海：复旦大学出版社 .
王兴平，崔功豪 .2003. 中国城市开发区的空间规模与效益研究 . 城市规划，27（9）：6-12.
王育新，刘晓冰，曹志诚 .2009. 基于产业集群的高新区竞争力评价及实证研究 . 科学学与科学技术管理，30（11）：6-14.
王仲智，王富喜 . 2005. 增长极理论的困境与产业集群战略的重新审视 . 人文地理，20（6）：34-37.
魏江，申军 . 2003. 传统产业集群创新系统的结构和运行模式——以温州低压电器业集群为例 . 科学学与科学技术管理，24（1）：14-17.
魏江 . 2003. 产业集群：创新系统与技术学习 . 北京：科学出版社 .
魏伟忠，张旭昆 . 2005. 区位理论分析传统述评 . 浙江社会科学，（5）：184-192.
魏心镇，王缉慈 . 1993. 新的产业空间：高技术产业开发区的发展与布局 . 北京：北京大学出版社 .
温震 . 2011. 高新区对城市竞争力的影响研究 . 吉林大学博士学位论文 .
乌家培 . 2001a. 发展网络经济改进经济治理——“网络经济与经济治理国际研讨会”综述 . 经济学动态，（7）：45-48.

乌家培 . 2001b. 关于网络经济与经济治理的若干问题 . 当代财经，（7）：3-7.

吴贵生，王毅 . 2013. 技术创新管理 .3 版 . 北京：清华大学出版社 .

吴海燕，杨武，雷家骕 . 2011. 国外区域创新体系最新研究现状与展望 . 科技管理研究，31（5）：1-4.

吴珂，王霞 . 2012. 张江高新区复合功能融合发展新模式研究 . 科技进步与对策，29（1）：39-45.

夏海钧 . 2001. 中国高新技术产业开发区发展研究 . 暨南大学博士学位论文 .

夏亚民 . 2007. 国家高新区自主创新系统研究 . 武汉理工大学博士学位论文 .

谢子远 . 2011. 国家高新区技术创新效率影响因素研究 . 科研管理，32（11）：52-58.

解佳龙，胡树华 . 2013. 国家自主创新示范区“四力”甄选体系与应用 . 科学学研究，31（9）：1412-1421.

解佳龙，胡树华，蒋园园 . 2011. 基于突变级数法的国家高新区竞争力空间分异研究 . 科学学与科学技术管理，32（12）：101-108.

解佳龙，胡树华，王利军 . 2016. 高新区发展阶段划分及演化路径研究 . 经济体制改革，（3）：107-113.

徐婕 . 2009. 中国高新区经济增长驱动因素实证研究 . 北京航空航天大学学报：社会科学版，22（1）：19-23.

徐菱涓 . 2010. 我国科技企业孵化器绩效评价与实证研究 . 南京航空航天大学博士学位论文 .

徐顽强 . 2005. 我国高科技园区发展中的突出问题及对策分析 . 中国软科学，（8）：23-27.

徐玉莲，王玉冬，林艳 . 2011. 区域科技创新与科技金融耦合协调度评价研究 . 科学学与科学技术管理，32（12）：116-122.

薛强，王帅，芮雪，等 .2014. 基于动态主成分分析法的国家高新区评价研究 . 科学管理研究，（4）：48-51.

闫国庆，孙琪，陈超，等 . 2008. 国家高新技术产业开发区创新水平测度指标体系研究 . 中国软科学，（4）：141-148.

严成樑，龚六堂 .2009. 熊彼特增长理论：一个文献综述 . 经济学（季刊），（2）：1163-1196.

严成樑，周铭山，龚六堂 .2010. 知识生产、创新与研发投资回报 . 经济学季刊，9（3）：1051-1070.

杨斌 .2010. 创新经济体及其政策研究 . 中共中央党校博士学位论文 .

杨畅，白雪洁，闫文凯 .2013. 发展的困局：贸易推动下的高新区绩效 . 数量经济技术经济研究，(9)：106-121.

杨大兵.2010. 城市土地集约利用评价系统研发及应用. 中国地质大学（北京）博士学位论文.

杨宏林，田立新，丁占文.2004. 能源约束下的经济可持续增长. 系统工程，22（3）：40-43.

杨欢进. 1990. 收益递减理论研究. 北京：中国经济出版社.

杨汝岱. 2015. 中国制造业企业全要素生产率研究. 经济研究，(2)：61-74.

于慧萍. 2014. 国家高新区评价体系研究综述. 科技管理研究，34（17）：31-36.

于维栋. 2001. 深圳高新区发展之路. 中国科技产业，(10)：26-28.

喻中. 2002. 论城市立法的基本原则：以北京中关村条例、深圳高新区条例为个案的研究报告. 城市发展研究，(6)：1-7.

贠小苏，廖永林，郑凌志. 2009. 城市土地集约利用潜力评价理论、方法与实践. 北京：中国大地出版社.

袁宇，李福华.2013. 高新区向科技新城发展测度指标体系构建与模型研究. 科技进步与对策，30（13）：139-145.

翟文侠，黄贤金，张强，等. 2006. 基于层次分析的城市开发区土地集约利用研究——以江苏省为例. 南京大学学报（自然科学版），42（1）：96-102.

张贵林，周寄中. 2007. 国家高新区产业空间聚集度模型设计与评价. 科学学与科学技术管理，28（7）：187-191.

张剑平. 2010. 株洲高新技术产业开发区土地集约利用评价研究. 湖南大学博士学位论文.

张克俊. 2010. 国家高新区提高自主创新能力建设创新型园区研究——基于C-I-H耦合互动框架. 成都：西南财经大学博士学位论文.

张来武.2016. 开拓创新经济学——在第十二届中国软科学学术年会上的讲话. 中国软科学，(10)：1-3.

张来武. 2013. 论创新驱动发展. 中国软科学，(1)：1-5.

张明喜.2010. 我国高新技术产业开发区R&D投入的贡献研究——基于Panel Data的经验分析. 研究与发展管理，22（1）：114-120.

张瑞. 2013. 内蒙古高新区创新能力机器学习评价及指标预测. 天津大学博士学位论文.

张晓平，刘卫东. 2003. 开发区与我国城市空间结构演进及其动力机制. 地理科学，23（2）：142-149.

张新明. 2013. 国家级高新技术产业开发区发展要素分析及上海张江高新区实证研究. 华东师范大学博士学位论文.

赵大平，汤玉刚 . 2009. 中国高新区重复开发的原因及其解决机制分析 . 软科学，23（3）：32-36.

赵建军，李福华 . 2013. 生态关系视角下国家高新区的演进机制与发展路径 . 人文地理，28（6）：98-104.

赵进文，范继涛 . 2007. 经济增长与能源消费内在依从关系的实证研究 . 经济研究，8：31-42.

赵小汎 . 2013. 区位熵模型在土地利用变化分析中的新运用 . 经济地理，（2）：162-167.

赵小风，黄贤金，陈逸，等 . 2010. 城市土地集约利用研究进展 . 自然资源学报，25（11）：1979-1996.

赵彦云，林寅，陈昊 . 2011. 发达国家建立绿色经济发展测度体系的经验及借鉴 . 经济纵横，（1）：34-37.

赵志耘 . 2014. 创新驱动发展：从需求端走向供给端 . 中国软科学，（8）：1-5.

赵作权 . 2012. 中国经济核心——边缘格局与空间优化发展 . 管理世界，（10）：46-54.

郑新奇，邓红蒂，姚慧，等 . 2010. 中国设区市土地集约利用类型区划分研究 . 中国人口资源与环境，（2）：6-11.

中共中央、国务院 . 2014. 国家新型城镇化规划（2014-2020）.

中国国际经济交流中心课题组 . 2013. 中国实施绿色发展的公共政策研究 . 北京：中国经济出版社 .

中国科技发展战略研究小组，中国科学院大学中国创新创业管理研究中心 . 2015. 中国区域创新能力评价报告（2015）. 北京：科学技术文献出版社 .

中国科学院创新发展研究中心 . 2009. 2009 中国创新发展报告 . 北京：科学出版社 .

周元，王维才 . 2003. 我国高新区阶段发展的理论框架——兼论高新区“二次创业”的能力评价 . 经济地理，23（4）：451-456.

朱华友，王缉慈 . 2014. 中国沿海外贸加工集群的去地方化问题 . 经济地理，34（9）：80-85.

朱四海 . 2009. 低碳经济发展模式与中国的选择 . 发展研究，5（1）：10-14.

朱小斌，林庆 . 2008. 中小企业集群竞争优势来源的演化差异——基于浙江绍兴纺织业集群的案例研究 . 管理世界，（10）：75-86.

庄红卫，李红 . 2011. 湖南省不同区域开发区工业用地利用效率评价研究 . 经济地理，31（12）：2100-2104.

Saperstein J，Rouach D. 2003. 区域财富：世界九大高科技园区的经验 . 金马工作室译 . 北京：清华大学出版社 .

Amos O M. 1990. Growth Pole Cycles：A synthesis of growth pole and long wave theories. The Review of Regional Studies，20（1）：37.

André F J，Cardenete M A. 2009. Designing efficient subsidy policies in a regional economy：A multicriteria decision-making（MCDM）—computable general equilibrium（CGE）approach. Regional Studies，43（8）：1035-1046.

Asheim B，Gertler M. 2004.Understanding regional innovation systems//Fagerberg J，Mowery D C. The Oxford handbook of innovation. Oxford：Oxford University Press.

Asheim B T，Boschma R，Cooke P. 2011. Constructing regional advantage：Platform policies based on related variety and differentiated knowledge bases. Regional Studies，45（7）：893-904.

Asheim B T，Coenen L. 2005. Knowledge bases and regional innovation systems：Comparing nordic clusters. Research Policy，34（8）：1173-1190.

Asheim B T，Isaksen A. 2002. Regional innovation systems：The integration of local "sticky" and global "ubiquitous" knowledge. The Journal of Technology Transfer，27（1）：77-86.

Autio E. 1998. Evaluation of RTD in regional systems of innovation. European Planning Studies，6（2）：131-140.

Bai X J，Yan W K，Chiu Y H. 2015. Performance evaluation of China's hi-tech zones in the post financial crisis era—Analysis based on the dynamic network SBM model. China Economic Review，34：122-134.

Bakouros Y L，Mardas D C，Varsakelis N C. 2002. Science park，a high tech fantasy?：An analysis of the science parks of Greece. Technovation，22（2）：123-128.

Barkley D L，Henry M S，Bao S. 1996. Identifying "spread" versus "backwash" effects in regional economic areas：A density functions approach. Land Economics，（3）：336-357.

Basile A. 2011. Networking system and Innovation outputs：The role of science and technology parks. International Journal of Business and Management，6（5）：3.

Becattini G. 1989. Sectors and/or districts：Some remarks on the conceptual foundations of industrial economics//Corsi S. Small firms and industrial districts in Italy. London：Routledge：123-135.

Becattini G. 1990. The Marshallian industrial district as a socioeconomic notion//Pyke F，Becattini G，Sengenberger W. Industrial districts and interfirm cooperation in Italy. Geneva：International Institute for Labour Studies：31-57.

Belussi F，Sammarra A，Sedita S R. 2010. Learning at the boundaries in an "open regional innovation system": A focus on firms' innovation strategies in the Emilia Romagna life science industry. Research Policy, 39 (6): 710-721.

Benson J, Ellenbogen B, Olson R. 1980. The impact of "spread" and "backwash" on migration in a primate setting, 1950 to 1970. Rural Sociology, 45 (4): 644.

Bent-Åke Lundvall. 1992. National systems of innovation: Towards a theory of innovation and interactive learning. London: Pinter Publishers.

Bigliardi B, Dormio A I, Nosella A, et al. 2006. Assessing science parks' performances: Directions from selected Italian case studies. Technovation, 26 (4): 489-505.

Boudeville J R. 1966. Problems of regional economic planning. Edinburgh University Press.

Braczyk H J, Cooke P N, Heidenreich M. 1998. Regional innovation systems: The role of governances in a globalized world. London: Psychology Press.

Casetti E, King L J, Odland J. 1971. The formalization and testing of concepts of growth poles in a spatial context. Environment and Planning A, 3 (4): 377-382.

Casper S. 2007. How do technology clusters emerge and become sustainable?: Social network formation and inter-firm mobility within the San Diego biotechnology cluster. Research Policy, 36 (4): 438-455.

Castells M, Hall P. 1994. Technopoles of the world: The making of 21st century industrial complexes. London: Routledge.

Chen A, Partridge M D. 2013. When are cities engines of growth in China? Spread and backwash effects across the urban hierarchy. Regional Studies, 47 (8): 1313-1331.

Chen C J, Wu H L, Lin B W. 2006. Evaluating the development of high-tech industries: Taiwan's science park. Technological Forecasting and Social Change, 73 (4): 452-465.

Chourabi H, Nam T, Walker S, et al. 2012. Understanding smart cities: An integrative framework//System Science (HICSS), 2012 45th Hawaii International Conference on IEEE: 2289-2297.

Chris Freeman, Luc Soete. 1997. The economics of industrial innovation (3rd). London: Wellington House.

Christaller W. 1933. Die zentralen Orte in Süddeutschland. Jena: Gustav Fischer.

Coenen L, Benneworth P, Truffer B. 2012. Toward a spatial perspective on sustainability transitions. Research Policy, 41 (6): 968-979.

Cohen W M, Levinthal D A. 1990. Absorptive capacity: A new perspective on learning and innovation. Administrative Science Quarterly: 128-152.

Commoner B，Carr M，Stamler P J. 1971. The causes of pollution . Environment，13（3）：2-19.

Cooke P. 1992. Regional innovation systems：Competitive regulation in the new Europe. Geoforum，23（3）：365-382.

Cooke P. 2002. Regional innovation systems：General findings and some new evidence from biotechnology clusters. The Journal of Technology Transfer，27（1）：133-145.

Cooke P，Boekholt P，Tödtling F. 2000. The governance of innovation in Europe. London：Pinter Publishers.

Cooke P，Morgan K. 1994. The regional innovation system in Baden-Wurttemberg. International Journal of Technology Management，9（3-4）：394-429.

Cooke P，Uranga M G，Etxebarria G. 1997. Regional innovation systems：Institutional and organisational dimensions. Research Policy，26（4）：475-491.

Cooke P，Uranga M G，Etxebarria G. 1998. Regional systems of innovation：An evolutionary perspective. Environment and Planning A，30（9）：1563-1584.

Corò G，Grandinetti R. 1999. Evolutionary patterns of Italian industrial districts. Human Systems Management，18（2）：117-129.

Dantzig G，Saaty T. 1973. Compact city：A plan for a livable urban environment. San Francisco：Freeman and Company.

Dasgupta P S，Heal G M. 1979. Economic theory and exhaustible resources. Oxford：Cambridge University Press.

De Groot R S，Alkemade R，Braat L，et al. 2010. Challenges in integrating the concept of ecosystem services and values in landscape planning，management and decision making. Ecological Complexity，7（3）：260-272.

Doloreux D，Parto S. 2005. Regional innovation systems：Current discourse and unresolved issues. Technology in Society，27（2）：133-153.

Doloreux D. 2002. What we should know about regional systems of innovation. Technology in Society，24（3）：243-263.

Dosi G. 1988. The nature of the innovative process// G. Dosi，et al.，Technical Change and Economic Theory. London：Pinter Publishers.

Dosi G. 1988. Sources，procedures，and microeconomic effects of innovation. Journal of Economic Literature，（9）：1120-1171.

Durlauf S N，M Fafchamps. 2005. Social capital// Philippe A，Steven N. Durlauf.

Handbook of Economic Growth（Volume 1，part B）. Else vier，（483）：459-479.
Edquist C. 1997. Systems of innovation：Technologies，institutions，and organizations. London and Washington：Psychology Press.
Edquist C. 2004. Systems of innovation—A critical review of the state of the art//Fagerberg J，Mowery D C. The Oxford Handbook of Innovation Oxford：Oxford University Press.
Ehrlich P R，Holdren J P. 1974. Impact of population growth. Science，（171）：1212-1217.
Ehrlieh P R，Ehrieh A H. 1970. Population，resources，environment：Issues in human ecology. San Francisco：Freeman and Company.
Ekins P. 2002. Economic growth and environmental sustainability：The prospects for green growth. London：Routledge.
Filatotchev I，Liu X，Lu J，et al. 2011. Knowledge spillovers through human mobility across national borders：Evidence from Zhongguancun Science Park in China. Research Policy，40（3）：453-462.
Fonseca，R. 1981. Performance criteria for evaluating the efficiency of land use development proposals on urban sites. International Journal for Housing Science and Its Applications，5（3）：185-194.
Freeman C. 1987. Technology policy and economic performance：Lessons from Japan. London：Pinter Publishers.
Friedmann J. 1966. Regional development policy：A case study of venezuela. Cambrige：the MIT Press.
Fujita M，Krugman P R，Venables A. 2001. The spatial economy：Cities，regions，and international trade. Cambridge and London：the MIT Press.
Gabriel S A，Faria J A，Moglen G E. 2006. A multiobjective optimization approach to smart growth in land development. Socio-Economic Planning Sciences，40（3）：212-248.
Gaile G L. 1980. The spread-backwash concept. Regional Studies，14（1）：15-25.
Galster G，Hanson R，Ratcliffe M R，et al. 2001. Wrestling sprawl to the ground：Defining and measuring an elusive concept. Housing Policy Debate，12（4）：681-717.
Geels F W. 2002. Technological transitions as evolutionary reconfiguration processes：A multi-level perspective and a case-study. Research Policy，31（8）：1257-1274.
Giffinger R，Pichler-Milanović N. 2007. Smart cities：Ranking of European medium-sized cities. Centre of Regional Science，Vienna University of Technology.
Goodman E，Bamford J. 1989. Small firms and industrial districts in Italy. New York：

Routledge.

Gordon I，McCann P. 2000. Industrial clusters：Complexes，agglomeration and/or social networks?. Urban Studies，（37）：513-538.

Gottdiener M. 1987. The decline of urban politics：Political theory and the crisis of the local state. New bury Park：Sage Publications.

Grabher G. 1993. The weakness of strong ties：The lock-in of regional development in the Ruhr area//Grabher G. The embedded firm：On the socioeconomics of industrial networks. London：Routledge：255-277.

Grimaud A，Rougé L. 2003. Non-renewable resources and growth with vertical innovations：Optimum，equilibrium and economic policies. Journal of Environmental Economics and Management，45（2）：433-453.

Grossman G D，Krueger A B. 1991. Environmental impacts of the North American freetrade agreement. NBER，Working Paper.

Hagedoorn J，Cloodt M. 2003. Measuring innovative performance：Is there an advantage in using multiple indicators?. Research Policy，32（8）：1365-1379.

Hall T，Hubbard P. 1998. The entrepreneurial city：Geographies of politics，regime，and representation. London：Wiley.

Hall T，Hubbard P. 1996. The entrepreneurial city：New urban politics，new urban geographies?. Progress in Human Geography，20（2）：153-174.

Hassink R. 2005. The restructuring of old industrial areas in Europe and Asia. Environment and Planning A，37（4）：571-580.

Hollanders H，Es-Sadki N，Buligescu B，et al. 2014. Regional innovation scoreboard 2014，European Union.

Hu A G. 2007. Technology parks and regional economic growth in China. Research Policy，36（1）：76-87.

Huang K F，Yu C M J，Seetoo D H. 2012. Firm innovation in policy-driven parks and spontaneous clusters：The smaller firm the better?. The Journal of Technology Transfer，37（5）：715-731.

Isaksen A. 2001. Building regional innovation systems：Is endogenous industrial development possible in the global economy?. Canadian Journal of Regional Science，24（1）：101-120.

Jaffe A B. 1989. Real effects of academic research. The American Economic Review：957-

970.

Jänicke M. 2012. "Green growth"：From a growing eco-industry to economic sustainability. Energy Policy，48：13-21.

Jessop B，Sum N L. 2000. An entrepreneurial city in action：Hong Kong's emerging strategies in and for（inter）urban competition. Urban Studies，37（12）：2287-2313.

Jiao H，Zhou J，Gao T，et al. 2016. The more interactions the better? The moderating effect of the interaction between local producers and users of knowledge on the relationship between R&D investment and regional innovation systems. Technological Forecasting and Social Change.

Joint Venture Silicon Valley，Inc. 2016. Index of Silicon Valley 2016. California.

Judd D，Ready R L. 1986. Entrepreneurial cities and the new politics of economic development. Reagan and the cities，（3）：209-247.

Kelly K. 1998. New rules for the new economy. New York：Viking Adult.

Ke S，Feser E. 2010. Count on the growth pole strategy for regional economic growth? Spread-backwash effects in Greater Central China. Regional Studies，44（9）：1131-1147.

Koh F C C，Koh W T H，Tschang F T. 2005. An analytical framework for science parks and technology districts with an application to Singapore. Journal of Business Venturing，20（2）：217-239.

Krakover S. 1983. Identification of spatiotemporal paths of spread and backwash. Geographical Analysis，15（4）：318-329.

Krugman P R. 1991. Geography and trade. Cambridge and London：the MIT press.

Kuznets S. 1955. Economic growth and income inequality. The American Economic Review，45（1）：1-28.

Lai H C，Shyu J Z. 2005. A comparison of innovation capacity at science parks across the Taiwan Strait：The case of Zhangjiang High-Tech Park and Hsinchu Science-based Industrial Park. Technovation，25（7）：805-813.

Li L J，Hu P，Lei Z. 2004. Roles，models and development trends of hi-tech industrial development zones in China. International Journal of Technology Management，28（3-6）：633-645.

Link A N，Scott J T. 2003. US science parks：The diffusion of an innovation and its effects on the academic missions of universities. International Journal of Industrial Organization，21（9）：1323-1356.

Löfsten H, Lindelöf P. 2002. Science parks and the growth of new technology-based firms-academic-industry links, innovation and markets. Research Policy, 31（6）: 859-876.

Lucas R E. 1988. On the mechanics of economic development. Journal of Monetary Economics, 22（1）: 3-42.

Lundvall B A, Maskell P. 2003. Nation states and economic development// Clark G L, Gertler M S, Feldman M P. The Oxford handbook of economic geography. Oxford: Oxford University Press.

Macdonald S, Deng Y. 2004. Science parks in China: A cautionary exploration. International Journal of Technology Intelligence and Planning, 1（1）: 1-14.

Markard J, Hekkert M, Jacobsson S. 2015. The technological innovation systems framework: Response to six criticisms. Environmental Innovation and Societal Transitions, 16: 76-86.

Markusen A. 1996. Sticky places in slippery space: A typology of industrial districts. Economic Geography, 72（3）: 293-313.

Marshall A. 1890. Principles of economics. London: Macmillan Publishers.

Martin R, Sunley P. 1998. Slow convergence? The new endogenous growth theory and regional development . Economic Geography, 74（3）: 201-227.

Maskell P, Malmberg A. 1999. Localised learning and industrial competitiveness . Cambridge Journal of Economics, 23（2）: 167-185.

Maskell P. 1998. Competitiveness, localised learning and regional development: Specialisation and prosperity in small open economies. London, New York: Routledge.

Miller J S, Hoel L A. 2002. The "smart growth" debate: Best practices for urban transportation planning. Socio-Economic Planning Sciences, 36（1）: 1-24.

Moensted M. 2007. Strategic networking in small high tech firms. International Entrepreneurship and Management Journal, 3（1）: 15-27.

Molina-Morales F X, Martínez-Fernández M T. 2004. How much difference is there between industrial district firms? A net value creation approach. Research Policy, 33（3）: 473-486.

Mollenkopf J H. 1983. The contested city. Princeton: Princeton University Press.

Mu R, Fan Y. 2011. Framework for building national innovation capacity in China. Journal of Chinese Economic and Business Studies, 9（4）: 317-327.

Muzychenko O. 2008. Cross-cultural entrepreneurial competence in identifying international business opportunities. European Management Journal,（6）: 366-377.

Myrdal G, Sitohang P. 1957. Economic theory and under-developed regions. New York: Harper & Row.

Nelson R R. 1993. National innovation systems: A comparative analysis. Oxford: Oxford University Press.

North Carolina Board of Science and Technology, North Carolina Department of Commerce. 2013. Tracking innovation: North Carolina innovation index 2013. North Carolina.

OECD. 1996. National innovation systems. Paris.

OECD. 2008. The Seoul Declaration for the future of the internet economy. Seoul.

Ohlin B. 1933. Interregional and international trade. Cambridge: Harvard University Press.

Olfert M, Partridge M D. 2010. Best practices in twenty-first-century rural development and policy. Growth and Change, 41 (2): 147-164.

Ooms W, Werker C, Caniëls M C J, et al. 2015. Research orientation and agglomeration: Can every region become a Silicon Valley?. Technovation, 45: 78-92.

Park S O, Markusen A. 1995. Generalizing new industrial districts: A theoretical agenda and an application from a non-western economy. Environment and Planning A, 27 (1): 81-104.

Patel P, Pavitt K. 1994. The nature and economic importance of national innovation systems. STI Review, 14.

Pearce D W, Barbier E B, Markandya A. 1990. Sustainable development: Environmental economics in the Third World. London: Edward Elgar.

Perroux F. 1950. Economic space: Theory and applications. The Quarterly Journal of Economics, (1): 89-104.

Phillimore J. 1999. Beyond the linear view of innovation in science park evaluation: An analysis of Western Australian Technology Park. Technovation, 19 (11): 673-680.

Plane D A. 2003. Perplexity, complexity, metroplexity, microplexity: Perspectives for future research on regional growth and change. The Review of Regional Studies, 33 (1): 104.

Polanyi M. 1966. The tacit dimension. London: Routlege.

Porter M. 1998. Clusters and the new economics of competition. Harvard Business Review, 76 (6): 77-91.

Portor M. 1990. The competitive advantage of nations. New York: The Free Press.

Puga D. 1999. The rise and fall of regional inequalities. European Economic Review, 43 (2):

303-334.

Radosevic S，Myrzakhmet M. 2009. Between vision and reality：Promoting innovation through technoparks in an emerging economy. Technovation，29（10）：645-656.

Ratinho T，Henriques E. 2010. The role of science parks and business incubators in converging countries：Evidence from Portugal. Technovation，30（4）：278-290.

Rennings K. 2000. Redefining innovation—Eco-innovation research and the contribution from ecological economics. Ecological Economics，32（2）：319-332.

Richardson H W. 1976. Growth pole spillover：The dynamics of backwash and spread. Regional Studies，5（10）：1- 9. Republished 2007，41（S1）：S27- S35.

Robson A J. 1980. Costly innovation and natural resources. International Economic Review，17-30.

Romer P. 1989. Endogenous technological change. National Bureau of Economic Research.

Sacchetti S，Tomlinson P R. 2009. Economic governance and the evolution of industrial districts under globalization：The case of two mature European industrial districts. European Planning Studies，17（12）：1837-1859.

Sadeghi S H R，Jalili K，Nikkami D. 2009. Land use optimization in watershed scale. Land Use Policy，26（2）：186-193.

Sal A G，García A G. 2007. A comprehensive assessment of multifunctional agricultural land-use systems in Spain using a multi-dimensional evaluative model. Agriculture，Ecosystems & Environment，120（1）：82-91.

Saxenian A. 1994. Regional advantage：Culture and competition in Silicon Valley and Route 128. Cambridge：Harvard University Press.

Schement J，Curtis T. 1995. Tendencies and tensions of the information age：The production and distribution of in the U.S. Livingston：Transaction Publishers.

Schumpeter J A. 1934. The theory of economic development：An inquiry into profits，capital，credit，interest，and the business cycle. Transaction publishers.

Schwartz E I. 1996. Advertising webonomics 101. Wired，（2）：74-82.

Scott A J. 1988. New industrial spaces：Flexible production organization and regional development in North America and Western Europe. London：Pion.

Scott A J，Storper M.1992. Industrialization and regional development//Storper M and A. Scott. Pathways to Industrialization and Regional Development. London：Routledge：7.

Shahraki S Z，Sauri D，Serra P，et al. 2011. Urban sprawl pattern and land-use change detection in Yazd, Iran. Habitat International, 35（4）: 521-528.

Shy Oz. 2001. The economics of network industries. Cambridge: Cambridge University Press.

Smith A, Grin J. 2010. Innovation studies and sustainability transitions: The allure of the multi-level perspective and its challenges. Research Policy, 39（4）: 435-448.

Solow R M. 1974. Intergenerational equity and exhaustible resources. The Review of Economic Studies, 41: 29-45.

Stiglitz J. 1974. Growth with exhaustible natural resources: Efficient and optimal growth paths. The Review of Economic Studies, 41: 123-137.

Storey D J, Tether B S. 1998. Public policy measures to support new technology-based firms in the European Union. Research Policy, 26（9）: 1037-1057.

Storper M. 1997. The regional world: Territorial development in a global economy. New York: The Guilford Press.

Taaffe E J, Krakover S, Gauthier H L. 1992. Interactions between spread-and-backwash, population turnaround and corridor effects in the inter-metropolitan periphery: A case study. Urban Geography, 13（6）: 503-533.

Takeda Y, Kajikawa Y, Sakata I, et al. 2008. An analysis of geographical agglomeration and modularized industrial networks in a regional cluster: A case study at Yamagata prefecture in Japan. Technovation, 28（8）: 531-539.

Tan J. 2006. Growth of industry clusters and innovation: Lessons from Beijing Zhongguancun Science Park. Journal of Business Venturing, 21（6）: 827-850.

Trippl M, Tödtling F. 2007. Developing biotechnology clusters in non-high technology regions—The case of Austria. Industry and Innovation, 14（1）: 47-67.

Turró A. Urbano D, Peris-Ortiz M. 2014. Culture and innovation: The moderating effect of cultural values on corporate entrepreneurship. Technological Forecasting and Social Change,（88）: 360-369.

UNDP. Implementation of the 2030 agenda for Sustainable development. http: //www.cn.undp.org/content/china/zh/home/sustainable- development-goals.html[2017-04-05].

Vásquez-Urriago Á R, Barge-Gil A, Rico A M. 2016. Science and technology parks and cooperation for innovation: Empirical evidence from Spain. Research Policy, 45（1）: 137-147.

Wei Y D, Li W, Wang C. 2007. Restructuring industrial districts, scaling up regional development: A study of the Wenzhou model, China. Economic Geography, 83（4）:

421-444.

Westhead P. 1997. R&D “inputs” and “outputs” of technology-based firms located on and off science parks. R&D Management，27（1）：45-62.

Wey W M，Hsu J. 2014. New urbanism and smart growth：Toward achieving a smart National Taipei University District. Habitat International，42：164-174.

Whitford J. 2001. The decline of a model? Challenge and response in the Italian industrial districts. Economy and Society，30（1）：38-65.

Wiggering H，Dalchow C，Glemnitz M，et al. 2006. Indicators for multifunctional land use—Linking socio-economic requirements with landscape potentials. Ecological Indicators，6（1）：238-249.

World Bank. 2012. Inclusive green growth：The pathway to sustainable development. Washington.

Yan M R，Chien K M. 2013. Evaluating the economic performance of high-technology industry and energy efficiency：A case study of science parks in Taiwan. Energies，6（2）：973-987.

Yeung W C，Liu W，Dicken P. 2006. Transnational corporations and network effects of a local manufacturing cluster in mobile telecommunications equipment in China. World Development，（34）：520-540.

Zeng S，Xie X，Tam C. 2010. Evaluating innovation capabilities for science parks：A system model. Technological and Economic Development of Economy，16（3）：397-413.

后记

本书是在我博士论文基础上修改完善而成的。在此，特别要感谢在我攻读博士学位期间给予我指导和关心的各位老师、朋友和亲人，正是有了你们的鼓励、帮助和宽容，我才能完成本书的研究、撰写和出版工作。

首先，感谢我的导师穆荣平先生，他始终站在有利于我个人成长和事业发展的角度，在我攻读博士学位期间给予了全方位的关怀和指导。最让我难忘的是，穆老师在我意欲放弃的紧要关头为我指明方向，帮我重拾信心，并最终带我走出挫折与迷惘。穆老师基于国内外区域发展经验、国家宏观战略导向和厚重的理论研究积淀为本书选题提供了方向性指导，在本书撰写过程中提出了诸多高屋建瓴的思路和意见，从而保障了本书的扎实推进和顺利成稿。我不会忘记，穆老师多次利用晚上和周末的休息时间专门指导我的论文写作，并不辞辛劳地就章节结构和具体内容与我进行深入研讨。穆老师无私提携年轻人的高尚品质令人敬佩，其严谨的治学态度、勤勉的科研作风更是为我树立了学习的榜样，我将因此而受益终生。

其次，感谢刘会武师兄在我攻读博士学位期间给予的各种理解和帮助，本书的顺利完成得益于其大力支持。感谢科技部火炬中心的领导和朋友给予的帮助与支持，感谢中国科学院战略咨询研究院陈益升老师和赵璐博士、中国城市和小城镇改革发展中心郑明媚处长、中国地质大学（北京）胡业翠副教授、合肥高新区管委会阚瑞主任在调研访谈中的配合与支持，感谢张莹女士在数据提取与定量分析中给予的帮助，感谢人事教育处陈建明处长、于辉老师在本书撰写过程中给予的帮助和鼓励，感谢所有给予过关心和帮助的老师、同学和朋友。

最后，要特别感谢我的夫人曲婉副研究员，本书凝聚着她的心血和汗水，感谢她一直以来给予我的鼓励、陪伴和宽容。感谢在我攻读博士学位期间出生的一双儿女，他们的到来使得我的生活充满了欢乐和憧憬。

冯海红

2018 年 2 月 18 日